CHINA
NATIONAL
ARTS
FUND

國家藝術基金

年鉴

2023

国家艺术基金管理中心·编

文化藝術出版社
Culture and Art Publishing House

前　言

2023年正值国家艺术基金设立10周年。国家艺术基金坚持以习近平新时代中国特色社会主义思想为指导，全面贯彻落实党的二十大精神，深入学习贯彻习近平文化思想，坚持围绕中心、服务大局；坚持科学管理、规范运行；坚持开拓创新、提质增效，推动精品创作，服务文化惠民，较好地实现了出作品、出人才、出效益的目标任务。

2023年，国家艺术基金以优化组织实施工作为重点，5项重点工作取得了新进展。一是发挥政策引导作用。为包括香港、澳门在内的各省（区、市）开展了资助政策宣讲和培训活动，把党中央、国务院对文艺工作的战略部署落实到艺术活动的各方面全过程。二是优化专家服务工作。开展专家推荐、遴选和信息更新，启动建设“专家等级测评信息系统”，对专家进行分级管理，更好地发挥高水平专家作用。三是完善资助项目管理。升级“国家艺术基金项目资助管理信息系统”，实现资助管理全过程信息化。四是严格财务经费管理。通过修订制度、优化服务、审计抽查、绩效评价等方式，不断提高资助资金使用的规范化水平。在文化和旅游部财务考评中被评定为“优”。广西艺术基金挂牌成立，连续第二年实现每年设立1家省级艺术基金的目标。五是深化对外及对港澳台文化交流合作。配合国家外交大局，在两国总理见证下，签署《中国国家艺术基金与新加坡国家艺术理事会谅解备忘录》。继续做好香港、澳门特区申报项目资助管理工作，支持港澳特区文艺工作者融入国家发展大局。面向在大陆工作生活的台湾地区文艺工作者开放美术创作项目申报。

2023年，国家艺术基金以设立10周年主题活动为契机，召开推动国家艺术基金高质量发展座谈会，总结发展经验，统一思想认识，明确目标任务，凝聚信心力量。举办资助成果展览，全面展示国家艺术基金资助成果，与国家体育总局体彩中心合作制作“艺彩中华”主题公益彩票。开展优秀资助剧目会演活动，遴选15部优秀资助剧目在北京、江苏、四川等地演出，组织约150部剧目、400件（组）美术作品在网络平台展播。举办优秀小型节目会演，生动展示舞台艺术创作项目和青年艺术创作人才项目资助成果，取得了良好的社会效益。积极开展包括网络媒体在内的宣传工作，国家艺术基金管理中心被评为“2023年度文化和旅游政务信息工作先进单位”“2023年文化和旅游部直属单位网站监测评估第一名”。

为进一步总结年度工作成果和经验，国家艺术基金管理中心组织编撰了《国家艺术基金年鉴（2023年）》，分为领导讲话、媒体报道、调研成果、工作报告、优秀项目、附录6个部分，全面记载一年来的重点工作开展和取得成效情况，为做好今后的工作提供借鉴。

2024年是学习贯彻习近平文化思想的重要一年，是国家艺术基金设立第二个10年的开局之年。国家艺术基金将进一步贯彻落实文化和旅游部党组的安排部署和工作要求，以党的建设为引领，围绕出精品出人才出效益的目标任务，聚焦资助精准度问题，聚焦成果运用问题，坚持围绕中心服务大局，坚持科学管理规范运行，坚持改革创新提质增效，不断提高政策引导作用，不断提高公信力影响力，持续激发全社会艺术创作活力，与全国广大文艺工作者并肩携手，阔步前行，推动文化繁荣、建设文化强国、建设中华民族现代文明，担负起新时代新的文化使命。

国家艺术基金管理中心

2024 年 4 月

目　录

领导讲话

媒体报道

调研成果

工作报告

优秀项目

附录

领导讲话

推动国家艺术基金高质量发展座谈会在北京召开

国家艺术基金管理中心

2023年12月22日

12月22日，推动国家艺术基金高质量发展座谈会在北京召开。中央宣传部、文化和旅游部、中国文学艺术界联合会、中国作家协会和国家艺术基金理事会领导出席会议。

会议充分肯定了国家艺术基金设立以来，在围绕中心、服务大局，科学管理、规范运行、立足主责、做强主业等方面取得的成绩，为推动文艺事业繁荣发展作出的贡献。国家艺术基金自2013年12月设立以来，围绕舞台艺术和美术两个领域，投入了55.7亿元的资金，资助了7116个项目，在创作文艺精品，培育优秀人才，服务文化惠民和推动中华文化“走出去”等方面发挥了积极作用，取得了显著成效。在艺术创作方面，共资助新创作了1234部大型舞台剧和作品、1283个小型剧（节）目和作品、484件（组）美术作品。资助剧目中49部荣获中共中央宣传部精神文明建设“五个一工程”奖，38部荣获“中国文化艺术政府奖——文华大奖”，均占获奖总数的80%左右。在艺术传播方面，共资助优秀舞台艺术作品、美术作品国内演出、展览项目1007项，现场观众1500多万人次，满足了人民文化需求，增强了人民精神力量。在艺术人才培养方面，共资助艺术人才培训项目922项，培训各类业务骨干2.7万人次，同时资助了2032位40周岁以下的优秀青年艺术创作人才，为繁荣发展社会主义文艺增添了活力、积蓄了力量。在对外及对港澳台文化交流方面，资助在国外开展的文化交流项目154项，观众约150万人次。面向香港、澳门特别行政区全面开放，支持港澳特区融入国家发展大局，为在大陆工作学习的台湾青年文艺工作者提供资助，促进两岸同胞血脉相连、心灵契合。

国家艺术基金通过直接面向社会开展工作，引导各类项目主体在同一个平台上发挥优势，公平竞争，激发了全社会文化创造活力，培育了良好艺术生态，带动了各方面的资源投入。国家艺术基金采用现代管理运行模式，创新财政资金投入方式，引导艺术机构和广大文艺工作者树立精品意识、成本意识和绩效意识，提高项目策划能力、资源整合能力、计划实施能力，提高了财政资金使用效率。

会议提出，实现国家艺术基金高质量发展要深入学习贯彻习近平文化思想，增强工作责任感和使命感，创作推出更多宣传阐释、传播推介习近平文化思想的艺术佳作、文艺活动，让这一重要思想更好地“飞入寻常百姓家”。要强化精品意识，让更多优秀作品获得资助、精益求精，进一步释放引领艺术创作方向潮流、支撑艺术繁荣发展潜能。要助力人才成长，让更多优秀人才获得资助、脱颖而出，实施人才优先发展战略，完善艺术人才培养制度，研究推出有利于大师巨匠涌现的资助机制和措施；要坚守中华文化立场，增强中华文化传播力和影响力，在世界文艺领域鲜明确立中国气派、中国风范；要持续推动改革，切实抓好资助管理，创新资金来源，创新资助方式，创新成果运用，管好项目，管好资金，用好专家，构建支撑可持续发展的制度体系；要坚持和加强党的领导，不断强化自身建设，守护好党的文艺阵地，发展好党的文艺事业。

范迪安、景小勇、廖昌永、朱斌、韩再芬、罗周等艺术机构责任人和艺术家代表在会上作了发言，交流了国家艺术基金设立 10 年来的运行管理、发挥作用情况，就加强和改进国家艺术基金工作提出了意见建议和发展期望。

中央宣传部、文化和旅游部、财政部、教育部、中国文学艺术界联合会、中国作家协会相关司局和直属单位、艺术家协会负责同志，国家艺术基金理事会理事、专家委员会委员代表，各省（自治区、直辖市）文化和旅游厅（局）领导同志和艺术基金委托管理机构负责同志，文化和旅游部共建高校负责同志，部分获得过国家艺术基金资助的机构、单位负责同志和青年文艺工作者代表参加了会议。

在推动国家艺术基金高质量发展座谈会总结会上的讲话

全国人大常委会委员、教科文卫委员会主任委员　国家艺术基金理事会理事长｜雒树刚

2023 年 12 月 22 日

同志们：

大家好！

今天上午，我们召开了推动国家艺术基金高质量发展座谈会，这是继全国艺术创作工作会议之后，就文艺工作召开的又一个重要会议。孙业礼同志在讲话中对国家艺术基金设立 10 年来的工作给予了充分肯定，对推动高质量发展提出了明确要求，我们要认真学习传达好，贯彻落实好。文化和旅游部党组高度重视艺术基金工作，中宣部、财政部、教育部、中国文联等相关部门给予大力支持，广大文艺工作者寄予殷切期望，我想可以每年都召开一次这样的会议，交流经验做法，听取意见建议，对工作做出安排部署。

今天下午，我们开展了分组座谈，大家结合各自艺术创作、艺术管理、艺术教育的实践经验，提了很多建设性意见，我觉得都很好，针对性和操作性很强，管理中心要做好记录，梳理研究，尽快拿出具体措施，取得实际效果。

整体来看，这次座谈会开得很成功，从安排看，议程合理紧凑、内容丰富扎实、覆盖范围广泛，有对过去工作经验的总结，也有对未来工作的谋划；从效果看，起到了统一思想认识、明确目标任务、凝聚信心力量的作用。

下面，我就进一步做好艺术基金工作，服务文艺事业发展谈几点思考，和大家做个交流。

一、充分发挥国家艺术基金的政策引导作用

设立艺术基金是一项重要的公共文化政策。经过 10 年的发展，国家艺术基金已成为推进文艺事业繁荣发展的重要平台和开展宏观艺术管理的重要手段，在艺术行业中的公信力、在文艺工作者中的认可程度、在人民群众中的受欢迎程度都很高。事实证明，用好这一政策工具，对组织作品创作、开展艺术活动、培养文艺人才都能够发挥积极的作用。

（一）要深入学习贯彻习近平文化思想

习近平新时代中国特色社会主义思想是立足时代之基、回答时代之问的科学理论，是经过实践检验、富有实践伟力的强大武器。习近平文化思想是新时代党领导文化建设实践经验的理论总结，丰富和发展了马克思主义文化理论，构成了习近平新时代中国特色社会主义思想的文化篇，为我们做好新时代新征程文化工作、担负起新的文化使命提供了强大思想武器和科学行动指南。艺术基金要争做学习贯彻习近平文化思想的“排头兵”，坚持以习近平新时代中国特色社会主义思想为指导，围绕中心，服务大局，把党中央、国务院关于文艺工作的战略部署，文化和旅游部对文艺工作的具体要求，贯彻落实在项目资助管理的各方面和全过程。

（二）要注重把握核心任务和中心环节

艺术基金工作要坚持以人民为中心的创作导向，以创作为核心任务、演出为中心环节，在文艺创作、文艺活动、文艺惠民等方面努力展现担当、作出贡献。在作品创作方面，要引导广大文艺工作者精益求精、勇于创新，把提高质量作为文艺作品的生命线，不断提升作品的精神能量、文化内涵、艺术价值，努力创作无愧于我们这个伟大民族、伟大时代的优秀作品。在演出展览方面，要充分发挥公益属性，创新实施文化惠民工程，重点支持深入市、县基层，深入革命老区、民族地区、边疆地区开展的优秀作品演出、展览活动。在人才培养方面，要有长远眼光，既要关注领军人物，也要关注不那么有名但富有才华的青年文艺工作者，为他们施展艺术才华、实现艺术抱负提供更多机会，创造更好条件。

（三）要积极探索发挥作用的创新机制

要深化对艺术基金发挥作用机制的研究，在做好项目资助管理工作的同时，密切各种管理方式、手段的协调配合，提高艺术管理的整体水平。要加强对资助规划和申报指南、评审指南的宣传，做好政策解读，引导艺术机构、单位在选题策划方面，把服务国家重大战略的新时代中国气象和人民群众富有烟火气息的美好生活结合起来，推动作品接地气、传得开、留得下；在题材筛选方面，把大剧目、大作品和小节目、小作品结合起来，既要支持适合专业场馆演出、展览的作品，也要支持适合田间地头演出的舞台艺术小节目，进入家庭、美化生活的美术小作品；在表现形式方面，要坚持把社会效益放在首位、社会效益和经济效益相结合，力戒奢华舞美，反对脱离实际的大制作，尊重艺术规律，遵循市场规则，注重艺术效果与社会效果、经济效果协调发展。要加强对项目实施的跟踪指导，发挥艺术基金组织高水平专家团队的优势，帮助项目主体把握正确方向，提高艺术质量。要加强对资助成果的运用，多媒体宣传，多渠道推送，满足人民群众的需求，共享文化发展的成果。

二、不断健全完善艺术基金的工作体系

设立艺术基金是深化文化体制改革，转变政府职能，提高文化治理能力，推动文化治理体系现代化的重要举措。当前，国家艺术基金已经成为中央财政资金投入文艺事业的“主渠道”之一，有效激发了全社会的艺术创作活力。国家的就是大家的，大家的事情大家办。各级文化和旅游行政部门要积极支持、密切配合，共同做好艺术基金工作。

（一）各地方文化和旅游行政部门要重视艺术基金工作

10年来，各省（区、市）文化和旅游厅（局）支持和配合管理中心，在调查研究、申报动员、受理审核、实施监督和成果运用方面做了大量的工作，发挥了重要作用。要进一步提高认识，加大政策支持和保障力度，设置相对稳定的机构和专职工作人员。要进一步发挥地方文化和旅游行政部门在意识形态把关和项目实施管理方面的作用，以加强项目监督为核心，以提升项目质量为关键，建立起“分级管理、分类监督、重点突出、点面结合”的监督管理工作机制，逐步形成权界清晰、分工合理，责权一致、

运转高效的工作机制。

（二）要积极推动支持地方艺术基金的设立

目前，艺术基金的资助体系建设已经取得了实质性进展，江苏、北京、四川、江西、云南、广西6个省（区、市）设立了省级艺术基金，江苏省的南京、苏州、常州、连云港还设立了市级艺术基金。地方艺术基金和国家艺术基金联动，有效促进了当地文艺事业的发展。国家艺术基金管理中心要与各省（区、市）文化和旅游厅（局）、艺术基金管理机构加强联络，建立常态化的工作机制，为地方艺术基金的设立和运行提供指导帮助，在全国范围内建立起符合基金运行规律和国家总体要求的长效运行机制。

（三）国家艺术基金管理中心要加强自身建设

国家艺术基金主要由国家艺术基金管理中心来组织实施，工作量大、任务很重。国家艺术基金管理中心要按照政治机关的标准要求自己，深刻领悟“两个确立”的决定性意义，增强“四个意识”、坚定“四个自信”、做到“两个维护”，自觉在思想上政治上行动上同以习近平同志为核心的党中央保持高度一致，以高度的政治自觉、思想自觉、行动自觉做好艺术基金工作。要进一步健全管理机制，完善项目管理、内部管理有关规章制度，优化工作流程，提升工作效率。要抓好队伍建设，培养一批专业型、专家型的工作人员，打造一支政治坚定、业务精湛、作风优良、能打硬仗、敢于胜利的队伍，为推动艺术基金高质量发展提供重要保证。2023年，管理中心策划组织了“国家艺术基金艺术讲堂”活动，邀请文艺名家分析文艺现象，介绍创作经验，效果很好，还要继续坚持。

三、做好2024年度各项工作

2024年是学习贯彻习近平文化思想的重要一年，也是国家艺术基金发展第二个10年的开局之年，具有承上启下的重要意义。艺术基金要聚焦推动社会主义文艺繁荣发展的工作目标，坚持政治强基、实践固本、担当作为，着力做好4个方面工作。

（一）做好申报动员辅导

在管理中心的积极争取下，在文化和旅游部财务司的指导下，在财政部多个司局的理解支持下，艺术基金 2024 年度资金预算有所增加，为推动艺术事业发展增添了动力。要做好政策调整，根据资金预算规模和艺术发展实际，及时修订《国家艺术基金“十四五”时期资助规划》，在完成规划要求工作任务的基础上，调整资助数量、优化资助结构、完善资助体系；不断完善年度资助项目申报指南，吸收艺术机构和广大文艺工作者的意见，进一步修订美术创作、传播交流推广等资助项目类型的有关要求，使之更符合艺术发展规律。要做好资助项目申报动员，这是体现服务理念的重要举措，对提高资助作品质量、项目管理水平、引导艺术创作生产都有积极意义，继续坚持 2023 年申报动员工作的成功经验，通过集中培训、分省辅导、跟踪指导等方式开展资助政策宣讲，将资助管理工作关口前移，把管理规定和资金使用要求解读宣讲到位，指导项目主体把准方向，将党的文艺路线方针政策落实在作品创作、演出展览和人才培养等艺术活动的初始环节。

（二）提高立项资助精准度

艺术基金要始终坚持国家站位，资助的创作项目要体现国家水准，资助的艺术传播活动要配合国家政策，扶持的人才项目要突出为国育才。经过 10 年积累，艺术基金对社会主义文艺事业的推动作用已经初步显现，要继续在提高资助精准度上下功夫。要加强对资助政策和管理流程的梳理研究，总结好的做法，积累好的经验，梳理有待提升之处，及时调整完善。要提升工作的信息化水平，扎实梳理基础数据，科学设置指标体系，建设好国家艺术基金资助项目主体等级测评信息系统、专家等级测评信息系统，将系统评价数据纳入项目评审标准，提高评审的科学化和精准度。要加强与各省（区、市）文化和旅游厅（局）的合作，开展好专家推荐、遴选和信息更新工作，同时做好专家服务，为专家参与艺术基金相关工作做好保障，共同把好的项目选出来，保证财政资金投入的实际效果，撬动更多社会资源支持文艺事业发展，进一步发挥引领示范带动作用。

（三）提高项目实施监督质量

加强科学管理是艺术基金健康运行的重要保证，也是艺术基金工作的成功经验，要以项目管理和资金管理为抓手，努力保障资助项目高质量实施，避免“重立项，轻实施”的问题。艺术基金在实施监督方面努力创新，逐步构建了中期监督、跟踪指导、结项验收相结合的监督体系，实现了对资助项目管理的全覆盖和连续性，这是改进艺术基金管理，促进高质量发展的创新之举。要继续抓好实施监督各环节的落实，突出政治监督，守牢意识形态底线，不断创新监督机制、丰富监督方式、统筹监督力量，提高实施监督的长效性，使好的方案设计取得好的实施效果。要继续做好财务经费管理，优化资金统筹力度，创新资金来源，提高资金保障；完善财务管理机制，通过文化和旅游部财务司审计抽查、管理中心自主审计抽查、委托第三方绩效评价等方式相结合，加强财务监督，推进资助项目绩效管理；加强培训指导，开展常规性培训辅导，借助跟踪指导、审计抽查等机会加强针对性辅导。

（四）创新资助项目成果运用

围绕艺术基金设立 10 周年，管理中心组织了资助成果展览、资助剧目会演、小型节目展演、推动国家艺术基金高质量座谈会等活动，在文化和旅游部举行新闻发布会，组织媒体以新闻、专题等形式广泛宣传，取得积极成效。这些活动起到了展示成果、总结经验、凝聚力量的作用，也是推动成果运用的新探索。下一步，要努力创新成果运用，加强对资助项目实施情况的评价，对后续的演出、展览和修改提高情况长期追踪，对重实施、效果好的项目主体给予重点支持。要建设优秀作品资源库、优秀艺术人才资源库、高水平专家资源库，搭建交流提升平台、服务共享平台、宣传推广平台，总结国家艺术基金设立 10 周年主题活动成功经验，继续组织开展优秀资助剧（节）目会演，打造活动品牌，推动资助成果服务更多人民群众，不断彰显艺术基金的公益属性。

新时代开启新征程，提出新任务，赋予新使命。让我们进一步坚定理想信念，全面贯彻落实党的二十大精神，认真学习贯彻习近平文化思想，以社会主义核心价值观为引领，坚持“公益性”，定位“国家级”，树立“大局观”，瞄准“出精品”，着力“育人才”，不断推动创作生产出无愧于我们这个伟大民族、伟大时代的优秀作品，在新的起点继续推动文化繁荣、建设文化强国、建设中华民族现代文明，更好担负起新时代新的文化使命。

谢谢大家！

在推动国家艺术基金高质量发展座谈会上的讲话

文化和旅游部党组成员、副部长　国家艺术基金理事会副理事长、秘书长｜卢映川

2023 年 12 月 22 日

各位领导、同志们：

大家好！

首先，向大家长期以来对国家艺术基金的关心和支持致以诚挚的谢意。按照会议安排，我简要报告一下国家艺术基金设立 10 年的发展情况。

国家艺术基金于 2013 年 12 月设立。10 年来，在文化和旅游部党组领导下，在国家艺术基金理事会指导下，在中宣部、财政部、教育部、中国文联等各部门支持下，国家艺术基金围绕舞台艺术和美术两个领域，投入了 55.7 亿元的资金，资助了 7116 个项目，在创作文艺精品、培育优秀人才、服务文化惠民和推动中华文化“走出去”等方面发挥了积极作用，取得了显著成效。主要体现在以下 6 个方面。

一是在艺术创作方面。共资助新创作了 1234 部大型舞台剧和作品、1283 个小型剧（节）目和作品、484 件（组）美术作品，推出了一批思想精深、艺术精湛、制作精良的精品力作。资助剧目中 49 部荣获中宣部精神文明建设“五个一工程”奖优秀作品奖，38 部荣获中国文化艺术政府奖“文华大奖”，均占获奖总数的 80% 左右。在其他各级各类文艺评奖和重要演出展览活动中，艺术基金资助作品也占据较大比例。

二是在艺术传播方面。共资助优秀舞台艺术作品、美术作品国内演出、展览项目 1007 项，现场观众 1500 多万人次，满足了人民文化需求，增强了人民精神力量。坚持公益属性，通过把人民群众喜闻乐见的优秀作品送到革命老区、民族地区、边疆地区，送到市县基层、广大农村，在服务文化惠民、健全现代公共文化服务体系等方面

发挥了积极作用。2020年以来，国家艺术基金管理中心开展的资助成果网络展播活动，全网点击量达3亿多次，推动了优秀艺术作品在更大范围共享。

三是在艺术人才培养方面。共资助艺术人才培训项目922项，培训各类业务骨干2.7万人次，帮助他们提高学养、涵养、修养，加强思想积累、知识储备、文化修养、艺术训练，造就了一批有影响的各领域文艺领军人物，建设了一支宏大的文艺人才队伍。资助2032名青年艺术创作人才，这批40周岁以内的青年文艺工作者得到资助后进一步坚定了理想，提振了信心，提高了能力，迅速成长为业内领军人才，为繁荣发展社会主义文艺增添了活力、积蓄了力量。

四是在对外及对港澳台文化交流方面。服务国家外交大局，资助在国外开展的文化交流项目154项，观众约150万人次，讲好中国故事、传播好中国声音，为推动文明交流互鉴，构建人类命运共同体作出积极贡献。2021年起，面向香港、澳门特别行政区全面开放一般项目，两年来共资助38个项目，支持港澳特区文艺事业发展，支持港澳特区融入国家发展大局，巩固提升港澳特区在国际文化领域的地位。国家艺术基金努力为在大陆工作学习的台湾青年文艺工作者提供支持，促进两岸同胞血脉相连、心灵契合。

五是在培育良好艺术生态方面。国家艺术基金直接面向社会开展工作，凡是符合规定条件的艺术机构、单位和文艺工作者个人均可直接申报项目，获得资助，接受管理，引导各类项目主体在同一个平台上发挥优势，公平竞争，培育了良好的艺术生态，激发了全社会文化创造活力，带动了各方面的资源投入。10年来，以高等院校为主的教育系统单位获得资助项目3165项，占资助项目总数量的44.5%；民营和民办机构获得资助项目559项，占资助项目总数量的7.9%；文艺工作者个人获得资助项目2305项，占资助项目总数量的32.4%。

六是在推动文化体制改革方面。国家艺术基金是深化体制改革的产物，创新了财政资金投入文艺事业的方式。采用现代管理运行模式，推进艺术生产“管办分离”，提高了艺术领域治理能力，也有力推动了艺术机构和广大文艺工作者转变固有的艺术活动组织方式和惯性思维，树立精品意识、成本意识和绩效意识，全面提高项目策划能力、资源整合能力、计划实施能力，提高了财政资金使用效益。

10年耕耘，硕果累累。国家艺术基金的这些成绩融入了新时代文艺事业全局，也探索出了一套艺术基金资助管理的中国方案，那就是：坚持党对文艺工作的领导，认真贯彻党中央、国务院关于文艺工作的战略部署；坚持找准自身职能定位，体现资助管理的中国特色，努力发挥“风向标”“孵化器”“发动机”作用；坚持健全工作机制，完善制度标准，确保基金规范化运行；坚持依靠专家开展工作，努力提升项目管理专业化水平；坚持立项评审、实施监督和成果运用并重，形成“长尾效应”，切实提高资助项目综合效益。

国家艺术基金设立10年来，公信力、影响力和权威性不断提高，初步实现了以改革促发展的初衷，完善了文艺领域政策体系，推动了文艺事业日益繁荣，成果丰硕、前景广阔。还希望继续得到各个方面的大力支持，通过持续不断的深化改革实现高质量发展。

谢谢大家！

媒体报道

学好用好习近平新时代中国特色社会主义思想的世界观和方法论　推动国家艺术基金事业高质量发展

王明亮

当前，全党上下正在深入扎实开展学习贯彻习近平新时代中国特色社会主义思想主题教育。文化和旅游部党组作出了专门部署，国家艺术基金管理中心党支部将主题教育工作当作当前和未来一段时期的首要政治工作来抓，并取得了阶段性的学习成果。笔者结合学习和工作情况，从学习好习近平新时代中国特色社会主义思想的世界观和方法论，提高担负新的文化使命、推进文化强国建设的才干和水平，增强研究问题、解决问题的能力方面进行了思考，以期找到国家艺术基金事业做强做大的“金钥匙”“金点子”。

一、厘清习近平新时代中国特色社会主义思想的主旨脉络和科学体系

（一）新时代呼唤新思想

时代是思想之母，实践是理论之源。党的十八大以来，国内外形势的变化和我国各项事业的发展都向我们提出了重大时代课题：新时代坚持和发展什么样的中国特色社会主义、怎样坚持和发展中国特色社会主义。进入新时代以来，以习近平同志为核心的党中央坚持把马克思主义基本原理同中国具体实际相结合、同中华优秀传统文化相结合，围绕重大时代之问，以全新的视野进行理论探索，在治国理政实践中升华创立了习近平新时代中国特色社会主义思想。这一最新理论成果在政治、经济、军事以及文化艺术等各个领域都提出了许多标志性和引领性的新思想、新观点、新论断，以全新的视野深化了对共产党执政规律、社会主义建设规律、文化传承发展规律的认识。

习近平新时代中国特色社会主义思想是中国共产党发展史上又一重大思想结晶、又一重大实践经验总结，是当代中国马克思主义、21世纪马克思主义，是中华文化和中国精神的时代精华，开辟了马克思主义中国化时代化新境界。新时代，党要团结带领人民进行伟大斗争、建设伟大工程、推进伟大事业、实现伟大梦想。习近平新时代中国特色社会主义思想是全党全国各族人民的精神支柱和力量源泉，是我们党迈向新时代、开启新征程、续写新篇章的政治宣言和行动纲领。

（二）新思想指导新变革

新思想之“新”基于时代之“新”，党的十九大宣告中国特色社会主义进入了新时代，阐述了我国社会发展所处的新的历史方位。新时代的一个基础特征，就是社会基础发生重大转变，中国社会主要矛盾发生根本转化，从人民日益增长的物质文化需要同落后的社会生产之间的矛盾，转化为人民日益增长的美好生活需要和不平衡不充分的发展之间的矛盾。这是自1981年党的十一届六中全会乃至1956年中共八大以来，中国共产党对社会矛盾判断所做的首次重大调整。这一新的判断蕴藏深厚历史内涵和丰富时代创见，是我们党坚持实事求是、与时俱进、理论联系实际的重大理论创新，是习近平新时代中国特色社会主义思想的重要实践标的。当前，全党深入学习贯彻习近平新时代中国特色社会主义思想，全面贯彻党的基本路线、基本方略，采取一系列战略性举措，推进一系列变革性实践，稳定解决了十几亿人的温饱问题，打赢了脱贫攻坚战，实现了全面建成小康社会的历史性成就，满足了人民基本的物质文化需求，人民开始追求更加美好的生活。满足人民日益增长的美好生活需要，文化是重要因素，习近平总书记有关文艺工作的重要论述主要是围绕满足人民群众多样化、多层次、多方面的精神文化需求来进行阐释、指导工作的。新时代新征程，做好文艺等各条战线的工作，最根本的就是要高举中国特色社会主义伟大旗帜，一以贯之地坚持和发展中国特色社会主义，坚定推动中国式现代化道路越走越自信、越走越宽广。

（三）新变革丰富理论新体系

习近平新时代中国特色社会主义思想是系统全面、逻辑严密、内涵丰富、内在统一、不断发展的科学理论体系。如何认识这一理论体系，把握好马克思主义新的时代内涵？首先，坚持和发展中国特色社会主义是这一思想最本质、最关键、最基础的内容。把握这一基本点，就把握住了党的理论创新成果、实践探索发展的清晰历史逻辑和鲜明内在联系。其次，习近平新时代中国特色社会主义思想作为划时代的科学理论体系，是不断生长和发展的宏伟思想谱系。深刻领会习近平新时代中国特色社会主义思想，还需要我们掌握这一思想不断发展的新内容，保持终身学习、开放学习的态度。最后，把握这一理论体系的内在统一性，既深刻体现了中国特色社会主义道路、理论、制度、文化的内在统一，又鲜明反映了中国特色社会主义理论逻辑、历史逻辑、实践逻辑的有机统一。无论哪个领域、哪个层面、哪项工作，都可以从习近平新时代中国特色社会主义思想中找到解决问题的答案，这是新时代治国理政的“百科全书”，是坚持“两个结合”的光辉典范。我们要全面把握、深学细研、融会贯通，努力做到理论创新每前进一步，理论学习就跟进一步，切实提高学懂弄通做实的政治自觉、思想自觉、行动自觉。

二、深刻领悟马克思主义中国化时代化最新理论创造、实践探索和政治品格，把握习近平新时代中国特色社会主义思想的世界观和方法论

习近平新时代中国特色社会主义思想蕴含的根本政治立场、深邃的理论观点和科学的思想方法，是新时代中国共产党人理论创造、实践探索、政治品格的集中体现，是习近平新时代中国特色社会主义思想活的灵魂，具有穿越时空的普遍意义和真理价值。党的二十大报告提出“六个必须坚持”，即必须坚持人民至上，坚持自信自立，坚持守正创新，坚持问题导向，坚持系统观念，坚持胸怀天下，精辟概括了习近平新时代中国特色社会主义思想的世界观和方法论，是理解这一重要思想必须把握的基本要点。

（一）“六个必须坚持”生动彰显了习近平新时代中国特色社会主义思想对马克思主义哲学创新发展的原创性贡献

世界观是人们关于世界的总看法和根本观点，它决定了我们是如何看待世界的。当人们以一定的世界观观察问题、处理问题时，世界观也就有了方法论意义。世界观决定怎么去“想”，方法论决定怎么去“做”，二者统一于人的实践。辩证唯物主义和历史唯物主义是马克思主义的世界观和方法论，也是我们党一以贯之的世界观和方法论。

“六个必须坚持”作为习近平新时代中国特色社会主义思想的世界观和方法论，

科学运用辩证唯物主义和历史唯物主义，把马克思主义基本原理同中国具体实际相结合、同中华优秀传统文化相结合，基于党的十九大、十九届六中全会概括的“十个明确”“十四个坚持”“十三个方面成就”等重要论述，高度凝练了新时代中国马克思主义哲学的内在依据，深刻彰显着习近平新时代中国特色社会主义思想对马克思主义哲学创新发展的原创性贡献。

“六个必须坚持”构成相互联系、内在统一的有机整体，认真学习领会和实践运用“六个必须坚持”，不仅关系到对新思想本身的整体把握，而且关系到对马克思主义中国化时代化历史进程及其科学体系的系统理解。必须完整、准确、深刻地把握这一世界观和方法论，学习好、坚持好、运用好贯穿其中的立场观点方法，并以之为认识世界、把握规律、追求真理、改造世界的强大思想武器。

（二）“六个必须坚持”系统概括了习近平新时代中国特色社会主义思想的立场观点方法

“六个必须坚持”以“坚持人民至上”为起点，以“坚持胸怀天下”为终点，贯穿其中的不仅是中国共产党从百年奋斗的重大成就中所总结出来的历史经验，更是中国共产党人集体智慧的结晶，鲜明彰显了习近平新时代中国特色社会主义思想的根本政治立场，科学回答了“中国化时代化的马克思主义为什么行”的历史命题，为我们党“未来如何继续成功”指明了方向。

自信才能自立，自立才能自强。坚持守正，创新才能有根基和导向；坚持创新，守正才能有活力和生机。从自信、自立到自强再到创新，正是靠着中国化时代化马克思主义的思想指引，中国共产党在百年历程中才始终保持着充沛的前行力量。“六个必须坚持”中强调指出“坚持自信自立”和“坚持守正创新”，深刻凸显了习近平新时代中国特色社会主义思想把马克思主义基本原理同中国具体实际相结合、同中华优秀传统文化相结合的基本理念和精神气质，为我们在全面建设社会主义现代化国家新征程上取得新胜利提供了强劲动力。

发现问题、研究问题、解决问题，始终是推动一个国家、一个民族向前发展的重要动力。从系统观念出发来认识和改造世界，是马克思主义政党基础性的思想方法和工作方法。“六个必须坚持”中的第四条和第五条强调“坚持问题导向”和“坚持系统观念”，深刻揭示了习近平新时代中国特色社会主义思想的科学性和方法性，为我们在新时代新征程上解决问题、解决难题拨开了方法迷雾、提供了路径指针。

总之，“六个必须坚持”集中体现了习近平新时代中国特色社会主义思想的立场观点方法，体现了人民至上的根本价值立场，体现了自信自立的内在精神特质，体现了守正创新的鲜明理论品格，体现了问题导向的重要工作特质，体现了系统观念的基本工作方法，体现了胸怀天下的大视野大境界，是我们学习把握习近平新时代中国特色社会主义思想精髓的“金钥匙”。

（三）“六个必须坚持”深刻揭示了习近平新时代中国特色社会主义思想的强大指导力和实践性

实践性是马克思主义理论区别于其他理论的显著特征。习近平新时代中国特色社会主义思想具有鲜明的实践导向，既植根于新时代以来的伟大实践，又在推动新时代以来的伟大实践中展现出巨大真理力量和独特思想魅力。这一思想从我国的基本国情出发，科学研判国内外环境的深刻复杂变化，聚焦社会基本矛盾的深层变化，深刻回答了事关新时代经济社会发展的一系列重大现实问题，擘画推动了关乎基础和全局的一系列重大发展战略，为全面推进中国式现代化提供了行动指南。

新时代十年的伟大变革也生动证明，习近平新时代中国特色社会主义思想坚持马克思主义科学性和实践性的有机统一，具有鲜明的实践品格，富有强大的实践伟力。十年来，在习近平新时代中国特色社会主义思想的科学指引下，我们攻克了许多长期没有解决的难题，办成了许多事关长远的大事要事，成功战胜了一系列风险挑战，成功推进和拓展了中国式现代化。

面向未来，党的二十大描绘了全面建设社会主义现代化国家、全面推进中华民族伟大复兴的宏伟蓝图。但我们也清醒认识到，世界百年未有之大变局加速演进，内外部环境错综复杂，不确定因素增多，前进道路上我们面临的风险考验只会越来越复杂，甚至会遇到难以想象的惊涛骇浪。如何乘风破浪，将蓝图变为现实，就是要把党的创新理论运用到贯彻落实党的二十大提出的重大战略部署中去，从理论成果中找到解决实际问题的“桥”和“路”。“六个必须坚持”作为世界观和方法论的有机统一，就是既讲是什么、为什么，又讲怎么看、怎么办，既部署“过河”的任务，又指导解决“桥或船”的问题。以这次主题教育为契机，要坚持用习近平新时代中国特色社会主义思想统领和指引各项工作，要善于用“六个必须坚持”的世界观和方法论，强化理论指导，丰富战略支撑，拓展实践路径，破解发展难题，激发动力活力，使中国式现代化的中国特色更加鲜明、优势更加彰显、前景更加光明。

三、掌握“六个必须坚持”内涵观点方法，增强推动事业高质量发展的使命感和本领才干

习近平新时代中国特色社会主义思想的世界观和方法论凝结着我们党认识世界、改造世界的宝贵经验和重大成果，体现了理论与实际相结合、认识论和方法论相统一的鲜明特色，需要我们不断从中汲取担负新的文化使命、推进文化强国建设和国家艺术基金事业高质量发展的智慧和才干。

（一）必须坚持人民至上，增长满足人民文化需求、增强人民精神力量的使命感和本领才干

习近平总书记深刻指出：“全面建成社会主义现代化强国，人民是决定性力量。”人民性是马克思主义的本质属性，马克思主义植根于人民之中，党的所有理论都源自人民、为了人民。人民性也是党的根本政治立场，中国共产党是从劳苦大众当中走出来的政党，来自人民，植根于人民，始终坚持全心全意为人民服务、为人民谋幸福，这是党的初心与恒心。人民性同样也是文艺工作最突出、最根本的属性，习近平总书记指出，“社会主义文艺，从本质上讲，就是人民的文艺”。习近平总书记关于文艺工作的重要论述，聚焦文艺精品、艺术高峰、艺术创新、思想素养、创作态度、文化传统以及文艺人才的培养等，都特别强调“艺术为人民”这一点。“为人民”也是国家艺术基金工作的基本目标，我们支持的艺术创作要坚持“以人民为中心的创作导向”，作品传播交流推广要把好“满足人民文化需求、增强人民精神力量”的方向盘，人才培养也特别把“满足基层需要的优秀实用型人才培训”作为一个资助重点，资助形成的成果运用也着力通过加强展演展览展示、评价推广，推动成果为广大人民共享，增强人民的文化获得感、幸福感。

通过主题教育，我们要进一步强化宗旨意识，始终坚持好正确的政治方向，坚持人民至上的理念，充分认识社会主义文艺来自人民、植根人民、服务人民的宗旨。在资助管理的全过程中把服务人民放在最高位置，把人民满意不满意作为检验资助成果

的最高标准。从另一个角度而言，国家艺术基金的来源是中央专项彩票公益金，彩票公益金来自人民，也通过投向社会民生和经济领域的特定公益项目服务人民，强弱项、补短板、促均衡，保障人民基本权益。中央专项彩票公益金投入国家艺术基金，也是为保障和增强人民的文化权益。当前人民的基本文化权益在实现公共文化服务均等化的同时，已经更多地从“有没有”向“好不好”转变，就是看通过艺术基金的资助，能不能提供更多既能满足人民文化需求又能增强人民精神力量的优质文化产品，让人民群众享受更加充实、更为丰富、更高质量的精神文化生活，满足人民群众对美好生活的更多期待。没有优秀作品，其他事情搞得再热闹、再花哨，那也只是表面文章，是不能真正深入人民精神世界的，是不能触及人的灵魂、引起人民思想共鸣的。要维护人民利益，就是要把有没有高峰式的作品、有没有高峰式的人才作为衡量工作的重要指标，着力完善艺术作品的创作生产、演出展览、人才培养、评价推广机制，把人民群众满意不满意作为评判资助成效的根本标准。

（二）必须坚持自信自立，增强助力打造中华民族新史诗的使命感和本领才干

在科学思想指引下，新时代十年实现伟大变革，再次印证习近平总书记所说的“当今世界，要说哪个政党、哪个国家、哪个民族能够自信的话，那中国共产党、中华人民共和国、中华民族是最有理由自信的”。因何能自信？就是我们走的是一条无比正确的道路，是把马克思主义基本原理同中国具体实际相结合、同中华优秀传统文化相结合的中国特色社会主义道路。何谓“中国特色”？习近平总书记讲了一句很精辟的话，他说：“如果没有中华五千年文明，哪里有什么中国特色？如果不是中国特色，哪有我们今天这么成功的中国特色社会主义道路？”所以，中国特色社会主义的道路、中国特色社会主义的理论、中国特色社会主义的制度，离不开我们光辉灿烂的文明，也离不开我们的文化自信。我们的文明是世界上唯一自古延续至今、从未中断的文明，我们的文化力量相较其他文化，更基本、更深沉、更持久。在前不久的文化传承发展座谈会上，习近平总书记特别阐述了中华文明的五个突出特性，即突出的连续性、创新性、统一性、包容性、和平性。基于这些特性，我们要建设的中华民族现代文明是马克思主义基本原理同中国具体实际、同中华优秀传统文化相结合产生的新的文化生命体，是中国式现代化的新文明形态。没有文化自信，哪里有人类文明新形态？习近

平总书记反复强调文化自信自强，就是认识到中华优秀传统文化对中华民族实现伟大复兴、对创造人类文明新形态的重要作用。

通过主题教育，我们要坚持道路自信、理论自信、制度自信、文化自信，坚持对马克思主义的坚定信仰、对中国特色社会主义道路的坚定信念和对实现中华民族伟大复兴的坚定信心，坚持对我们的文明、我们的文化、我们的未来的坚定信心。我们所处的是一个伟大时代、一个自信的时代，越是开放自信，越能孕育出气象宏阔的史诗作品。开放带来海纳百川，不同文化和文明的撞击，会激起艺术创作的涟漪和巨浪，为文学艺术的创作开辟前所未有的空间和可能。盛世的优裕、宽容和自信，会在文化冲突和融合中确立坚定的主体地位，更能孕育出时代的新史诗。习近平总书记在文艺工作座谈会上强调，衡量一个时代的文艺成就，最终要看作品。伟大民族、伟大时代必然有自己的“代言人”，有足以代表自己的优秀作品。因此，站在“两个一百年”的历史交汇点上，感受到我们伟大时代的优裕、宽容和自信，我们国家艺术基金管理中心的工作人员，更加应当有开放自信的心态，要有舍我其谁、迎难而上的自觉意识，要有做好文艺创作引领和服务的智慧和才干，引领我们的文艺创作机构和文艺工作者以宽广的胸襟、开阔的视野、深远的目光、深刻的思维，向着人类最先进的方面注目，向着人类精神世界的最深处探寻，把提高文艺作品的精神高度、文化内涵、艺术价值作为追求，这样才会在滚滚洪流中站稳脚跟，在文化冲突融合中坚定心志，孕育出独属于伟大时代的新史诗。

（三）必须坚持守正创新，增强开辟事业新天地的使命感和本领才干

无论是就文化传承发展，还是就文艺创新创造，习近平总书记都特别提到“守正创新”，将其作为一条重要原则和基本方法。守正，就是“正本清源”“坚守正道”，坚守正确的文化使命、延续优秀的文化精神和优良的文化传统；创新，就是“推陈出新”“应时而变”，要根据时代的发展和社会的需要，要有新观念、新实践、新发现，创造新的东西，开辟事业新的天地。守正才能不迷失方向、不犯颠覆性错误，创新才能把握时代、引领时代，永远立于潮头，不被时代抛弃。

对国家艺术基金而言，守正创新是基金从无到有、事业发展壮大贯穿始终的一条路径。10 年前，艺术基金在国内完全是一个新事物，是在借鉴国外艺术基金和国内基础科学研究、出版领域基金样式的基础上建立起来的，作为艺术领域国家治理体系

与治理能力现代化的一种创新尝试，作为国家对艺术投入方式的创新，由直接投入变为间接投入；由行政审批变为面向社会发布资助指南、机构和个人自由申报、同行专家进行评审、竞争择优进行资助。艺术基金这个借鉴外来形式的创新产物，并没有放弃守正，始终很好地坚守住了文艺为人民服务、为社会主义服务的根本属性，坚持以马克思主义为指导，坚守中华文化立场，坚定走中国特色社会主义文化发展道路。在守正的基础上，大胆进行创新，建立了一系列制度、程序，走通了指南发布、项目申报、专家评审、签约立项、组织实施、监督检查、结项验收、成果运用的全流程，积累了经验，效果明显，得到了各方的认可。

2023 年是国家艺术基金成立 10 周年，结合主题教育，我们要继续坚持守正创新，推动国家艺术基金做强做大。正本清源、守正创新，一个国家、一个民族不能没有灵魂。作为精神事业，文化文艺当然就是事关灵魂的创作，一是不能没有，二是不能混乱。新时代守正创新在文艺领域上指向的是繁荣文艺创作，建设具有强大凝聚力和引领力的社会主义意识形态。因此，国家艺术基金既要坚持以繁荣艺术为宗旨，遵循党的文艺方针毫不动摇，在资助管理机制上，始终强化国家设立、政府主导的定位，强化对艺术政策、创作资助规划的设计参与。同时，也要紧跟时代步伐，尊重实践、与时俱进，拓展认识的广度和深度，在符合我国历史传统、社会制度、发展阶段、艺术实际的前提下，以解决现实问题为导向，勇于推进实践基础上的制度和方法创新，不断优化“基金制管理、项目化运作”模式，探索具有中国特色的艺术基金管理之路。

（四）必须坚持问题导向，增强解决实际问题的使命感和本领才干

坚持问题导向，是习近平新时代中国特色社会主义思想的鲜明风格。问题是时代的声音。问题意识强，表明我们对现实了解得深、把握得准，更容易找到化解矛盾的突破口，更能够找到推进事业发展的“金钥匙”“金点子”。在新时代十年的伟大实践中，以习近平同志为核心的党中央，一直把“问题导向”作为研究工作、制定政策、推动改革和事业发展的抓手，作为化解矛盾、破解难题、打开局面的突破口，推动党和国家事业在敢于斗争、敢于胜利中破浪前行。艺术基金的管理工作也应如此，发现问题、解决问题、推动工作应成为我们的自觉意识和基础素质。

通过主题教育，我们要养成善于发现和提出问题的意识。对国家艺术基金而言，在新时代发展的过程中，面对着很多实际的问题和挑战，有根本的、要在长期摸索中

解决的问题，也有摆在面前的、需要即时解决的问题。最根本的一个问题，就是习近平总书记对文艺界提出来的“时代之问”，就是文艺创作有数量缺质量、有高原缺高峰。现在好的作品应该说不少，很多也是国家艺术基金资助出来的。但是和每年生产的文艺作品庞大的数量相比还是稀缺的，和群众日益增长的美好生活需要、对高品质的精神文化需求相比，这个比例还远远满足不了需求。精品少，这是文艺界需要全力解决的问题，也是国家艺术基金在新 10 年要深入求索、全力破局的核心问题。此外，摆在我们眼前限制我们发展的问题也不少，比如，资助不均衡、不充分的问题，管理成本和成效还不匹配的问题，发展动能不足的问题，等等。更为重要的是，我们也要善于提出解决问题的新理念、新思路、新办法。要聚焦突出问题，大兴调查研究，对具体问题进行具体分析，找到解决问题的思路和方法。比如，破解资助不均衡、不充分的问题，进一步调整资助结构，确保在主题题材、项目类型、资助对象上做到“三个并重”；破解管理成本和成效还不匹配的问题，进一步围绕项目、专家、资金三个方面管理，做到“三个完善”；破解发展动能不足的问题，对属于资金投入动能不足的，要着力创新资金来源，争取财政投入稳定增长政策，探索引进社会资金，有序接受社会捐赠；对属于资金使用效能不足的，要着力创新资助方式，构建多种形式的资助体系；对属于资助成效不足的，特别是美术作品资助和成果运用形式及成效还不彰显的问题，要着力优化方式，搭建交流提升平台、服务共享平台、宣传推广平台，总体上做到“三个创新”。

（五）必须坚持系统观念，增强谋划全局的使命感和本领才干

我们要坚持系统思维、全局谋划，坚持用普遍联系的、全面系统的、发展变化的观点观察事物。“有上则有下，有此则有彼。”事物是普遍联系的，事物及事物各要素相互影响、相互制约。不能孤立地、静止地、片面地观察事物、研究问题，需要我们发展地、全面地、系统地看待事物、解决问题，准确把握客观实际，真正掌握规律，妥善处理各种重大关系。提高驾驭复杂局面、处理复杂问题的本领。中国式现代化越是向纵深推进，越是要把握好各种辩证关系，处理好全局和局部、当前和长远、宏观和微观、主要矛盾和次要矛盾、特殊和一般等关系，突出改革的系统性、整体性和协同性。具体对艺术基金而言，就是要增强全局思维、系统思维，从助力社会主义文艺事业繁荣健康发展，推动文艺治理体系和治理能力现代化的高度出发来思考问题、做

好工作。国家艺术基金是为深化文化管理体制改革、深入文化投入方式改革的目标而建立的，在10年探索实施中形成了具有中国特色的基金制模式，成为党和国家支持艺术繁荣健康发展的综合政策体系、政策工具中的一种，是对现行文化行政管理机制的有益补充。从优化艺术治理体系和艺术生态系统的角度看，成立艺术基金的一个重要意义就在于它打破了原有的“分级管理、分灶吃饭”的文化资金投入模式，推动政府职能转变，体现了政府从“办文化”向“管文化”的转变。1993年政府机构有过一次改革，曾提出政府要从“办文化”向“管文化”转变，但进展一直比较缓慢，国家艺术基金的成立使从“办” 向“管”的转变迈出了实质性的一步。通过中央财政出资设立基金的形式，实现了政府对艺术投入资金的整合和壮大，突破了条块分割、部门管理的一些管理限制，这是整个治理体系和艺术生态环境的一个根本性的变化。

通过主题教育，我们要增强前瞻性思考和全局性谋划，加强顶层设计和整体谋划。一方面，要继续处理好与政府的关系，毫不动摇坚持政府主导，充分调动社会力量共同参与“办文化”的积极性，带动更多社会资源有效投入艺术创作活动，加快推进地方艺术基金的设立。同时，也要进一步厘清自身定位和边界，坚持不缺位、不越位、不错位，发挥基金作为一个开放平台的机制性优势，与行政主管部门、艺术创作部门、艺术家们做好对接，共同推进治理体系和艺术生态环境的优化。另一方面，要处理好与项目主体的关系，充分考虑不同地区、行业和群体开展艺术活动的多样诉求。随着文化体制改革的深化和市场经济的发展，艺术生产的主体日益多样化和社会化，艺术创作的组织形式不断变化更新，新型艺术门类、新文艺组织和新文艺群体层出不穷，艺术传播与消费出现分流分层分群的特点。各类艺术机构和艺术家在申请和实施项目中的困难和诉求是多种多样的，要分类梳理、分类制定政策，发挥好政策引领和激励的作用。

（六）必须坚持胸怀天下，增强助力构建人类命运共同体、开创人类文明新形态的使命感和本领才干

在百年奋斗历程中，我们党始终以世界眼光关注人类前途命运，从人类发展大潮流、世界变化大格局、中国发展大历史、正确认识和处理同外部世界的关系的角度出发，提出了构建人类命运共同体的宏伟愿景，为解决人类面临的共同问题作出贡献，为维护世界和平与促进共同发展提供了中国智慧、中国方案。中国智慧、中国方案，

从根本上来源于我们具有突出和平特性的文明，来源于我们党坚持传承和弘扬中华优秀传统文化，又包容吸纳人类一切优秀文明成果、创造人类文明新形态的开放心态。党的十八大以来，习近平总书记在多个重要场合就“创造人类文明新形态”作出一系列重要论述，人类文明新形态，是植根中华文明，守正创新、传承发展产生的新型文明形态；是马克思主义基本原理同中华优秀传统文化相结合的新型文明形态；是在全面推进中国式现代化进程中形成发展的新型文明形态；是推动人的全面自由发展的新型文明形态；是致力实现全人类共同价值的新型文明形态；是我们党为人民谋幸福、为民族谋复兴、为世界谋大同提出来的中国智慧和中国方案。

通过主题教育，我们要切实增强工作的责任感使命感，深入学习贯彻习近平总书记关于创造人类文明新形态的重要论述精神，坚持胸怀天下，树立世界眼光，坚持中华传统文化中的“和合”思想，发挥历史主动精神，积极服务国家港澳台工作以及对外交往合作大局。持续深化对港澳资助，从2022年开始，国家艺术基金全面向香港、澳门开放项目资助，在港澳文艺界取得了巨大反响，得到特区政府高度重视，列入特区政府2022年《施政报告》，助力港澳人心回归、更好融入国家发展大局。持续深化对外交流合作，一方面，要加强优秀资助成果海外推介和项目“走出去”。文艺是通用语言，连接心灵、沟通世界，要引领和激励艺术创作单位、机构和个人胸怀天下，树立世界眼光，秉承人类视角，立足中华民族伟大历史实践和当代实践，以生动展现中国人民创造历史伟业的生动史剧为蓝本，让中国经验、中国奇迹用艺术的方式表达出来，把中国道理、中国价值用触及人类精神世界最深处的方式传播出去，讲述好中国式现代化的精彩故事，书写中华民族新史诗、阐明人类文明新形态。另一方面，要加强同国外艺术资助机构的交流，加深艺术管理和资助方面的合作。艺术基金是国际上认可的主流资助渠道和工具，基金制管理、项目化运作的模式和理念得到认可和遵行，尤其是在一些没有文化行政主管部门的国家，艺术基金发挥着更加突出的作用。国家艺术基金和国际上的同类资助机构一直保持交流合作，2023年4月，国家艺术基金和新加坡国家艺术理事会在北京签署了《中国国家艺术基金与新加坡国家艺术理事会谅解备忘录》，深化了合作关系。此前，我们与英格兰艺术委员会、英国文化协会、美国国家艺术基金会、澳大利亚艺术理事会等都有交往，为合作打下了基础。下一阶段，在构建人类命运共同体、创造人类文明新形态的理念指导下，应充分认识到在对外文化交流中艺术基金“一臂之距”的机制特性，可以在国际文化艺术合作与交流中扮演更为活跃和重要的角色，以发挥出“沟通中外文化、增进理解友谊合作”的作用。

新时代呼唤新担当，新使命激发新作为。我们要以这次主题教育为契机，牢牢掌握“学思想、强党性、重实践、建新功”的总要求，不断领悟习近平新时代中国特色社会主义思想的世界观和方法论，掌握“六个必须坚持”这把指导干事创业的“金钥匙”，增强担负新文化使命的责任感和本领才干，在推动事业高质量发展中实现更大梦想、建立更大功业。

（原文刊于《艺术教育》2023年第8期）

做强做大国家艺术基金　助力铸就新时代文艺高峰

王明亮

2023年是国家艺术基金成立10周年，也是全面贯彻党的二十大精神的开局之年。国家艺术基金的工作线索很多、任务很重，但核心的工作线索只有一条，就是围绕出精品、攀“高峰”下功夫。文艺创作有“高原”缺“高峰”，是文艺界迫切需要回应解答的习近平总书记提出的时代之问，也是国家艺术基金在新10年要深入求索、全力破局的核心课题。

一、何为高峰？

“高峰”是耸立在时代大高原上的，可以体现一个民族的精神高度、垂范一个民族精神图式的文学艺术丰碑。在人类发展历史上，在东西方不同时期都出现过诸多“高峰”，它们是属于全人类共有的精神文化瑰宝。

我们今天在谈论古代的文艺高峰时，可以如数家珍，列出传世之作、不朽名篇，但实际上，对“高峰”的判断是困难的，远非如地貌一样一望可知。时间越近，谈到现当代的“高峰”，就越可能众说纷纭、莫衷一是，甚至连是否存在“高峰”也可能会有不同回答。

这是由于“高峰”的评价标准并不明晰，随时空转换也会出现变化，并无固定。这是否就意味着没有标准呢？并不然。毛泽东同志在延安文艺座谈会上就点出了什么是“好的”文艺、什么是“坏的”文艺，认为政治和艺术统一、内容和形式统一、革命的政治内容和尽可能完美的艺术形式统一这样“三统一”的作品就是好作品。习近平总书记多次谈到好作品的标准问题，归纳起来有“三个三”，即“三有”“三性”“三精”。习近平总书记在2014年文艺工作座谈会上指出，“我国作家艺术家应该成为时代风气的先觉者、先行者、先倡者，通过更多有筋骨、有道德、有温度的文艺作品，书写和记录人民的伟大实践、时代的进步要求……努力创作生产更多传播当代中国价值观念、体现中华文化精神、反映中国人审美追求，思想性、艺术性、观赏性有机统一的优秀作品”，“精品之所以‘精’，就在于其思想精深、艺术精湛、制作精良”。

在中国文联十大、中国作协九大开幕式上的讲话中习近平总书记又指出，“要把提高作品的精神高度、文化内涵、艺术价值作为追求，让目光再广大一些、再深远一些”。在党的二十大报告中，习近平总书记强调文艺要“满足人民日益增长的精神文化需求，巩固全党全国各族人民团结奋斗的共同思想基础，不断提升国家文化软实力和中华文化影响力”。上面的几段论述，对艺术作品的形式、内容、思想、功能等诸多方面提出了要求，可以视为文艺高峰的客观的、共通的标准。对照之下，任何可以视为当代文艺“高峰”的作品，都应当符合上述“三有”“三性”和“三精”的标准，符合“增强精神、巩固思想、提升影响”的三个目标。

总的来看，艺术作品的生产、“高峰”的显现，是有特定标准的，是有特定规律的，比任何其他生产都有更为复杂和艰难的孕育过程。好的作品从来都不是以数量取胜的，平庸的、千篇一律的东西再多也等于零，推出来就是朝生暮死、一日蜉蝣，只有好作品才能够立得住、留下来、传得开，才有可能成为“精品”，才有可能历经岁月洗练，成为不朽的“传世之作”。

二、何以高峰？

我们拥有艺术创造的大高原，但堪称“高峰”的作品从哪里来呢？纵观古今中外的文艺发展史，文艺作品高峰迭起，它们的出现往往有如下几个规律。

第一，从时代中来。文艺因时而兴，乘势而变，随时代而行，与时代同频共振。习近平总书记在文艺工作座谈会上强调，衡量一个时代的文艺成就，最终要看作品。伟大民族、伟大时代必然有自己的“代言人”，有足以代表自己的优秀作品。因此，在全面迈向中国式现代化、实现中华民族伟大复兴的新时代，需要也应当有呼应这一时代的“高峰”之作。而想要做好时代的“代言人”，我们的文艺家只有深深地融入时代洪流，深入社会生活的火热一线，才能真实触摸到时代的脉动，观察到社会的百态，感受到我们伟大时代的优裕、宽容和自信，才会在滚滚洪流中站稳脚跟，在文化冲突融合中坚定心志，孕育出独属于伟大时代的新史诗。

第二，从人民中来。我们的文艺是为人民而艺术的文艺，具有鲜明的人民性。习近平总书记多次强调“文艺为了人民”，“源于人民、为了人民、属于人民”，“以人民为中心”。可以说，高扬人民性是中国新文艺发展道路的核心点，也是攀登文艺“高峰”的第一重台阶。从文艺发展规律来看，艺术反映社会现实，而广阔的社会，是由亿万个体组成的。因此，反映社会，归根究底就是描写人。打造新时代的文艺高峰，必须坚持“以人民为中心”，坚持“为人民、写人民、人民写”的创作方法，必须自觉与人民“同呼吸、共命运、心连心”。

第三，从传统中来。党的二十大最新通过的党章修正案在指导思想部分提出了“两

话剧《平凡的世界》（国家艺术基金2018年度大型舞台剧和作品创作资助项目、2020年度传播交流推广资助项目）

个结合”，就是“同中国具体实际相结合、同中华优秀传统文化相结合”。文艺“高峰”栖身在广阔奔流的历史文脉之中，更需要从中汲取养分和能量。传统文化延绵不断、生生不息，既有一脉相承，也有时代发展。每个时代往往都有各自代表性的“高峰”作品，但这些高峰之间也依循着历史发展的线索。楚骚、汉赋、六代骈语、唐诗、宋词、元曲，它们彼此之间不是互相更替，而是继承发展的关系。为铸就当代的文艺高峰，需要坚定地回望传统与历史，赓续好中华传统文脉，传承好历史经典，弘扬好中华审美风尚，坚守好中华文化立场，传承好中华文化基因，展现好中华审美风范，用文艺把中华文化精神的过去、现在和未来贯通起来，才能不断生成新的传统、新的“高峰”。

第四，从高原中来。正如地壳造峰运动的自然机理所揭示的那样，高峰和高原往往相伴而生。珠穆朗玛峰，是以隆起的青藏高原为巨大底座，是在世界屋脊之上，在喜马拉雅山脉的群峰拱卫中，耸立出来的第一高峰。也因此，真正的高峰并非孤峰，它有众多可以比肩的兄弟，有坚实的高原作为基底。文艺领域的“高峰”也是如此，如唐代公认是中国古代诗歌的顶峰，《全唐诗》收录的诗就有 49000 余首，诗人有 2800 多位，但李、杜二人毕览前贤，脱颖而出，成为公认的高峰式人物。可见，文艺“高

舞蹈诗剧《只此青绿——舞绘〈千里江山图〉》（国家艺术基金 2022 年度大型舞台剧和作品创作资助项目）

峰”必然是经过了一定的历史发展，有众多优秀的艺术家投身其间，创作出卓越庞大的作品群落，有厚实的高原托举，有璀璨的群星辉映，才得以顺势拔地而起、峰岳耸峙。

第五，从市场中来。与传统的文艺生态相比，市场和经济的要素在当代文艺生产中更为活跃。今天的文艺作品具有艺术、技术和商品等多重属性，具有社会和市场双重效益，在为人民群众带来精神满足的同时，也能激发起巨大的文化消费潜力。当代文艺“高峰”与“市场”也并不矛盾，一部好的作品，应该是能经受起市场检验的。国家艺术基金资助的《只此青绿——舞绘〈千里江山图〉》《平凡的世界》《醒·狮》《永不消逝的电波》等一批有精品品相的作品，都是既“叫好”又“叫座”的。“高峰”绝非可以一蹴而就的，它是地壳板块持续运动和撞击的结果，不经过痛苦的碰撞、粗粝的打磨，就无法形成崇高伟岸的山岳。现在我们强调以演出为中心，演出意味着有经济效益，可以实现“造血”，也意味着作品有不断打磨的机会，是提升艺术质量的有效市场手段。

三、国家艺术基金何为？

第一，国家艺术基金要承担什么样的角色？长期以来，国家艺术基金对自身有三个定位，即艺术创作的“风向标”“助推器”和“孵化器”。10 年来，以此为定位，国家艺术基金共资助项目 7116 项，这些项目基本都开花结果，有较好的艺术质量和社会效益。在历届“文华大奖”、“五个一工程”奖评选中，占比都稳定在 80% 左右。进入新 10 年，国家艺术基金要在前期工作的基础上，实现提质增效的高质量发展，就是要自我加压，自己给自己提档升级，从做好艺术创作的“风向标”“助推器”和“孵化器”，提升到做好艺术“高峰”的“风向标”“助推器”和“孵化器”，助力铸就新时代文艺高峰，自觉以艺术精品、高峰式人物的有无和多寡作为衡量国家艺术基金工作成效的关键指标。

第二，国家艺术基金要发挥什么样的作用？如何做好铸就文艺高峰的推手，通过国家级的艺术资助平台，在海量项目中，优中选优，把有精品品相的项目选出来、实施好、推上去，机制化地推动精品艺术的诞生？这是时代交付给我们的大课题。有如下思考。

一是要有好的制度。用好艺术基金这个改革工具，做好艺术“高峰”的“风向标”“助推器”和“孵化器”，关键要发挥出好的制度效能。要发挥风向引领效能，准确把握时代发展方位和事业发展趋势，加强资助规划的设计和资助边界的探索，通过资助什么、不资助什么、重点资助什么、加大资助什么来向艺术界传达正确的信号，发挥引领性的作用。要发挥助推激励效能，准确把握艺术一般规律和基金管理规律，艺术创作打磨需要时间，孕育精品的过程更为漫长，但基金运作、项目实施有明确周期要求，这要求我们在熟悉艺术活动、精品培育全流程的基础上，探索进行更为精细化、阶段化的扶持，对有冲击精品可能的项目，要在“扶上马、送一程”的基础上，再送上一程。要发挥孵化培育效能，首先是要孵化精品，对方向正确、艺术价值高，品相较好、潜力较大，但是短期内市场不能完全配置资源的项目，要通过基金的资助帮助它度过成长期。其次是要培育出精品的环境生态，精品不会横空出世，对它的识别、塑造和认可需要有相适应的、形成合力的社会环境和市场条件。国家艺术基金要通过自身工作，有效优化生态、培育好土壤，引导全社会形成期待精品、选择精品、追捧精品的良好环境。

二是要有好的机制。精品不定于一尊、不形于一态、不拘于一格，关键是要加强识别和出精推优机制的设计。怎样从事前的评审中选出具有精品品相的作品，怎样集结各方面资源，调动我们艺术机构和艺术家的积极性，不断加工打磨修改，使我们资助的演出、展览和人才发挥最大效益，满足人民文化需求、增强人民精神力量，取得丰厚的社会效益，甚至是一定的经济效益。2014 年以来，国家艺术基金既注意普惠性地大面积支持各种文艺主体积极投入艺术生产，形成重峦叠嶂、芊芊莽莽的高原生态，同时也适时地设立传播交流推广资助项目、启动重大项目，选优拔萃，定点用力，推动一批优秀作品担当时代、追求高远、精益求精，形成从高原冲刺“高峰”的集团效应。下一步我们要进一步加强谋划设计，优化评审机制，提高资助精准度、集中度、美誉度。确保权力边界清晰，责任义务明确。切实把精准评审、有效监督、创新推优工作做好。这些从某种意义上对助推精品诞生有关键作用。

三是要有好的群体。“高峰”的打造必然要有高峰式的人物。一线的艺术工作者是文艺活动的主体，是真正的“攀峰者”。人类文艺高峰史上的一切伟大作品都诞生于伟大的艺术巨匠之手。天才巨匠们有着超越性的创作意志，潜心于艺术，创作出崇高伟大的作品。这样的创作主体在当代依然是最稀缺、最宝贵的存在。国家艺术基金从设立之初，就以发现培育新人、提高艺术素养、提升专业能力、健全队伍体系为目标，设立了艺术人才培训和青年艺术创作人才资助项目。接下来，我们要努力打造规模宏大的艺术人才队伍，也要从中加紧培养大师巨匠，引导艺术家们沉潜于创作，专注于攀峰，为世界贡献一流的民族文艺精品。

四是要有好的心态。攀登艺术高峰谈何容易？不仅要有充沛的时代精神和核心价值作为引领，还要有精深的思想内容和精湛的艺术表达；不仅要成功地继承优秀的传统文化，还要充分把握当代生活和观众需求的崭新变化；不仅要充分坚守中华文化立场，有本民族的血肉身体，也要开阔地接触世界，向着人类精神的深处探寻。艺术“高峰”的真正确认也是一个滞后又漫长的过程，需要后世去证明它的传世或不朽价值。真正的“高峰”，也往往人迹罕至，并不容易得见和识别，真正触达顶峰需要耐心和韧性。所以，我们的文艺管理部门和艺术创作者，既要有舍我其谁、迎难而上的自觉意识，也需要有从容以对、不急不躁的良好心态。

伟大的时代呼唤伟大的艺术，我们期待文艺“高峰”奇崛迭起，但对国家艺术基金来说，我们最有把握的是为艺术高峰的产生创造更强大的基底、结构和动能。正像鲁迅先生所说，在未有天才之前不妨先做做培植泥土的工作。国家艺术基金要助力文艺“高峰”的涌现，就要做强做大自身，一步一步做好培土厚植的基础工作，确保有肥沃的水土、健康的生态保障、足够的动力机制。唯其如此，在文艺界的共同努力之下，在俯冲消减、尘埃落定以后，“高峰”会在万众期盼中如约而至，与我们共赴新时代之约。

（原文刊于《中国文化报》2023 年 5 月 22 日，内容略有删减）

在守正创新中建设中华民族现代文明

杨舟贤

2023 年 6 月 2 日，习近平总书记在文化传承发展座谈会上发表重要讲话。这是一篇影响深远的马克思主义纲领性文献，是对党的十八大以来习近平总书记关于文化建设系列论述的全面总结和继续深化，明确提出了新时代新的文化使命。习近平总书记在讲话中强调：“要坚持守正创新，以守正创新的正气和锐气，赓续历史文脉、谱写当代华章。”讲话通篇闪耀着守正创新的“中国智慧”，守中华优秀传统文化之正，创马克思主义中国化时代化之新。找规律、守正道、求创新，在守正创新中继续推动文化繁荣、建设文化强国、建设中华民族现代文明。

一、守中华优秀传统文化之正

“中华民族在几千年历史中创造和延续的中华优秀传统文化，是中华民族的根和魂。”构成中华民族文化根脉的是蕴含在中华优秀传统文化中的思想观念、人文精神和道德规范。党的二十大报告提出：“中华优秀传统文化源远流长、博大精深，是中华文明的智慧结晶，其中蕴含的天下为公、民为邦本、为政以德、革故鼎新、任人唯贤、天人合一、自强不息、厚德载物、讲信修睦、亲仁善邻等，是中国人民在长期生产生活中积累的宇宙观、天下观、社会观、道德观的重要体现，同科学社会主义价值观主张具有高度契合性。”

“契合性”的提出体现了中国共产党人的高度历史自觉和坚定的文化自信。历史自觉是文化自信的基石，文化自信源自对国家和民族历史的高度认同、当下的正确认识和未来的科学认知。习近平总书记在文化传承发展座谈会上强调："马克思主义和中华优秀传统文化来源不同，但彼此存在高度的契合性。"这是对马克思主义文化理论的进一步丰富和发展，为马克思主义中国化时代化作出了重要的理论贡献。

中华文明是中华民族独特的精神标识，是在与世界其他文化不同的发展历程中形成的，是中国特色的根基。2021 年 3 月 22 日，习近平总书记在福建武夷山朱熹园考察时表示，如果没有中华五千年文明，哪里有什么中国特色？如果不是中国特色，哪有我们今天这么成功的中国特色社会主义道路？我们要特别重视挖掘中华五千年文明中的精华，弘扬优秀传统文化，把其中的精华同马克思主义立场观点方法结合起来，坚定不移走中国特色社会主义道路。百万年的人类史、一万年的文化史、五千多年的文明史形成了中国人看待世界、看待社会、看待人生的独特的价值体系、文化内涵和精神品质，"这是我们区别于其他国家和民族的根本特征，也铸就了中华民族博采众长的文化自信"，这从根本上决定了推进文化自信、自强必须、必定、必然要走自己的道路。

守中华优秀传统文化之正在于中华文明具有突出的连续性。2022 年 10 月 28 日，习近平总书记在河南安阳殷墟遗址考察时指出："中华文明源远流长，从未中断，塑造了我们伟大的民族，这个民族还会伟大下去的。"他同时强调："中华优秀传统文化是我们党创新理论的'根'，我们推进马克思主义中国化时代化的根本途径是'两个结合'。"中华文明是世界上唯一没有中断的文明，突出的连续性决定了建设中华民族现代文明必须在传承发展中华优秀传统文化的基础上守正创新，无论遇到任何艰难险阻都坚决不能转"轨"改"道"。

二、创马克思主义中国化时代化之新

习近平新时代中国特色社会主义思想的创立实现了马克思主义中国化时代化新的飞跃，为新时代党和国家的事业发展提供了根本遵循。拥有马克思主义科学理论指导是我们党坚定信仰信念、把握历史主动的根本所在，坚持运用辩证唯物主义和历史唯物主义，把马克思主义基本原理同中国具体实际、同中华优秀传统文化相结合，推进马克思主义中国化时代化是一个追求真理、揭示真理、笃行真理的过程。唯有如此，才能正确回答时代和实践提出的重大问题，才能始终保持马克思主义的蓬勃生机和旺盛活力。

建设中华民族现代文明要着眼于创造属于我们这个时代的新文化。2014 年 9 月 24 日，习近平总书记在纪念孔子 2565 周年诞辰国际学术研讨会暨国际儒学联合会第五届会员大会开幕会上指出："传统文化在其形成和发展过程中，不可避免会受到当时人们的认识水平、时代条件、社会制度的局限性的制约和影响，因而也不可避免会存在陈旧过时或已成为糟粕性的东西。这就要求人们在学习、研究、应用传统文化时坚持古为今用、推陈出新，结合新的实践和时代要求进行正确取舍，而不能一股脑儿都拿到今天来照套照用。要坚持古为今用、以古鉴今，坚持有鉴别的对待、有扬弃的继承，而不能搞厚古薄今、以古非今，努力实现传统文化的创造性转化、创新性发展，使之与现实文化相融相通，共同服务以文化人的时代任务。"

习近平总书记在文化传承发展座谈会上强调："中华文明具有突出的创新性，从根本上决定了中华民族守正不守旧、尊古不复古的进取精神，决定了中华民族不惧新挑战、勇于接受新事物的无畏品格。"中华民族充满变革和开放精神，具有突出的包容性。在五千多年的文明史上，变革和开放总体上是历史常态。中华文明与世界其他文化在物种和技术、资源和人群、思想和文化等方面都有经常性的传播互动，在交流融合中获得发展进步，通过文明互鉴不断焕发新的生命力。

马克思主义基本原理同中华优秀传统文化相结合是我们党对马克思主义中国化时代化历史经验的深刻总结，是对中华文明发展规律的深刻把握，表明我们党对中国道路、理论、制度的认识达到了新高度；表明我们党的历史自信、文化自信达到了新高度；表明我们党在传承中华优秀传统文化中推进文化创新的自觉性达到了新高度。新时代的中国共产党人必须坚持解放思想、实事求是、与时俱进、求真务实，一切从实际出发，运用马克思主义科学的世界观和方法论解决新时代改革开放和社会主义现代化建设的实际问题，不断回答中国之问、世界之问、人民之问、时代之问，做出符合中国实际和时代要求的正确回答，得出符合客观规律的科学认识，形成与时俱进的理论成果，更好地指导中国实践，让马克思主义在中国牢牢扎根。

三、建设中华民族现代文明

习近平总书记在文化传承发展座谈会上强调："要坚定文化自信、担当使命、奋发有为，共同努力创造属于我们这个时代的新文化，建设中华民族现代文明。”党的十八大以来，党领导全国人民成功推进和拓展了中国式现代化，踏上了全面建设社会主义现代化国家新征程，在文化建设领域取得了历史性成就、发生了历史性变革。新时代新征程的使命任务，要求我们自觉担负起新的文化使命，在守正创新中建设中华民族现代文明。

建设中华民族现代文明要推进文化自信自强。文化自信是更基本、更深沉、更持久的力量。2016年5月17日，习近平总书记在哲学社会科学工作座谈会上指出：“我们说要坚定中国特色社会主义道路自信、理论自信、制度自信，说到底是要坚定文化自信。”推进文化自信自强要传承中华优秀传统文化，厚植历史根脉，丰富精神滋养，坚定国土不可分、国家不可乱、民族不可散、文明不可断的共同信念。推进文化自信自强要弘扬革命文化，以中国共产党人的精神谱系提升思想自觉、凝聚价值共识、振奋民族精神，汇聚起中华儿女砥砺前行的磅礴力量。推进文化自信自强要发展社会主义先进文化，发展面向现代化、面向世界、面向未来的，民族的、科学的、大众的社会主义文化，不断提高人民思想觉悟、道德水平、文明素养，铸就社会主义文化新辉煌。

建设中华民族现代文明要增强实现中华民族伟大复兴的精神力量。要从历史长河中看待文化推动人类文明进步的重要功能，在时代大潮中发挥文化引领社会变革的重要作用，在人的全面发展中体现文化创造美好生活的重要价值。在新时代的伟大变革中，中华民族正在努力实现从站起来、富起来到强起来的伟大飞跃，民族复兴进入了不可逆转的历史进程。越是接近目标，越是需要付出更为艰辛、艰苦、艰巨的努力，越是需要付出巨大的牺牲，越是需要思想保证、舆论支持、精神动力和文化条件，要通过建设中华民族现代文明更好地服务于物质文明和精神文明相协调的中国式现代化建设，坚持满足人民文化需求和增强人民精神力量相统一，为全面推进中华民族伟大复兴提供更为主动、更为强大的精神力量。

建设中华民族现代文明要提升中华文明传播力影响力。中华文化是跨越时空、超越国界、富有永恒魅力、具有当代价值的文化，是能够为人类提供正确精神指引的文化。习近平总书记在文化传承发展座谈会上强调：“中华文明具有突出的和平性，从根本上决定了中国始终是世界和平的建设者、全球发展的贡献者、国际秩序的维护者。”当前，人类在世界百年未有之大变局中面临前所未有的风险挑战。中华民族胸怀天下，以世界眼光关注人类前途命运，创造了人类文明新形态，以弘扬全人类共同价值、构建人类命运共同体，为应对全球共同风险挑战贡献了中国智慧、中国方案、中国力量。要坚守中华文化立场，“把优秀传统文化的精神标识提炼出来、展示出来，把优秀传统文化中具有当代价值、世界意义的文化精髓提炼出来、展示出来”，加强国际传播能力建设，广泛参与世界文明对话，深化文明交流互鉴，把中华民族文化创新创造的成果贡献给世界，为人类文明进步作出新的更大贡献。

建设中华民族现代文明是我们在新时代新的文化使命，要深刻把握文化建设规律和文化在新时代新征程中的地位作用，坚持正本清源，继续巩固马克思主义在意识形态领域的指导地位；要坚持守正创新，不断推动中华优秀传统文化创造性转化、创新性发展；要积极践行社会主义核心价值观，提高全社会文明程度，繁荣发展文化事业和文化产业，满足人民日益增长的精神文化需求，巩固全党全国各族人民团结奋斗的共同思想基础，为把我国建成富强民主文明和谐美丽的社会主义现代化强国，实现中华民族伟大复兴贡献精神力量。

（原文刊于《中国社会科学报》2023 年 6 月 14 日）

国家艺术基金管理中心：做好艺术创作的“风向标”“助推器”和“孵化器”

彭澳丽

2023年是国家艺术基金成立10周年，也是深入开展学习贯彻习近平新时代中国特色社会主义思想主题教育之年。4月至6月，国家艺术基金管理中心紧紧围绕“学思想、强党性、重实践、建新功”总要求，坚持“理论学习、调查研究、推动发展、检视整改”一体推进，努力把主题教育成果体现在推动艺术基金高质量发展上。

一、悟规律、明方向、学方法、增智慧

习近平总书记指出，中国共产党人依靠学习走到今天，也必然要依靠学习走向未来。

“深入开展学习贯彻习近平新时代中国特色社会主义思想主题教育，是国家艺术基金管理中心当前最重要的政治任务，是总结国家艺术基金成立10年经验、推动‘做大做强、提质增效’的必然要求。”近日，国家艺术基金管理中心主任王明亮在学习贯彻习近平新时代中国特色社会主义思想主题教育动员会上表示。

在开展主题教育期间，国家艺术基金管理中心以读书班形式一篇篇学习、研讨习近平总书记著作，通过交流学习，增强管理中心党员干部的文化自信，铸牢立足岗位履职尽责的信念。

为增强理论学习的吸引力、生机活力和实效性，国家艺术基金管理中心创新学习方式，通过与相关单位联合开展主题党日、心理健康讲座、联学共建等活动，在互学共建中提升干部职工文化素养，开阔思维眼界。“此次主题教育形式新颖、内容丰富，

让我们感受到中华优秀传统文化的博大精深，了解了其在当代的创造性转化与创新性发展，激发了青年人推动艺术事业繁荣发展、助力文化强国建设的热情。”国家艺术基金管理中心综合办公室干部刘超在赴故宫博物院开展主题教育党日活动后说。

“学习的目的重在更好指导实践、解决问题、推动工作。”为引领青年文艺工作者早日挑大梁、当主角，打造规模宏大的文化文艺人才队伍，5 月 6 日，国家艺术基金管理中心面向文化和旅游部直属事业单位青年文艺工作者，开展项目申报实施政策志愿宣讲服务活动，首次打造青年导师团、青年宣讲团“双团”模式，为青年文艺工作者提供全方位、全周期的申报指导和发展建议。

青年宣讲志愿服务活动的成功举办，让活动组织者、国家艺术基金管理中心财务处干部高佳彬备受鼓舞。“我们将继续搭建平台，做好这一品牌活动，推动青年一线练兵、联系服务青年、宣讲资助政策、增长才干友谊，引领更多青年文艺工作者申报好项目、实施好项目，以项目发掘人、以项目促成长。”高佳彬说。

二、摸情况、找问题、查症结、议对策

“国家艺术基金虽然不是直接的创作部门，但面向多个门类、多种艺术样式开展工作，必须深刻理解文艺的功能、价值，必须把握各门类艺术目前发展的境况和可能的创新形态。”王明亮表示，“这需要我们围绕文化传承发展主线、凝练文艺创新创造主题，开展调查研究工作”。

为持续推动学习贯彻习近平新时代中国特色社会主义思想主题教育走深走实、见行见效，王明亮多次带领国家艺术基金管理中心各处室研究选题策划、制定调研方案等工作，经反复酝酿推敲，确定了传播交流推广海外实施项目情况研究、基层文艺院团管理能力建设研究等 9 个课题，其中有 3 个课题分别入选了 2023 年文化和旅游部部级社科研究项目、文化和旅游工作大调研课题、政策法规司调研课题。

国家艺术基金管理中心采取“业务 + 调研”模式，深扎业务一线、深入矛盾和问题反映集中地调研，并及时梳理总结，撰写调研情况报告近 20 篇，并将调查研究融入行程、嵌入议程，通过实地走访、座谈交流、调查问卷、统计分析等多种方式，赴 27 个省（区、市）及港澳地区开展了调研，切实做到听真话、察真情，把情况摸清、问题找准、对策提实，以解群众之盼、改革之难、发展之需。

国家艺术基金管理中心规划处处长刘立明回忆起一线调研的日子，动情地说："当我听到新疆维吾尔族青年的获奖感言，听到黑土地上新文艺群体的肺腑之言，看到了最基层的县乡级院团如获至宝般的重视，深切感受到我们作为一名文艺工作者的使命和责任。"

在调研过程中，国家艺术基金管理中心坚持边检视边整改，帮助资助服务对象找问题、查症结、议对策，把检视整改作为检验主题教育成效的重要标准，贯穿主题教育始终。"能面对面解决的当场答复解决，不能当场答复解决的，做好记录、纳入问题清单、分类研究整改。"据介绍，这一做法为项目主体解决了诸多困扰和难题，不仅积累了许多可复制、可推广、可借鉴的经验，也使得国家艺术基金管理中心较全面地摸清了当前项目主体和基金工作面临的主要问题，掌握了大量一手资料。

三、出实招、解难题、促发展、扩影响

长期以来，国家艺术基金对自身有三个定位，即艺术创作的"风向标""助推器"和"孵化器"。"通过扎实开展理论学习、调查研究、检视整改，我们深刻把握当前文艺工作的使命任务，基本摸清目前制约艺术基金事业发展的症结和难题，进一步明确了未来10年深化发展的目标思路，并用足用好主题教育成果，采取系列措施推动发展，成效显著。"王明亮说。

项目申报数量和质量是评出好项目、实施好项目、出好成果的第一步，为此，国家艺术基金管理中心陆续在27个省（区、市）及港澳地区、中国文联系统、教育系统、文旅系统相关单位作"十四五"资助规划解读和项目申报辅导，鼓励业界申报国家艺术基金，以进一步推动各艺术领域发展。

做好文化事业，要在扎根脚下沃土的同时加强合作交流。2023年4月1日，国家艺术基金与新加坡国家艺术理事会在北京签署了《中国国家艺术基金与新加坡国家艺术理事会谅解备忘录》，为"走出去"项目搭建传播平台；4月11日，与文化和旅游部全国公共文化发展中心签署了战略合作协议，进一步整合优势资源，共同推进文化惠民建设。此外，在国家艺术基金管理中心积极推动下，澳门特区政府文化艺术发展基金推出"国家艺术基金配套计划"，香港特区政府设立专项资金，支持入围国家艺术基金的项目进行文化交流。

针对调研反映的成果运用问题，国家艺术基金管理中心策划开展“讴歌新时代”——学习宣传贯彻党的二十大精神国家艺术基金资助成果网络展演活动，转化成果运用方式，扩大资助成果惠民措施手段。5月11日，“中国艺术新视界·与时代说——国家艺术基金青年艺术创作人才、艺术人才培训美术类成果运用作品巡展”在江西宜春美术馆开幕，活动促进资助成果惠民，也进一步扩大了国家艺术基金的影响力。

王明亮表示，下一步，国家艺术基金管理中心将继续扎实推进主题教育各项工作，切实把主题教育成果转化为推动发展的实际成效，坚定文化自信自强，坚守中华文化立场，坚持守正创新，着力推动国家艺术基金高质量发展。

（原文刊于《中国文化报》2023年6月16日）

国家艺术基金：激发全民族文化创新创造活力

彭澳丽

2023年正值国家艺术基金设立10周年。10年来，国家艺术基金始终坚持以习近平新时代中国特色社会主义思想为指导，贯彻以人民为中心的创作导向，坚持社会性、公开性、规范性，把握正确导向，健全制度体系，提高质量标准，注重成果运用，资助了一批优秀作品，组织了一批品牌活动，培养了一批优秀人才，激发全民族文化创新创造活力，取得了良好的社会效益，影响力和公信力持续提升。

一、立项资助，繁荣精品创作

自设立以来，国家艺术基金共立项资助各类项目7116项，其中，大型舞台剧和作品创作项目1234项、小型剧（节）目和作品创作项目1283项、美术创作项目484项、传播交流推广项目1161项、艺术人才培训项目922项、青年艺术创作人才项目2032项。

国家艺术基金管理中心主任王明亮表示，10年来，国家艺术基金采取科学、规范、专业的“项目制”管理方式，有力推动各级各类艺术机构、单位和广大文艺工作者转变固有的艺术活动组织方式和惯性思维，树立精品意识、成本意识和绩效意识，全面提高项目策划能力、计划实施能力和预算编制执行能力，提高艺术领域治理能力，提高财政资金的使用效益。

10年里，国家艺术基金资助创作出多部优秀作品，其中，昆剧《瞿秋白》、豫剧《焦裕禄》、话剧《塞罕长歌》《谷文昌》、歌剧《沂蒙山》《红船》、舞剧《永不消逝的电波》《沙湾往事》等49部作品入选中宣部精神文明建设“五个一工程”奖、38

部作品荣获了“文华大奖”；舞蹈《万马奔腾》《晨光曲》《锦绣》《碇步桥》《我们的田野》等节目登上了央视春节联欢晚会的舞台。

此外，国家艺术基金自2021年开始面向我国香港、澳门全面开放一般项目，资助香港、澳门艺术机构和文艺工作者申报项目38项，支持香港、澳门更好融入国家发展大局；资助在大陆工作学习的台湾青年文艺工作者成长，推动两岸共同弘扬中华优秀传统文化，促进两岸同胞心灵契合。

二、搭建平台，培育艺术人才

10年来，国家艺术基金共资助艺术人才培训项目922项，培养各类艺术人才2.7万人次，2032名优秀青年文艺工作者获得了项目资助。一大批文艺工作者在得到资助后坚定理想、提振信心，迅速成长为业内领军人物，获得了中国戏剧奖·梅花表演奖、全国美术作品展览金奖等大奖，参加了重大演出展览活动，为繁荣发展社会主义文艺增添了活力、积蓄了力量。

周莉亚是中国东方演艺集团国家一级编导，国家“万人计划”“四个一批”人才，曾连续获得“文华导演奖”，作品获“文华大奖”、“五个一工程”奖、中国舞蹈“荷花奖”舞剧奖等奖项。多年前，周莉亚与舞蹈编导韩真携手创作的舞剧《沙湾往事》获得了2014年度国家艺术基金的项目资助，之后创作的舞剧《永不消逝的电波》《只此青绿——舞绘〈千里江山图〉》等也获得国家艺术基金项目资助。她分别在2016年和2018年得到了国家艺术基金青年艺术创作人才以及滚动资助项目的支持。周莉亚坦言，国家艺术基金像一双温暖的手，是承托许多刚起步的青年文艺工作者展翅翱翔的平台。

在西安美术学院院长朱尽晖看来，国家艺术基金为高校“科研反哺教学”奠定了基础。“以艺术人才培养项目为例，西安美术学院在项目立项申报之初，积极吸纳不同学科、不同专业、不同研究方向的校内外知名学者加入，组成强有力的科研团队共同推进项目立项研究。”朱尽晖介绍，依托国家艺术基金，学院建设了10个校级创研团队，培养了4个省级青年创新团队。这种跨单位、跨学科、跨专业的学术合作，给学院的师资队伍带来了活力，有力支撑了学院在师资队伍建设上更加专业化、多元化。

近年来，西安美术学院获得国家艺术基金立项资助76项。在此基础上，西安美

受到国家艺术基金资助的舞剧《沙湾往事》剧照

受到国家艺术基金资助的歌剧《大汉苏武》剧照

术学院发挥院校培养人才优势，培养美术专业业务骨干。其中，国家艺术基金2019年度艺术人才培养项目"'一带一路'中国画创作人才培养"选拔招收了全国各地优秀的青年创作人才共30名，聚焦"一带一路"主题下中国画的创作。

三、坚守立场，弘扬优秀文化

这10年，国家艺术基金始终坚守中华文化立场，着重支持戏曲、曲艺、民族管弦乐和中国画、书法、篆刻等民族艺术的发展，以社会主义核心价值观为引领，把中华优秀传统文化的思想观念、人文精神、道德规范和新的艺术表现方式融合起来，把中华美学精神和当代审美追求结合起来。

内蒙古艺术剧院院长李莉认为，国家艺术基金的助力为弘扬草原文艺正能量，推动少数民族优秀传统文化创造性转化、创新性发展提供了动力源泉。国家艺术基金通过完善的机制、广阔的平台、有效的资助，成为推动内蒙古少数民族文化艺术传承和繁荣发展的重要"孵化器"和"发动机"。

不久前，国家艺术基金资助的民族管弦乐《丝路草原》结项。该项目以草原丝绸之路历史脉络为主线，讲述草原丝绸之路的故事，体现了草原丝绸之路沿线国家和地区多元音乐文化的交流融合，弘扬了以和平合作、开放包容、互学互鉴、互利共赢为核心的丝路精神，彰显了“人类命运共同体”的时代主题。“该项目赴延安、西安、长沙、成都、重庆、鄂尔多斯等城市巡演，取得了良好的社会效益和经济效益。”李莉说。

在推广优秀艺术作品方面，自2020年起，国家艺术基金先后开展了多次资助成果网络展播活动，全网点击量达3亿次，推动了优秀艺术作品在更大范围共享。此外，国家艺术基金积极配合国家重大战略实施和重要国际交往活动，共资助在国外开展的文化交流项目154项，演出展览地点遍布全球，观众达150万人次，推动中华文化更好地走向世界。

“国家艺术基金将深入把握党中央、国务院对文化和旅游工作的战略部署，准确把握艺术发展规律和基金管理规律，继续与全国广大文艺工作者并肩携手、阔步前行，在新的起点继续推动文化繁荣发展。”王明亮说。

（原文刊于《中国文化报》2023年9月14日）

国家艺术基金：撬动艺术生态变革

韩业庭

“国家艺术基金设立10年来，共立项资助各类项目7116项，其中，大型舞台剧和作品创作项目1234项、小型剧（节）目和作品创作项目1283项、美术创作项目484项、传播交流推广项目1161项、艺术人才培训项目922项、青年艺术创作人才项目2032项。”近日，在文化和旅游部举办的国家艺术基金设立10周年主题系列活动新闻发布会上，国家艺术基金管理中心主任王明亮用一组数字亮出国家艺术基金10年来的成绩单。数字的背后，不仅是成绩，也是深化文化体制改革、推进艺术领域治理方式现代化的探索。

一、激发艺术创新创造活力

云南曲靖的胡群山是个业余摄影爱好者，为重温抗战历史，她想拍摄一组反映抗战时期滇缅公路的作品，但缺乏创作资金。在朋友的建议下，她抱着试一试的心态申报了国家艺术基金，“没想到竟然获得了资助”。随后，胡群山在中缅边境寻找滇缅公路的踪迹，拍摄出1万多幅作品，其中100幅作品被国家艺术基金收藏。

国家艺术基金从设立之初，申报主体就面向全社会，不分国有民营，不分单位个人，只要符合条件就可以申请资助，这极大地激发了艺术创新创造的活力。

福建省漳州市芗剧团复排芗剧《保婴记》时，制作舞美需要30多万元。作为基层院团，漳州市芗剧团的创作经费一直十分紧张，别说30万元，就是3万元，剧团当时也难以拿出。

幸运的是，国家艺术基金运行的第一年，《保婴记》就获得了资助。项目资金解了漳州芗剧团的燃眉之急，剧团为《保婴记》制作了新版舞美，舞台立刻清新灵动起来。该剧目获得了第十三届中国戏剧节优秀剧目奖、优秀导演奖、优秀演员奖等各种奖项。

对于经济欠发达地区而言，国家艺术基金更是为当地的艺术创作提供了有力支撑和保障。

以内蒙古自治区为例，10 年来，共获得资助项目 187 项，申报主体覆盖市盟县旗各级国有和民营文艺院团，艺术研究院所、高校、文联组织和艺术家个体；立项资助类型涵盖舞台艺术创作、传播交流推广、艺术人才培训、青年艺术创作人才和美术创作项目。值得一提的是，很多资助下沉到了基层一线演出团体，比如关注乌兰牧骑的“小戏小品”编剧人才、蒙古族舞蹈表演创作、“一专多能”型表演创作艺术人才培训等项目，对提升各级乌兰牧骑队员的业务水平发挥了重要作用。

“国家艺术基金‘不问出身，只看项目’，激发了艺术工作者的创作热情，提升了他们创新创造的活力。”内蒙古艺术剧院院长李莉说，10 年来，内蒙古地区青年创作人才项目共立项 36 项，艺术人才培训项目共立项 19 项，这些项目为内蒙古发现和培育了一批具有创作潜质的优秀文艺人才。

二、提高艺术领域治理能力

在很长一段时间里，文艺院团的创作，从选题到经费，主管部门拥有最终的决定权。“我们院团长，本应把主要精力投入创作，可为了申请创作经费，我们把很多时间都用在了‘打报告、找领导’上，因为最终排什么戏、经费投多少，往往由主管部门说了算。”一位院团负责人这样描述曾经的情形。

国家艺术基金设立后，文化行政部门从具体的项目评审和资金运用中抽身，把项目的评审权、资金的分配权交给专家——让专业的人，干专业的事。据了解，国家艺术基金已建成由 8000 多位艺术专家、管理专家和财务专家组成的专家库，从立项评审到项目验收，主要由这些专家完成。

曾任安徽省文化和旅游厅副厅长的唐跃，深切体会到国家艺术基金带来的这种变化。“以前，省直院团排什么戏，得先上报给厅里，厅里批准了，再拨款给院团。本应是‘裁判员’的文化行政部门，当起了‘运动员’，参与到具体创作中。”唐跃说，有了国家艺术基金，文艺院团可以直接申报项目，成为艺术创作的主人。

过去，艺术创作资金往往只在文化系统内部“体内循环”，非国有院团及个人很难获得资助。同时，文化行政部门即便有心“管天下”——所有文艺院团都给予资助，但苦于资金规模和相关限制，而只能“管脚下”——先照顾下属单位。这样的管理模式，存在着资金管理链条长、使用效益不高等问题。

王明亮说，国家艺术基金采取科学、规范、专业的“项目制”管理方式，是中央财政资金支持引导艺术事业健康发展的创新机制、创新模式和创新手段，推动了各级各类艺术机构、单位和广大文艺工作者转变固有的艺术活动组织方式和惯性思维，树立精品意识、成本意识和绩效意识，全面提高项目策划能力、计划实施能力和预算编制执行能力，提高了财政资金的使用效益。

三、为精品创作提供有力支持

不久前，舞剧《沙湾往事》举办了创排十周年庆典演出。十年来，《沙湾往事》巡演了近300场，足迹遍布北京、上海等60多个城市。“《沙湾往事》能有今天的成绩，跟国家艺术基金的资助密不可分。”《沙湾往事》总编导周莉亚感慨地说。

十年前，周莉亚还是个青涩的舞坛新人。她与同为新人的韩真一起创作的《沙湾往事》，起初并不被业界看好。后来，《沙湾往事》获得了国家艺术基金4次资助，在演中改，在改中演，终于成为舞剧经典。

以前搞创作，一旦得奖，很多剧目就“刀枪入库，马放南山”。没有持续的打磨修改，自然难出精品。在这个过程中，不少创作者变得心浮气躁。周莉亚道出创作者的无奈：“创作者都想把作品打磨成精品，可没有外部支持，创作者很难专门拿出大量时间打磨一部剧，大家得为生计奔波啊。”

国家艺术基金为精品创作提供了有力支持。“十年来，《沙湾往事》演出了近300场，也修改了近300遍。”周莉亚说，“大到灯光音乐，小到每一个动作，我们都是改了再改，改完觉得合适就留下，觉得不好继续改”。

同样获得国家艺术基金多次资助的歌剧《大汉苏武》目前也在不断修改中。“刚开始修改是为了完成国家艺术基金的任务，但随着时间的推移，对作品打磨修改渐渐变成创作者的行动自觉。”《大汉苏武》导演陈蔚说，“在对作品的一次次打磨中，我们不仅磨掉了作品的缺陷，也磨掉了自己身上的浮躁。”

当受资助的艺术家们一个个静下心、沉下身，艺术生态开始悄然发生变化。比如，在资助剧目作品研讨会上，专家们的溢美之词少了，批评和意见多了，有的专家甚至对作品“吹毛求疵”。“要搁以前，作为主创，肯定觉得面子挂不住，但现在我们对批评和意见都坦然接受，因为每一次修改，都能让作品增色不少。”陈蔚说。

艺术生态的变革催生出更多优秀作品。据统计，国家艺术基金资助的项目中，有49部作品入选中宣部精神文明建设“五个一工程”奖，有38部作品荣获“文华大奖”，均占获奖总量的80%左右。

王明亮表示，下一步，国家艺术基金要创新资金来源，推动设立省级艺术基金，引进社会资金，拓宽资金来源渠道；要创新资助方式，不断探索优秀奖励和匹配资助等资助方式，提高资金使用效益；要创新成果运用，建设优秀作品资源库、优秀艺术人才资源库、高水平专家资源库，搭建交流提升平台、服务共享平台、宣传推广平台，推动资助成果在更大范围共享。

（原文刊于《光明日报》2023年9月20日）

国家艺术基金：引领美术事业高质量发展

屈菡

2013年12月，国家艺术基金成立。10年来，国家艺术基金着力推动美术事业高质量发展，已形成由“美术创作资助项目”“传播交流推广资助项目”“艺术人才培训资助项目”和“青年艺术创作人才资助项目”等4类项目构成的、比较完善的资助体系。截至2023年6月，美术创作项目共开展了4个批次的项目资助，资助项目总数量为484项。

一、为美术工作者打开希望之门

2014年，刚刚成立的国家艺术基金设立“美术、书法、摄影创作人才资助项目”，对年龄在45周岁以下的美术工作者给予资助。新疆伊犁州文化馆的亚尔买买提·尼亚孜在国家艺术基金成立之初，就立下申报国家艺术基金的愿望，他默默地做好所有准备，创作的《家园》系列终于在2016年成功申报了国家艺术基金。他用了大量时间收集素材，走访基层社区，潜心创作，顺利结项。“这10年，同样也是我艺术之路成长的10年，《家园》系列的成功申报充分肯定了我对艺术方向和未来发展趋势的判断，以及对社会发展和现代生活发挥的重要作用，激发了我的学习热情和创作活力，同时也鞭策我把握新形势、了解新情况、发现新问题、创造新思路。”亚尔买买提·尼亚孜告诉记者，他时常思考如何把握艺术的时代性、更好发挥艺术的教育功能，怎样处理题材共性与艺术个性，怎么将历史真实与艺术创作更好地结合等问题。国家艺术基金成立10周年之际，他申报了第二个系列作品《六星街的前世今生》，在以前积累的素材中获取新的创作灵感、思索新的创作方式、表达新的感受，将六星街这个从破落小院到灯火辉煌的现代城市社区、汇集了30年来巨大成就的地方呈现在画面中，以促使人们对理想信念和生活方式进行思考。

2015年，国家艺术基金扩大了资助范围，新增加了对工艺美术工作者和舞台艺术工作者的资助，并将资助对象的年龄调整为40周岁以下，项目名称更改为“青年艺术创作人才资助项目”。这一年，景德镇陶艺家苗磊凭借“《五大名窑》之瓷壶创作”项目荣获国家艺术基金资助，他感到分外荣幸。为了完成这个项目，苗磊历时两年多，多次深入河北、河南、浙江等地的五大窑口进行瓷壶创作，汝窑的饱满、钧窑的窑变、定窑的高洁、官窑的润泽，都在他的作品中有所呈现。“创作期间，各个产区的老师对我瓷壶创作的场地、材料等都给予了很多帮助，才能够让我顺利完成此项目。2017年9月，我举办了自己的瓷壶作品展，使业内对手工瓷壶有了新的认知，同时也丰富了景德镇茶器具的内容。”苗磊表示。

国家艺术基金从设立之初，申报主体就面向全社会，不分国有民营，不分单位个人，只要符合条件就可以申请资助，这极大地激发了艺术创新创造的活力。2016年，在保留“青年艺术创作人才资助项目”的同时，国家艺术基金新设立了“美术创作资助项目”，对中国画、油画、版画、雕塑和水彩（粉）画的新作品创作给予资助。

李以良如今是北京语言大学艺术学院的一名教师。2018年，她从同学那里了解到国家艺术基金的相关信息，于是她以博士毕业创作“石窟与山水（国画）”为基础申报了资助项目。得到相关资助后，她得以前往麦积山石窟、龙门石窟、敦煌石窟以及云冈石窟采风和写生，积累了大量的素材。“从当初零散的构思到后来创作题材和风格的确定，是国家艺术基金在关键节点给了我支持和鼓励。”李以良说，正是基于对国家艺术基金的这份情感，尽管已经结项5年了，但她还在坚持创作石窟与山水这一题材的作品。如今，她经常接到朋友和学生的电话，回答他们关于申报国家艺术基金的咨询问题，成了国家艺术基金资助政策的宣传者。而毋庸置疑的是，国家艺术基金的资助对青年人有很大帮助，对热爱艺术并努力奋斗的青年人而言是巨大的肯定和扶持。

2020年，国家艺术基金将漆画创作纳入了扶持范围。2022年，又增加了对书法、篆刻创作的扶持。10年间，国家艺术基金管理中心不断深化研究，总结实践，探索符合艺术规律、符合政策要求的资助方式，着力做好美术创作项目资助工作。

二、发挥国家艺术基金的引领性

近年来，国家艺术基金对于青年艺术创作人才的持续资助，积极引导着当代青年美术创作的创作取向，代表着近年来当代青年艺术创作的总体面貌。未来怎样结合新时代艺术事业发展形势任务和工作要求，优化美术创作项目资助方式呢？国家艺术基金管理中心 2023 年对此展开了调研，并听取了专家建议。

在加强资助对象的选择方面，中国美术家协会主席范迪安认为要突出导向性。"每年的国家艺术基金申报工作，不仅要有当年特色，还要能反映长期推动中国文艺高质量发展的总主题，特别要反映中国式现代化伟大进程和中华民族伟大复兴的重大方向。"他表示，每年遴选资助对象时，需要具有更加高屋建瓴的遴选意识和视角，在成果方向性及开拓创新方面增强把控。将历年资助成果积累起来，会形成中国美术发展的历史议题。

"美术创作应该是'以人民为中心'的创作导向来反映现实生活，反映人民大众的一种精神风貌。要坚持现实题材创作，反映新时代的成果和成就。要弘扬优秀传统文化，坚持创造性转化和创新性发展的探索实践。"中国美术家协会分党组书记、驻会副主席、秘书长马锋辉表示。

国家艺术基金专家委员会委员代大权表示，艺术基金已经运作了 10 年，积累了一定的实践经验，应该在时间和空间上逐步与国家美术的理念对接，坚持思想精深、艺术精湛、制作精良相统一。他建议要落实资助标准的精确化、精细化、精品化，使国家艺术基金资助的美术项目及优秀项目立得住、传得开、留得下。

在加强过程管理方面，中国美术馆副馆长潘义奎认为应当加强青年艺术家对油画本体语言的锤炼和理解的专题培训项目。"应当系统性地开展实施造型语言和设计语言研究和教学，因为这是艺术的基石、根本。"潘义奎建议加强培训的系统性，同时延长培训周期，把培训和创作者任务相结合，从解决实际问题角度出发，培养人才出精品，集中力量打造一批名家名作。

"美术创作多为个人创作，容易出现两个问题，一是作者创作动力不足，二是遇到难题问题得不到指导和点拨，容易草草收尾。建议加强创作过程中的指导和检查，委托专家建立一对一学术指导。"范迪安表示，验收其实也是一次学术研判。

在加强成果转化方面，代大权建议，对完成项目的质量进行评分，把优秀美术作品推荐给美术馆、院校收藏，为捐赠者开辟绿色通道。按年度出版国家艺术基金美术创作资助项目和青年艺术创作人才资助项目的艺术档案，编撰国家艺术基金美术年鉴，与其他艺术部门及艺术门类的出版物一起形成国家艺术年鉴系列。

国家文物局政策法规司政策研究处处长冯令刚表示，可以利用科技手段、大数据，建设国家艺术基金资助作品数据库。关注年轻策展人和被资助者的成长，利用虚拟博物馆策展办展。

相关专家还建议要关注国家艺术基金资助项目成果所有权和著作权的归属问题，要在《著作权法》规定的框架下，对作品进行合理的利用和使用，在依法合规的情况下做好作品收藏、做好成果转化。

三、提升吸引力、影响力和传播力

“通过调研，我们了解到反映比较集中和强烈的问题，如美术作品有数量，缺质量；主题创作作品艺术性不够；地方美术馆收藏经费不足，藏品不足，基本陈列水平不高；青年美术工作者作品进入市场难，发展渠道不畅通，生活工作条件差等。”国家艺术基金管理中心相关人员表示，今后要增强引领性，通过发布申报指南、组织政策宣讲等方式明确主题、题材、表现对象，引导美术工作者的创作服务国家重大战略实施。同时，要进一步做好 4 类项目的统筹衔接工作，采取推动创作项目的优秀作品进入展览、支持优秀青年人才参加培训等措施，在充分发挥各类项目作用的基础上形成政策合力。“我们努力切实采取有效措施，办实事，解难题，帮助地方特别是基层美术机构和美术工作者解决实际困难。”相关人员表示。

国家艺术基金管理中心相关人员表示，接下来要积极采取 3 项措施。首先是组织优秀作品评选。在开展结项验收工作的基础上，组织高水平专家对“美术创作资助项目”“青年艺术创作人才资助项目”提交的作品进行评选，为优秀作品颁发证书，组织出版、展览和宣传推荐，并在再次申报资助项目时给予优先考虑，进一步激发创作优秀作品的积极性。

其次是组织优秀作品展览。按年度出版《国家艺术基金“美术创作资助项目”“青年艺术创作人才资助项目”艺术档案》。策划优秀美术作品展览，与各级各类新闻单位、专业媒体合作，持续开展对优秀作品和优秀人才的宣传推荐。

最后是推动优秀作品捐赠。发挥管理中心联系广泛的优势，做好美术工作者和各级公共美术馆之间的桥梁纽带，倡导鼓励美术工作者向公共美术馆特别是向边疆地区、少数民族地区和革命老区美术馆捐赠国家艺术基金资助项目创作的作品，解决好作品长期保管和发挥作用的难题。探索向国内外知名美术作品经营机构推荐优秀美术工作者，支持青年美术工作者的作品进入艺术品市场。

“国家艺术基金是促进美术事业健康发展的重要政策工具，要通过做好申报动员工作，不断扩大覆盖面，吸引更多的美术名家、体制外美术工作者、新文艺群体参与资助项目申报实施工作，增强对广大美术工作者的凝聚力，发挥好引领、示范、带动作用，团结带领美术工作者更好地为完成新时代文艺工作使命任务，建设社会主义文化强国服务。”国家艺术基金管理中心相关工作人员表示。

（原文刊于《中国文化报》2023 年 10 月 15 日）

让艺术华彩绚烂绽放

——国家艺术基金十年成果综述

惠梦

“国家艺术基金在促进艺术创作和个人成长方面给予的帮助是全方位、立体式的。”中国东方演艺集团国家一级编导周莉亚说。“得益于国家艺术基金的助力，内蒙古艺术创作实现了由‘高原’向‘高峰’的跨越式发展。”内蒙古艺术剧院院长李莉说。

国家艺术基金是经国务院批准，于2013年12月设立，旨在繁荣艺术创作、打造和推广精品力作、培养艺术人才、推进国家艺术事业健康发展的公益性基金。10年来，在中央财政的稳定支持下，国家艺术基金资助推出了一批优秀作品，组织了一批品牌活动，培养了一批领军人才，社会影响力和公信力持续提升，为我国艺术事业繁荣发展贡献了重要力量。

一、孵化优秀项目　勇攀艺术高峰

10年间，国家艺术基金累计投入资金55.7亿元，立项支持包括“舞台艺术创作”“美术创作”“传播交流推广”“艺术人才培训”“青年艺术创作人才”五类，7116个项目，推动我国文艺事业出精品、攀高峰。

现代舞剧《咏春》是国家艺术基金2022年度立项资助的项目，该剧以舞蹈与武术相融合的形式，塑造了以广东武学宗师为代表的“中国英雄”形象，首演后得到社会各界的广泛关注，不仅与北京保利剧院签订了3年200场巡演合作协议，还在2022年年底亮相哔哩哔哩跨年晚会，获得了2.3亿次播放量和770.1万次点赞。

这样一部“既叫好又叫座”的现代舞剧，来自一家成立于2018年的“年轻”艺术单位——深圳歌舞剧院。深圳歌舞剧院副院长李晨晨说，在国家艺术基金的鼎力支持下，剧院在创作初期就协调到冯双白、周莉亚、韩真、杨帆等全国顶尖创作资源，在剧目中融入国家级非遗“咏春拳”、“香云纱”、岭南民俗文化以及满满的深圳元素，着力提升思想性、艺术性、观赏性。该剧的成功对推动剧院高质量发展具有重要意义。

国家艺术基金从设立之初，就坚持面向全社会开展工作， 打破了体制、系统、行业和地域的局限，只要符合条件就可以申请资助。这一举措，不仅为艺术创新和创造带来了新的活力，也为国家文化艺术事业的快速发展注入了更多动力。

“‘不看出身，只看项目’是国家艺术基金最显著的特点，只要你的项目足够优秀，就可以通过遴选获得资助。”西安话剧院院长任雪迎说，西安话剧院先后 7 次获得国家艺术基金立项资助，受资助作品接连获得国家级、省级奖项。

在任雪迎看来，获得国家艺术基金资助不仅是一种“国家级”荣誉，直接弥补了创作资金的不足，更重要的是能够帮助基层文化主管部门梳理出需要重点关注的项目，同期进行资助扶持，让好项目“能够创作得出来，并支持其走得更远”。

西安话剧院获得国家艺术基金资助的 5 个项目累计拉动配套资金投入 8096 万元，其中来自陕西省宣传、文化等部门的配套资金投入 3066 万元，政府购买服务资金 200 万元，院团自有资金投入 3200 万元，以及部分市场票房收益等，形成了全社会共同支持艺术创作的合力。

国家艺术基金开放公平的资助政策，极大地激发了广大艺术工作者的创作热情。特别是从 2021 年起，国家艺术基金面向港澳特区全面开放一般项目申报，进一步扩大了国家艺术基金的资助覆盖面。

“该政策一经公布，马上获得了港澳文化艺术界的热烈响应。”澳门科技大学人文艺术学院院长张志庆回忆说，在首次申报中，澳门有 9 个项目成功入选 2022 年度资助名单，他负责申报的交流推广类项目《盛世莲花：“澳门回归”主题创作美术作品展》就是其中之一。“通过这一政策的引导与推动，澳门将有更多机会展示其独特的文化魅力，并在中华文化的传承与创新中发挥重要作用。”他说。

除了资助具体的艺术项目，艺术人才培养也是国家艺术基金的关注重点。国家艺术基金在 2018 年度资助实施的《龙山黑陶艺术创作人才培养项目》就是生动案例。

龙山黑陶是中国史前文化的重要组成部分，作为黄河下游史前文明的辉煌印记，其快轮技术、磨光烧造及渗碳工艺技术是中国史前陶瓷烧造工艺最高水平的代表。

山东艺术学院作为项目实施主体，围绕推动龙山黑陶技艺继承、创新与发展的目标，组织学院教师和全国陶瓷、工艺美术、艺术设计方面的知名专家学者 22 人参与理论讲授和实践指导环节。

“受训学员普遍加深了对龙山文化的理解，提高了技艺水平，艺术创新思路和创作素质也有了质的提升。”山东艺术学院设计学院院长远宏说。除了丰厚的社会效益，学员王志水、张辉带领其所属黑陶企业、黑陶工坊创新产品样式、增加产品种类，提高了产品订单数量，获得了可观的经济效益。

二、加强科学管理 提升资金效益

“国家艺术基金面向全国，联系对接不同地域、不同系统、不同性质的艺术单位、机构，以及众多的文艺工作者，工作点多面广线长，资金管理情况复杂。为管好用好项目资金，我们采取了多种措施，取得了积极成效。”国家艺术基金管理中心（以下简称管理中心）主任王明亮说。

10年间，国家艺术基金的资助结构得到持续优化。聚焦出精品、攀高峰，管理中心制定推出了国家艺术基金重大项目资助管理实施办法和工作方案，并结合资助成效评估和绩效评价结果，对资助结构和资助方法进行优化调整。

10年间，国家艺术基金的评审精准度持续提升。管理中心根据项目年度申报指南，不断修订完善《国家艺术基金资助项目评审指南》《国家艺术基金资助项目评审纪律》，从把握正确政治方向、坚持艺术质量标准、注重发挥公益属性、明确重点资助方向、科学组织服务工作、严格遵守纪律规范等方面，对资助项目评审工作提出明确要求。

高水平专家是提升项目评审科学化水平的关键。目前，国家艺术基金已形成了一个由8000多位艺术专家、管理专家和财务专家组成的专家库，通过“同行评审”“大比例使用专家”“专家匹配回避制度和定期轮换机制”“引进第三方监督专家”等手段，充分发扬学术民主、艺术民主。

国家艺术基金的资助资金并不是“一拨了之”。10年来，管理中心持续优化资金监管，通过加强重点监管、审计监督、日常监督、结项监督、开展第三方审计抽查等，实现了对资助项目全生命周期的闭环管理。“十四五”以来，已完成审计抽查项目56项，对1030个项目开展财务结项，加强问题梳理和分类处置，对14项问题项目公告强制终止。

值得一提的是，管理中心还积极借助信息技术提升管理水平，研发推出国家艺术基金资助项目管理系统，系统内的“申报评审系统”“监督管理系统”“财务管理系统”“专家管理系统”等功能模块，让远程申报、评审和监督，以及材料提交、专家匹配、数据统计等功能都能在网络上实现，大幅提升了管理工作效率。

随着管理的持续优化，国家艺术基金的资金使用效益得到有效提升。“十四五”以来，管理中心委托第三方遴选 20 个项目开展的绩效评价结果显示，90% 的项目取得“良好”以上等级。在财政部两次对国家艺术基金进行的绩效评价中，均取得“良好”的综合评级。

接受采访的受资助项目负责人纷纷表示，参与国家艺术基金评审犹如“经历一次大考”，在参与过程中，他们逐渐摒弃了固有的艺术活动组织方式和惯性思维，树立起精品意识、成本意识和绩效意识，全面提高了项目策划能力、计划实施能力和预算编制执行能力。

三、发挥撬动效能　强化保障支撑

据统计，“十四五”以来，国家艺术基金资助项目拉动各级各类资金投入近 8 亿元，基本发挥了 1∶1 的撬动作用。江苏、北京、四川、江西、云南 5 个省市参照国家艺术基金运行模式和资助方向，相继设立省级艺术基金，香港、澳门研究推出“国家艺术基金配套计划”，与国家艺术基金资助形成了合力。

在已设立省级艺术基金的地区中，北京艺术基金资助资金规模最大，2016—2022 年共资助项目 737 项，资助金额约 7.46 亿元；江苏设立地方艺术基金最早，自 2015 年设立省级艺术基金以来，目前已初步形成国家、省、市三级艺术基金扶持体系和可持续的扶持机制。

“地方艺术基金资金来源主要依靠政府财政拨款，由于各地财政资金规模不同，地区之间差异较大，但优势是规模比较稳定，年度差异较小。”王明亮分析说，在此基础上，各地应积极拓展资金规模，吸纳撬动更多资金来源。

云南省文化和旅游厅党组书记、厅长赵国良说，云南艺术基金设立后，各州、市、县文艺团队、协会以及各艺术企业积极响应，对优秀项目给予资助，对艺术创作生态的促进和改善发挥了不可替代的作用。

值得注意的是，目前地方艺术基金大多以整合原有财政专项的形式出现，资金来源渠道拓展的难度普遍较大，规模增长较难。此外，由于固定创作经费削减裁撤，改以竞争立项形式支持后，地方特别是市级及以下院团对艺术基金资助的依赖有所增强。

为解决这些问题，国家艺术基金正在积极鼓励引导各地提高资助资金总量，争取财政投入稳定和适度增长的同时，进一步探索多元投入渠道，推动更多符合条件的地方设立艺术基金，探索适合地方艺术创作的资助方式。

10年一个刻度，10年一次跨越。“国家艺术基金要担负起新时代新的文化使命。”王明亮表示，管理中心将进一步充分发挥艺术基金的政策性和引导性作用，加强规划引领，优化资助结构，完善资助管理，强化成果运用，为建设中华民族现代文明作出新的更大贡献。

（原文刊于《中国财经报》2023年11月9日）

调研成果

优化国家艺术基金美术创作项目资助方式调研报告

国家艺术基金自 2016 年度设立美术创作项目，截至 2023 年度，共开展了 4 个批次的项目资助，资助项目总数量为 484 项，其中，2016 年度 188 项、2020 年度 81 项、2022 年度 104 项、2023 年度 111 项。在此期间，国家艺术基金管理中心不断深化研究，总结实践，探索符合艺术规律、符合政策要求的资助方式，着力做好美术创作项目资助工作。

2023 年，落实文化和旅游部领导安排部署，结合新时代艺术事业发展形势任务和工作要求，就优化美术创作项目资助方式开展了专题调研，广泛听取了各级美术创作、教育、收藏、展示、经营机构及社会团体负责同志和各类美术创作、研究人员的意见，并委托浙江美术馆组织吴为山、郭春方、应金飞等专家开展了国家艺术基金促进美术发展成效评估课题研究，于 7 月 12 日在杭州就课题研究结论召开了专家研讨会。

8 月 25 日，管理中心召开了优化美术创作项目资助方式座谈会，文化和旅游部艺术司、财政部科教和文化司、中国美术家协会等单位参会。范迪安、潘义奎、郭春方、骆芃芃、代大权、冯令刚、赵培智、杜群、马锋辉、张苗苗、何亚文、赵嘉等同志先后发言，就美术创作项目的工作目标、资助对象、资助重点、资助方式和成果运用等问题作了专题研讨，提出意见建议。

9 月 7 日，管理中心配合财政部科教和文化司副司长区利民，文化一处处长杜方、副处长赵嘉；文化和旅游部财务司副司长魏冀，二级巡视员、预算管理处处长张玉伟等同志到中国国家画院调研，考察了“一带一路”国际美术工程作品展，与燕东升、谢小凡、王青云等同志座谈，就优化国家艺术基金美术创作项目资助方式作了交流。

经综合研究，形成调研报告如下。

一、现有资助方式的形成过程

2014年度，国家艺术基金首次设立了“美术、书法、摄影创作人才资助项目”，对年龄在45周岁以下的美术工作者给予资助，并对其作品择优收藏、组织展览。

2015年度，扩大了“美术、书法、摄影创作人才资助项目”的资助范围，新增加了对工艺美术工作者和舞台艺术工作者的资助，并将资助对象的年龄调整为40周岁以下，将项目名称更改为“青年艺术创作人才资助项目”。

2016年度，在保留“青年艺术创作人才资助项目”的同时，新设立了“美术创作资助项目”，对文艺工作者个人的中国画、油画、版画、雕塑和水彩（粉）画的新作品创作给予资助，资助方式为先期拨付经费5万元用于作品创作，作品创作完成后，再组织专家评审，就是否收藏和收藏资金提出意见，为纳入收藏的作品提供不超过70万元的收藏资金。

2017年度、2018年度、2019年度因需要调整“征集收藏”的资助方式，暂停了“美术创作资助项目”，由管理中心继续对资助方式进行研究。

2019年修订《国家艺术基金章程》时取消了“征集收藏”资助方式。2020年度，重新启动了“美术创作资助项目”，将收藏作品修改为组织开展出版、展览等公益性推广活动，并将漆画创作纳入了资助范围。

2021年度，因受新冠疫情影响，暂停了“美术创作资助项目”。

2022年度，再次启动“美术创作资助项目”，新增了对书法、篆刻作品创作的资助，资助资金统一调整为不超过10万元，分两次拨付。

二、现有资助方式存在的问题

（一）资助范围还没有到边到界

与人民群众日常生活关系比较密切的摄影、工艺美术，与产业发展联系更为直接的艺术设计，体现美术发展前沿性、探索性的装置艺术、新媒体艺术等还没有被纳入资助范围。

（二）资助方式还需要不断完善

现有的资助方式仍局限在为文艺工作者个人的作品创作提供采风、材料、展示费用方面，虽然有助于引导正确的创作方向，推动优秀作品产生，但是手段比较单一，能够发挥作用的政策工具有限。

（三）成果运用还需进一步优化

资助项目创作的作品，其归属权、处置权完全由创作者自行决定，进入公共美术馆展览以满足人民精神需求的渠道还未畅通，也给集中开展成果展示活动带来了一定困难，还存在以重复绘制作品冒充国家艺术基金资助项目成果谋取不正当利益的隐患。

三、优化资助方式的工作设想

（一）认真落实 3 个要求

1. 增强引领性

落实文化和旅游部《2023—2025 美术创作行动计划》，重点支持主题创作，加强现实题材作品创作，坚持以社会主义核心价值观为引领，中华优秀传统文化、革命文化和社会主义先进文化并重，通过发布申报指南、组织政策宣讲等方式明确主题、题材、表现对象，引导美术工作者的创作服务国家重大战略实施，创作满足人民文化需求和增强人民精神力量相统一的作品。

2. 增强系统性

围绕推动美术事业高质量发展，国家艺术基金已经形成了由“美术创作资助项目”“传播交流推广资助项目”“艺术人才培训资助项目”和“青年艺术创作人才资助项目”4 个项目类型构成的、比较完善的资助体系，要进一步做好 4 个项目类型的统筹衔接工作，采取推动创作项目的优秀作品进入展览、支持优秀青年人才参加培训等措施，在充分发挥各项目类型作用的基础上形成资助政策合力。

3. 增强实效性

针对调研中反映比较集中的问题，如美术作品有数量，缺质量；主题创作作品艺术性不够；地方美术馆收藏经费不足，藏品不足，基本陈列水平不高；青年美术工作者作品进入市场难，发展渠道不畅通，生活工作条件差等，强化问题意识，切实采取有效措施，办实事，解难题，帮助地方特别是基层美术机构、单位和美术工作者解决实际困难。

（二）积极采取4项措施

1. 推动完善资助体系

在尊重艺术实践、强化调查研究的基础上，拓宽工作思路，创新工作方法，论证支持艺术机构、单位有组织创作的可行性和必要性，将艺术机构、单位有组织创作和美术工作者个人创作结合起来，在美术创作项目中设立两个子项目，分别给予资助，提高美术创作的组织化程度，进一步健全完善美术创作项目资助体系。

2. 开展优秀项目评选

在开展结项验收工作的基础上，组织高水平专家对“美术创作资助项目”“青年艺术创作人才资助项目”提交的作品进行评选，为优秀项目颁发证书，组织作品出版、展览和宣传推荐，并在再次申报资助项目时给予优先考虑，进一步激发创作优秀作品的积极性。

3. 组织优秀作品展览

策划优秀美术作品展览并组织国（境）内外巡展，展览期间安排参展美术工作者出席开幕式、学术研讨和公共教育等活动。按年度出版《国家艺术基金美术创作资助项目、青年艺术创作人才资助项目美术类成果汇编》。与各级各类新闻单位、专业媒体合作，持续宣传推荐优秀美术创作人才和优秀作品。

4. 推动资助成果捐赠

发挥管理中心联系广泛的优势，做好文艺工作者和各级公共美术馆之间的桥梁纽带，倡导鼓励文艺工作者向公共美术馆特别是向边疆地区、民族地区和革命老区的美术馆捐赠国家艺术基金资助项目创作的作品，解决好作品长期保管和发挥作用的难题。探索向国内外知名美术作品经营机构推荐优秀文艺工作者，支持青年文艺工作者的作品进入艺术品市场。

（三）努力实现3个目标

1. 提升吸引力

国家艺术基金是促进美术事业健康发展的重要政策工具，要通过做好申报动员工作，不断扩大覆盖面，吸引更多的美术名家、体制外文艺工作者、新文艺群体参与资助项目申报实施工作，增强对文艺工作者的凝聚力，团结带领广大文艺工作者更好地为完成新时代文艺工作使命任务、建设社会主义文化强国服务。

2. 提升影响力

强化国家艺术基金的权威性、公信力，把“中国艺术新视界”打造成国（境）内外美术领域的知名品牌。积极争取文化和旅游部、中国文学艺术界联合会、中国美术家协会的支持，将国家艺术基金资助美术创作成果展览纳入中国艺术节的系列展览、全国美术展的系列展和中国美术家协会的会员资格展。

3. 提升传播力

通过组织常态化的展览巡展、学术研讨、公共教育活动，出版作品集、评论集，开展媒体宣传特别是新媒体宣传等，延长信息传播链条，形成信息传播矩阵。在开展专业宣传的基础上做好公众宣传，把美术成果传播到不同地区、不同职业、不同年龄的受众群体当中，更好地满足群众文化需求，增强人民精神力量。

国家艺术基金开展“一带一路”共建工作的调研报告

为深入贯彻习近平总书记系列重要讲话精神，繁荣发展中国特色社会主义文艺事业，建设中国特色社会主义文化强国，落实《推动共建丝绸之路经济带和21世纪海上丝绸之路的愿景与行动》的整体部署，以及文化和旅游部相关文件精神，国家艺术基金始终坚持社会主义先进文化前进方向，以项目资助的方式，通过资助关于“一带一路”的艺术创作和艺术活动，讲好中国故事，传承丝路精神，推进文化自信自强，深化文明交流互鉴，推动中华文化更好地走向世界，促进“一带一路”沿线国家和地区的文化交流与民心互通，从而达到共建“一带一路”的目的。具体情况，调研如下。

一、“一带一路”及“一带一路”资助项目基本概况

（一）关于“一带一路”

横贯欧亚大陆的古丝绸之路，沟通历史与未来，连接中国与世界，是东西方交流合作的象征，是促进沿线各国繁荣发展的重要纽带，推动了人类文明进步，是世界各国共有的历史文化遗产。在新时期国际秩序深刻调整、经济全球化趋势不断深入的形势下，2013年，我国先后提出共建“丝绸之路经济带”和“21世纪海上丝绸之路”的重大倡议，并在2015年3月28日发布了《推动共建丝绸之路经济带和21世纪海上丝绸之路的愿景与行动》，标志着“一带一路”步入全面推进阶段。

进入21世纪，在以“和平、发展、合作、共赢”为主题的新时代，传承和弘扬“和平合作、开放包容、互学互鉴、互利共赢”的丝绸之路精神更显重要和珍贵。加快“一

带一路”建设，有利于促进沿线各国经济繁荣与区域经济合作，加强不同文明交流互鉴，促进世界和平发展，是一项造福世界各国人民的伟大事业。

（二）关于国家艺术基金共建“一带一路”的资助项目

在《国家艺术基金“十三五”时期资助规划》《国家艺术基金“十四五”时期资助规划》和“年度一般项目申报指南”中，国家艺术基金明确提出，重点支持服务共建“一带一路”倡议的重大现实题材作品创作项目、围绕“一带一路”倡议策划的传播交流推广项目，强化政策引导，加强艺术基金在“一带一路”共建工作中的合力效果和推动作用。

国家艺术基金 2014—2022 年度资助项目共 6342 项，其中以“一带一路”为主题的项目 276 项，资助资金 2.3 亿元，涵盖舞台艺术创作、传播交流推广、艺术人才培训、美术创作、青年艺术创作人才等全部资助类别；同时，国家艺术基金秉持“和平合作、开放包容、互学互鉴、互利共赢”的丝绸之路精神，围绕与“一带一路”沿线重要国家地区的文化艺术机构建立联系、加强交流、促进合作，探索开辟艺术基金对外交流工作以及“一带一路”共建工作的途径与渠道；自 2021 年起面向香港特别行政区、澳门特别行政区全面开放一般项目申报，促进港澳特区文化艺术事业繁荣发展，参与“一带一路”的建设。

二、国家艺术基金以资助促共建的具体实施情况

（一）积极支持“一带一路”项目申报

1. 支持“一带一路”区域项目申报，促进丝路文旅发展

在国家艺术基金资助的 2014—2022 年度共 6342 个项目中，“丝绸之路经济带”区域的西北陕西、甘肃、青海、宁夏、新疆五省（自治区）和西南重庆、四川、云南、广西四省（自治区、直辖市）共获立项资助项目 1208 项，资助金额 9.17 亿元；“21 世纪海上丝绸之路”沿线上海、福建、广东、浙江、海南五省市获立项资助 969 项，资助金额 7.54 亿元。自 2021 年起，国家艺术基金面向香港特别行政区、澳门特别行政区全面开放一般项目申报，与香港中联办宣文部、澳门中联办宣文部合作，通过实地调研、电话咨询、视频会议等多种方式解读申报政策。通过对港澳特区艺术机构和

艺术工作者的资助，国家艺术基金着力促进港澳特区文化艺术事业繁荣发展、支持参与“一带一路”建设、助力港澳特区更好融入国家文化发展大局。

2. 支持“一带一路”主题项目申报，推动丝路精神传承

国家艺术基金申报指南中明确提出，重点支持 “一带一路”主题的项目，如以“一带一路”为主题的重大现实题材舞台艺术创作项目，围绕“一带一路”倡议策划的传播交流推广项目等。截至 2022 年，国家艺术基金资助的项目中，以“一带一路”为主题的资助项目 276 项，资助资金 2.3 亿元，其中，舞台艺术创作资助项目 58 项、传播交流推广资助项目 98 项、艺术人才培训资助项目 7 项、美术创作资助项目 6 项、青年艺术创作人才资助项目 107 项，做到了资助项目类别的全覆盖。

这些项目以艺术语汇讲述丝路故事、彰显丝路精神，立体展示了中华文明和丝路文化，客观上达到了讲述中国故事、推动文明互鉴的“一带一路”文化和旅游共建目的，其中，舞台艺术创作资助项目这方面尤其出色，比较有代表性的有：甘肃省歌舞剧院的舞剧《丝路花雨》、陕西省广播电视民族乐团的民族管弦乐《丝路长安》、兰州歌舞剧院的舞剧《大梦敦煌》、福建省歌舞剧院的舞剧《丝海梦寻》、中央民族乐团的民族管弦乐《玄奘西行》、中央音乐学院的民族管弦乐《丝绸之路的回响》、中央芭蕾舞团的芭蕾舞剧《敦煌》、西安歌舞剧院的民族舞剧《传丝公主》、陕西省杂技艺术团有限公司的杂技剧《丝路彩虹》、宁夏演艺集团有限公司的话剧《丝路天歌》等。

3. 支持“一带一路”人才项目申报，储备丝路文化力量

繁荣发展文艺事业，推进文化自信自强，弘扬 “一带一路”精神，传承丝路文明，做好“一带一路”文化和旅游人才储备是关键。

国家艺术基金以资助“一带一路”主题项目的方式，为国家文化战略发展储备高级人才，推动“一带一路”建设持续发展。其中比较有代表性的有：甘肃省歌舞剧院有限责任公司的“民族舞剧《丝路花雨》青年表演人才培养”项目，以戏带人、以人传剧，为该剧储备青年表演人才后备力量；西安建筑科技大学的“丝路国际艺术策展人培训”项目，整合中国、德国两地资源优势，探索向海外展示和传播中华优秀艺术作品的新模式、新途径；中国国际文化影像传播有限公司的“‘追随光影的脚步，逐梦一带一路’摄影艺术人才培养”项目，将课堂教学、名师现场指导和重走“一带一路”实践采风相结合，努力培养具有国际视野和创新能力的摄影艺术人才；浙江理工大学的“丝绸文化传承与经营管理创新人才培养”从丝绸文化传承、商品企划、数智化设计、品牌运营、模式构建、经营管理等产业链各环节提升经营管理技能；“敦煌服饰创新设计人才培养”在开拓敦煌服饰文化研究、传承和创新设计方面的新局面，培养敦煌服饰文化研究和创新设计的优秀人才；“‘一带一路’中国画创作人才培养”“‘丝路文明’美术创作人才培养”借助西安丰厚的历史文化资源，着力培养一批既有主题性美术创作潜力又兼具较高学术造诣的优秀人才；青年艺术创作人才褚晓莉的中国画《丝路使者——细君公主》、范南丹的摄影《边地行走——探索失落的南方丝绸古道》等表达了当代青年对“一带一路”的认知，是新时代青年对丝路精神和中华文明的新解读，在年轻受众中比较容易产生共鸣，实现了预期的社会效益。

（二）积极推动“一带一路”文化交流

1. 加强建立“一带一路”协调合作机制

早在2014年，习近平主席在联合国教科文组织总部发表的演讲中，就强调过“文明是包容的，人类文明因包容才有交流互鉴的动力。……一切文明成果都值得尊重，一切文明成果都要珍惜”。后来又强调过中国“主张平等、互鉴、对话、包容的文明观，世界各国弘扬和平、发展、公平、正义、民主、自由的全人类共同价值，以文明交流超越文明隔阂，以文明互鉴超越文明冲突，以文明共存超越文明优越，为世界文明朝着平衡、积极、向善的方向发展提供助力”。“文明因交流而多彩，文明因互鉴而发展。”2023年6月2日在文化传承发展座谈会上，习近平总书记再次深刻指出：“中华文明具有突出的包容性……从根本上决定了中华民族交往交流交融的历史取向，决定了中国各宗教信仰多元并存的和谐格局，决定了中华文化对世界文明兼收并蓄的开放胸怀。”在相关讲话精神的指引下，国家艺术基金积极寻求与“一带一路”沿线重要国家的文化艺术机构建立联系，增进民心相通，丰富人文交流，深化彼此间的文化交流，做共兴文明的伙伴。

2017年4月，国家艺术基金赴智利、乌拉圭、阿根廷、马来西亚、印度尼西亚、泰国等国家访问，促进与“一带一路”东南亚地区的文化艺术交流与合作。2018年2月，赴加拿大参加中加文化联委会首次会议，与加拿大国家艺术理事会主席进行友好会谈；4月，与澳门基金会签署了《国家艺术基金和澳门基金会合作意向书》；9月，与新加坡国家艺术理事会签署了《中国国家艺术基金与新加坡国家艺术理事会谅解备忘录》。2019年6月，对香港地区相关文化艺术机构进行调研，就国家艺术基金资助项目在香港展览展示、促进内地与香港文化艺术交流等事宜交换了意见。2023 年 4 月，国家艺术基金和新加坡国家艺术理事会在北京签署了《中国国家艺术基金与新加坡国家艺术理事会谅解备忘录》，将以促进中国和新加坡文化交流、加深艺术管理和资助方面的合作为目标，为两国艺术机构和艺术工作者合作开展作品创作、演出展览、学术研讨和能力提升等创造条件、提供支持，同时，还将通过互派工作人员、开展在职培训等方式促进双方之间的项目发展和工作交流。

2. 积极参与国际重大文化交流

国家艺术基金资助项目在国际平台上展现“一带一路”文化魅力，以亦动亦静、形象生动的方式促进了国际友人对中国的认知和理解，提升了中华文化的影响力。其中效果最为突出的有两类。

（1）舞台艺术展演

中国歌剧舞剧院的舞剧《孔子》赴希腊、马其顿、塞尔维亚巡演并作为第二届“中国—中东欧国家文化合作论坛”开幕演出；山西太原舞蹈团的舞剧《千手观音》亮相“杜塞尔多夫中国节”；青年琵琶演奏家赵聪的独奏曲《丝路飞天》亮相泛亚国际音乐节；新疆艺术剧院的歌舞剧《丝路上的中国梦——永远的麦西热甫》受邀为“哈萨克斯坦阿斯塔纳经济论坛”演出；中国艺术研究院与联合国教科文组织合作，在柬埔寨、印度尼西亚和澳大利亚等国家开展“中国福建木偶戏在亚太地区的传播交流推广”项目，促进非物质文化遗产保护领域的国际交流与合作；广西戏剧院的彩调剧《新刘三姐》在东盟国家演出，进一步扩大中国与东盟各国的文化交流与合作；北京保利剧院管理有限公司的“丝路星海——冼星海音乐作品巡演”邀请到来自中国、哈萨克斯坦、俄罗斯等国的艺术家联袂奏响中国著名音乐家冼星海的交响乐作品。

（2）美术作品展览

故宫博物院的“盛世繁华——紫禁城清代宫廷生活艺术展”作为“中拉文化交流年”的重头戏在智利总统府文化中心举办；深圳大学的“海上丝绸之路两千年美术作品欧洲巡展”项目亮相中国—欧盟文化艺术节；上海大学的“海派文艺土耳其泰国巡展”作为“第三届中土论坛”的重要活动环节，增进了与“一带一路”沿线中东、东南亚地区间城市文化的交流与互动；中国美术家协会的“艺术与和平——中国当代美术作品展”国际巡展项目，集中展示中国当代美术发展的最新成果和活跃面貌，生动形象地诠释了中华民族“以和为贵”的价值观。

3. 积极开展国内“一带一路”沿线文化交流

国家艺术基金“一带一路”传播交流推广项目既有优秀传统艺术的展演交流，也有当代艺术新成果的集中展示；既有阳春白雪的经典再现，也有杰出的民间创造，立体展示了丝路文化的光彩魅力。例如，甘肃省歌舞剧院的舞剧《丝路花雨》国内巡演项目，让观众领略敦煌文化的博大精深与古丝绸之路的辉煌景象；广西演艺集团的交响组曲《海上丝路》全国巡演项目，通过国际化的音乐创作手法，将广西 12 个世居民族与东盟 10 国丰富的音乐元素美妙交融，弘扬传播海上丝路文化；中演演出院线发展有限公司的“春华秋实——国家艺术基金 2018 年度小型剧（节）目和作品滚动资助项目巡演”，从青海沿“一带一路”城市，在宁夏、湖南、湖北、四川等六省（自治区）演出 20 余场；“中国艺术新视界”——国家艺术基金青年艺术创作人才（美术、书法、摄影、工艺美术）滚动资助作品巡展先后走进甘肃、新疆、南京、大连、成都、敦煌、乌鲁木齐、青岛、深圳、香港等地展出，从不同维度、不同视角展现艺术基金资助青年美术人才的艺术思考与创作实践。

三、国家艺术基金资助“一带一路”项目取得较好成效

国家艺术基金以项目资助方式开展“一带一路”共建的工作目标明确，思路清晰，取得了较好成效。在国家艺术基金的资助和支持下，很多与“一带一路”相关的项目走上“一带一路”沿线国家和地区的舞台，生动而立体地展示出中华文化艺术的绰约风姿和丝路文明的多姿多彩。

（一）“一带一路”主题项目在国内外评奖活动中屡获殊荣

在国家艺术基金的引导下，以艺术语汇讲述丝路故事、彰显丝路精神，成为中国舞台艺术创作的重点，很多由此创作出来的精品力作都在国内外获得广泛赞誉，或在国内外各类评奖活动中荣获奖励。例如，广东歌舞剧院创排的舞剧《沙湾往事》入选第十四届精神文明建设“五个一工程”奖和第十五届“文华大奖”；厦门歌仔戏研习中心创排的歌仔戏《侨批》、广西戏剧院创排的彩调剧《新刘三姐》入选第十六届精神文明建设“五个一工程”奖和第十七届“文华大奖”；上海沪剧艺术传习所创排的沪剧《敦煌女儿》拍摄成电影后，荣获第三十五届金鸡奖“最佳戏曲片奖”；乌鲁木

齐一心悦读文化科技有限公司的“丝绸之路上的艺术”传播交流推广纪录片《流动的盛宴》摘取第50届休斯敦国际电影节雷米大奖；中国杂技团有限公司创作演出的杂技节目《协奏·黑白狂想》在摩纳哥第39届蒙特卡洛国际马戏节上，荣获最高奖“金小丑”奖；福建省歌舞剧团的舞剧《丝海梦寻》、陕西省杂技艺术团有限公司的杂技剧《丝路彩虹》参加第十一届中国艺术节，并入围第十五届“文华大奖”终评。这些获奖作品也将因此在人民群众的文化生活中形成无形而不可估量的社会效益和经济效益。

（二）“一带一路”主题剧目亮相国际展演广造影响

民族管弦乐《丝路草原》、楚剧《万里茶道》、民族舞剧《驼道》、芭蕾舞剧《精卫》、秦腔《关中晓月》、京剧《大面》、民族交响音乐会《西藏春天》、沪剧《敦煌女儿》、昆剧《乌石记》、跨界融合作品《大河之东》、越剧《苏秦》、音乐剧《丝路传奇·花木兰》等24部国家艺术基金资助项目先后亮相第四届、第五届、第六届丝绸之路国际艺术节。这些剧目来自不同省份和地区，种类丰富，独具特色，风格鲜明，在为观众带来视听享受的同时，也为促进沿线各国艺术交流、文明互鉴，以及“一带一路”文化和旅游发展建设，发挥了重要作用。

四、国家艺术基金以资助促共建的方式目前存在的短板

虽然国家艺术基金资助“一带一路”项目实施取得了较好成效，获得了良好的社会效益，对群众文化生活及各地文化艺术事业的发展，起到了积极的推动和促进作用。但是，以整体性、发展性眼光审视国家艺术基金对“一带一路”相关项目的资助，还有长足的上升空间，存在比较明显的薄弱短板。

（一）“一带一路”国内沿线省（直辖市、自治区）文化发展不均衡

国家艺术基金自2013年年底设立10年以来资助的所有项目中，“一带一路”国内沿线省（直辖市、自治区）受资助项目情况整体比较乐观，但是具体分析各地受资助情况，从“21世纪海上丝绸之路”沿线（以下简称“沿海”）五省（自治区）到西南四省（自治区）再到西北五省（自治区），呈现出从沿海到西北内地，受资助项

目数量逐步减少的态势。其中，沿海五省（直辖市、自治区）受资助项目 1105 项，西南四省（直辖市、自治区）受资助项目 776 项，而西北五省（自治区）受资助项目只有 542 项。在三个区域中，除了西南四省（直辖市、自治区）受资助情况比较均衡之外，沿海、西北两个区域都有明显薄弱的短板省（直辖市、自治区），西北的甘肃省有 85 项，宁夏回族自治区有 59 项，青海省有 34 项；沿海的海南省只有 25 项。

国家艺术基金 2021 年开始重视大湾区的项目申报，2022 年、2023 年，香港和澳门的项目申报比较均衡，分别为 19 项和 20 项，也显示出较大的上升空间。

（二）“一带一路”精神的弘扬和传承尚显不足

根据《推动共建丝绸之路经济带和 21 世纪海上丝绸之路的愿景与行动》的部署，“一带一路”的合作共建工作主要针对沿线国家和地区，但是并不拘于沿线国家和地区。因此，国家艺术基金以项目资助共建“一带一路”的工作思路，也应体现出相应的拓展和调整。首先，可大力推动疫情后的海外传播交流推广项目，让中华文明在世界面前的亮相和展示更多更生动更出色，让各国间的文明互通，让文明因交流而多彩，因互鉴而有长足发展；其次，除了“一带一路”主题项目之外，还可关注能够体现丝路精神的项目挖掘和筹备、申报，而不仅限于丝路主题或者丝路沿线这样的领域。

五、推进国家艺术基金“一带一路”项目资助的设想和对策

国家艺术基金将继续贯彻中央“一带一路”倡议，认真落实文化和旅游部的相关工作安排，面对新征程新要求新挑战，坚持“抓当前”与“谋长远”相统一，结合艺术基金工作实际，切实参与“一带一路”文化建设，推动共建“一带一路”高质量发展。一是在国家艺术基金年度资助项目中，继续重点关注“一带一路”主题项目；二是深入开展对“丝绸之路经济带”区域和“21 世纪海上丝绸之路”沿线省份的资助政策解读，补上薄弱环节；三是继续扩大深化与丝路沿线国家和地区的文化艺术机构合作机制，加强文化交流互鉴；四是加强“一带一路”主题项目实施督导，提高资助项目的完成质量；五是扩大“一带一路”主题项目的成果运用和宣传推广，营造浓厚丝路文化氛围，推进“一带一路”建设。

高校对国家艺术基金项目经费管理情况调研报告

普通高等学校（以下简称“高校”）是科学研究和人才培养的重要部门，也是文化艺术资源和人才集聚的重要中心，是繁荣文艺创作的重要力量。为深入了解高校使用管理国家艺术基金项目的经费情况，国家艺术基金管理中心利用跟踪指导、审计抽查等工作机会，通过查阅资料、实地考察、问卷调查、座谈交流等方式，分别以高校中的本科综合院校、文化和旅游部参与共建院校、艺术类高职（专科）院校[①]为调研重点，梳理经费使用管理情况，研究提出优化高校资助管理工作的建议。现报告如下。

一、基本情况

（一）高校经费投入情况

近年来，随着我国经济实力持续增长以及对教育事业投入的重视，高校集中了大量的资金资源投入，总体呈现以下特点。

一是规模上持续增长。1993 年，我国提出财政性教育经费支出占国内生产总值比例一般不低于 4%，2012 年首次实现该目标。2012—2022 年，国家财政性教育经费累计达 38.4 万亿元，持续保持在 4% 以上，带动对高校教育投入基数持续加大。[②]

① 相关学校分类参照教育部于 2022 年 6 月 17 日发布的《全国高等学校名单》。

② 数据来源：《中国教育统计年鉴（2022）》（中国统计出版社 2023 年版）、《中国教育经费统计年鉴—2022》（中国统计出版社 2023 年版）。

二是结构上不断巩固。2012 年以来，全国教育经费总投入中，约 80% 来自财政性教育经费，形成以财政拨款为主、其他多种渠道筹措的经费投入保障格局。财政性教育经费中，约 80% 来自地方，20% 来自中央，地方政府是教育支出的第一大主体。

三是分配上文理分明。经费分配上，从学校类别看，理工院校、综合院校占比较高；从学科类别看，理学、工学占比较高。近年来，社会人文科学领域深化发展，对艺术学科建设投入有所加强，以 2021 年生均财政保障水平测算，普通高等学校为 23176.4 元，艺术学科在校生数 1872121 人，2021 年对艺术学科总体投入的财政性经费估算为 434 亿元。

四是使用上突出重点。财政性教育经费支出侧重教学和科研两方面。集中到艺术学科建设，经费主要投入在艺术理论研究和创作实践两部分，对非理论型的艺术创作实践，经费配比相对较少。对高校调研显示，除国家艺术基金外，20.32% 的受访者曾得到国家层面的文艺创作专项资金（基金）支持，34.96% 曾得到省级及以下文艺创作专项资金（基金）支持，近一半受访者在创作上未曾获得财政资金支持。

（二）申请资助基本情况

调研组通过线上线下等渠道向 148 所高校发放调研邀请，89 所表态愿意参与调研，响应率为 60.14%，部分高校未响应原因主要是学校优势学科专业与艺术基金资助范围不相关。89 所高校中，艺术类高职（专科）院校 51 所、本科综合院校 33 所、文化和旅游部参与共建院校 5 所，覆盖面比较广。委托 89 所高校在内部发放调研问卷，截至 2023 年 12 月 31 日，共回收有效问卷 123 份。对问卷数据的分析，反映出了高校项目申报实施和资金使用管理的一些特征。

1. 申报项目的意愿普遍较强

调查的 123 名高校教职工中，55 人有实施艺术基金项目经历并有意愿继续申报，占比 44.71%。62 人未实施过项目但有意愿申请，占比 50.41%。合计有申报意愿人数占比 95.12%。明确无申报意愿的仅有 6 人，占比 4.88%，主要原因是多次申报未获立项。

2. 艺术人才培训资助项目申报意愿最强

有意愿申请项目的高校教职工中，对申请项目类型的意愿按李克特量表赋分（1—5 分），计算受测者申报各项目分数代数和，按总分大小排列，分别是申请艺术人才培训资助项目（164 分）、美术创作（125 分）、小型剧（节）目（88 分）、青年艺术创作人才（56 分）、传播交流推广（33 分）、大型舞台剧和作品（30 分）。总体来看，高校教职工对人才培训项目申报意愿最强，细分到各类学校，本科综合院校的申报意愿前 3 名分别是人才培训、美术创作、青年艺术创作人才，艺术类高职（专科）院校分别是人才培训、小型剧（节）目、美术创作，文化和旅游部参与共建院校对人才培训、大型舞台剧和作品、小型剧（节）目 3 类项目申报意愿更强。

3. 获得立项数量较大

调查显示，89 所参与调研的高校中，37 所有艺术基金项目实施经历，获立项资助总数 286 项，平均立项 7.7 项 / 所。据统计，自艺术基金设立以来，国内 400 余所高校共申报 3 万余个项目。2024 年度新申报项目中，各类高校以机构名义申报 2422 项，占机构类申报总量的 48.43%, 是最大的申报主体之一。2013—2023 年，艺术基金共资助高校各类项目 3175 项，立项数量占资助项目总量的 44.62%, 是最大的立项主体之一。

4. 获得单项金额不高

调研结果显示，有实施艺术基金项目经历的人中，获得项目立项资助金额 100 万元（含）以下的有 35 人，占比 63.63%；项目金额 100 万—250 万元的有 14 人，占比 25.45%；项目金额 250 万元（含）以上的共 6 人，占比 10.92%。从资金体量看，主要以艺术人才培训、青年、小型和美术等中小型项目为主。

（三）管理实施基本情况

1. 普遍对艺术基金项目定级管理

调研结果显示，各参与调查高校对艺术基金项目较为重视并进行了明确定位。88.76% 的高校将艺术基金项目列为国家级项目实施，7.87% 的高校将艺术基金项目列为省部级项目实施，作为个人职称评审、绩效发放、其他限项科研项目申报指标分配的重要依据。但仍有 3.37% 的高校未对艺术基金项目进行定位，项目成果认定没有依据。

2. 项目管理机制比较健全

调查显示，大部分高校项目管理较为规范、制度较为完善，89.89% 的高校均以具体职能部门为主导[①]进行项目管理，22.47% 的高校更是对艺术基金资助项目建立了专门配

① 问卷将单位对国家艺术基金资助项目归口分为“具体职能部门统一管理”“项目团队自行管理”“职能部门和团队协商管理”“其他”4 个选项。报告中“以职能部门为主导”即选择“具体职能部门统一管理”“职能部门和团队协商管理”2 个选项的比例之和。

套的使用制度。表明各高校对于国家艺术基金项目较为重视，且能够进行较为完备的管理。

3. 配套激励措施相对完善

从资助强度看，约 90% 的受调研对象反映，艺术基金项目提供的资助经费能够基本满足[①]项目实施需求，87.64% 的人认为现有资助强度不需要进行调整。从资金配套看，各获得立项高校的资金配套比率[②]平均数为 25%。配套比例最高的是哈尔滨音乐学院，资金配套比率为 150%。配套权限最高的是西南民族大学，实行 1:N 资金配比，不设上限。配套涵盖最广的是浙江音乐学院，除对“三大类”项目[③]实行 1:1 的等比配套外，对一般高校不纳入配套的青年创作人才资助项目等小型项目，对教职工之外的学生群体，同样实行配套激励。

4. 项目结项通过率较高

从过程管理看，69.56% 的高校受访者表示能做到及时完成并结项，存在 1 次延期需求的占 30.44%，且按照延期管理要求进行了申请。同期对文艺院团的调研显示，能及时完成并结项的院团占 62.96%，低于高校受访者 6.6 个百分点，申请过 1 次延期结项的为 27.78%，低于高校受访者 2.66 个百分点，申请过 2 次延期结项的占 7.4%、未按时结项且未在规定日期内申请延期的占 1.85%，均显著高于高校，显示高校的项目完成及时度相对院团要高。从结果管理看，2023 年，共有 370 个“三大类”项目参加结项验收[④]，其中，高校项目 144 项，通过艺术和财务结项验收的占 81.94%，高于其他类型主体综合结项通过率 1.41 个百分点，显示高校项目实施管理质量普遍较好。

二、高校申报实施艺术基金项目的优势

近年来，高校申报、实施艺术基金项目数量和质量实现“双高”的原因，主要基于如下优势。

一是政策优势。发挥政策引导作用，艺术基金打破了行业、系统、部门的限制，

① 问卷将基金提供资助经费是否满足项目实施需求分为“满足”“基本满足”“不满足”3 个选项，请受访者对此问题进行单选。报告中“基本满足”即选择“满足”“基本满足”2 个选项的比例之和。

② 资金配套比率 = 配套资金金额 / 资助资金金额 ×100%。

③ “三大类”项目，指资助金额较大的大型舞台剧和作品、传播交流推广、艺术人才培训 3 类项目。

④ 参加结项验收，指同时期参加艺术和财务结项验收。

对高校全面开放各类型项目的申报；在人才培训、小型创作及青年项目等能够发挥高校资源优势，体现高校办学特色，便于高校申报实施的项目类型中，向高校适度倾斜；把高校作为资助管理服务的重点，在申报动员、政策咨询、宣传推广等方面提供高质量、有针对性的服务。

二是人才优势。截至 2021 年年底，我国现有在高校从事艺术相关学科的专任教师 36.9 万人，在校生数 187.2 万人，每年培养输送近 81 万毕业生，其中，有近七成从事艺术实践。教师是高校申报的项目团队主体，具有较好的项目策划和文字能力，申报文书撰写质量普遍高于院团。

三是科研优势。高校是基础研究的主力军，科研资源积淀丰厚。综合艺术院校在策划申报和组织实施艺术基金项目时，往往集成整合学校相关科研资源，在科研创作、人才培养、展演展示中推动学科交叉、嫁接、融合、渗透，实现多学科的共同作用与支撑，产生了更多的艺术成果。

四是机制优势。中央于 2015 年做出“双一流”即建设世界一流大学和一流学科的战略部署以来，艺术学作为现有 13 个独立学科门类之一，越来越受到关注重视。2016 年，教育部启动第四轮学科评估，将获得艺术基金资助项目的情况列入了高校学科评估指标体系，设置有艺术学科的高校从成果认定、职称评审、绩效激励等方面，均建立有相对完善的机制。

五是管理优势。高校普遍设立了统筹项目申报的主管部门，本科综合院校主要通过科研处，艺术类高职（专科）院校、共建院校普遍设立科研创作部门，围绕项目实施建立了相对完善的配套激励机制，在经费配套、教学创作和展示场地、餐饮住宿等后勤保障方面提供支持，较好地发挥了统筹保障和支持作用。

三、高校项目资金管理的特色经验和典型问题

近年来，高校依托自身优势，承担的艺术基金项目越来越多，获得的经费也大幅增长，成为高校推进艺术学科建设资金的重要补充。依靠管理中心精准财务培训辅导和高校扎实的财会基础工作，项目资助经费基本实现科学配置和规范使用，形成了一些经费管理上的特色做法，提升了资金使用效益和监管水平。但调研中也发现一些高校对艺术基金项目经费管理使用中存在的典型问题。

（一）特色经验

1. 建立研创合一的责任制管理体系

部分获立项数量比较多的高校在实践中不断检视，基本建立了研创合一的责任制管理体系。上海音乐学院明确科研处、艺术处为项目牵头责任部门，中国美术学院明确研创处为责任部门，其中，科研部门负责程序性管理，比如项目申报、立项、过程监督、结项考核、成果认定，艺术（创作）部门负责艺术质量监督，对项目执行承担管理责任。教育科研和创作业务彼此支撑，优势互补。

2. 搭建内部项目库，实行预评审管理

调研发现，部分申报量较大的高校建立了项目储备库，实行内部项目预申报机制。学校对符合学院重点规划、实施条件较成熟的项目进行推选，进行校内公示，实行集中申报，未通过预审的项目纳入储备库。如上海音乐学院实行项目预算预审机制，科研处组织专家对项目经费预算进行预评审，确定经费配套额度。此举对于统筹校内有限资源、集中力量申报实施好项目有一定帮助，但与艺术基金坚持的社会性、公开性的原则有所冲突，还需研究优化。

3. 建立财务驻组机制，精细化财务指导

调研发现，多数高校由财务处、审计处按职能承担相应资金使用管理的指导服务工作，但部分高校不断精细化管理工作，建立财务驻组机制，由财务处派出一名专员常驻科研创作部门，为艺术基金项目申报、结项过程中的财务问题进行指导。西南民族大学等部分高校，参照科学基金设置科研秘书的形式，由项目所在教学系部专门配备了专责财务秘书，协助项目团队进行经费报销和财务管理。

4. 依托审计建立完善专门配套制度

近年来，通过管理中心审计抽查等反映出的问题，部分高校根据整改建议，及时出台、完善艺术基金专门配套的使用制度，如中国美术学院出台《中国美术学院国家艺术基金项目经费管理办法》《中国美术学院项目申报实施指导意见》，上海音乐学院出台《上海音乐学院国家艺术基金资助项目管理办法（试行）》，星海音乐学院修订《星海音乐学院科研项目管理条例实施细则》，周口师范学院修订《周口师范学院科研经费管理办法》，等等。有关高校在项目管理上制度更有效、标准更明确、内控更加健全，实现对包括项目经费在内的全方位管理。

（二）典型问题

1. 对政策理解有差异

调研发现，高校对于艺术基金项目申报、资金使用等制度了解程度有差距，共建院校最为了解，部分高职（专科）院校、本科综合院校存在无渠道或了解渠道单一的情况，尤其是一直未有立项的高校，存在“连年报连年不中”的情况。很多综合类院校并未将艺术基金项目纳入职称评定体系，部分高校对成果认定的范围划分比较狭窄，上述因素在一定程度上影响了教职工申报积极性。

2. 项目管理机制有待完善

调研发现，部分高校存在简单套用科研经费制度管理艺术基金项目的情况，忽视了不同渠道资金的差异化管理要求。78.04% 的高校受访者表示，学校未有适用艺术基金项目的专门配套制度，而是参考其他横向、纵向科研项目管理制度管理，仅有 21.95% 的受访者表示学校有专门配套制度。由于科研经费在使用的限制和要求上与艺术基金存在明显差别，项目经费使用规定和艺术基金管理方式衔接不够，适应性较差，具体体现为自行计提管理费，未遵循《经费管理办法》对工作人员总量控制和限额控制的约束，违规发放项目团队绩效和工作人员劳务等突出问题，影响了艺术基金项目的顺利实施。同时，由于缺少制度约束，部分高校的艺术基金项目管理链条没有打通，存在职能部门和业务部门（二级学院）之间对项目的共管体系缺乏统筹、责任不清等问题，导致项目实施效果不理想。

3. 部分综合院校主体意识淡薄

很多综合院校由于获批经费总额相较于科学基金总量偏小，将工作重心放在科研经费管理上，缺乏对艺术基金项目优化内部管理的动力，对项目经费的使用管理不足、监督缺失、服务不到位。项目经费使用的管理层及监管层主体意识淡薄，对艺术基金性质、工作流程和标准不明，不尊重艺术活动一般规律，管理欠缺灵活性。具体表现为，对项目经费未到账前的资金垫支或借支的审核严苛，未按照基金下放权限要求协助项目团队做好预算调整调剂，项目在学校内部报销流程复杂烦琐等。

四、优化高校项目资金使用管理的建议

综合调研和日常监督检查工作中了解的情况，提出优化高校项目资金使用管理的

建议如下。

（一）进一步加强政策支持

建议扩大资助政策的覆盖面，提高政策对高职（专科）院校、本科综合院校的到达性，鼓励高校优化学科建设资金、人才等优势资源配置，支持高校科研活力释放、创作潜能激发，提高项目申报立项数量和质量。

（二）进一步引导完善机制

建议健全校内协调机制，建立校际联动机制。在内部尽快建立符合艺术基金艺术实践特色的项目管理模式，有效融合科研、创作、财务、审计等多系统进行管理，确保项目实施管理有较高的响应和保障能力。对外，要引导提升校际信息共享水平，搭建综合院校、共建高校、职业（专科）院校交流平台，加强项目策划申报、实施管理、高水平研创力量的校际交流联通。

（三）进一步加强宣讲培训

建议结合不同类型高校对艺术基金政策理解的差异性，召开全国高校项目财务管理培训会议，着重向中西部地区高校、基层高职专科院校、长期申报未立项单位 3 类单位倾斜，向财务、审计等职能部门管理人员倾斜。整理汇编高校项目管理优秀案例、问题案例集，以案释疑，引导规范高校内部财务管理，强化艺术创作实践活动成本的管理与核算，推动“经费为人的创造性劳动服务”目标更好实现。

（四）进一步加强激励管理

发挥项目资金的激励性作用，以申报量大、管理规范、效益突出的高校为试点开展项目绩效全过程管理，建立可量化、可比较、可追踪、可转化的绩效评价指标库。优化立项、结项“进出”管理，通过证书署名、结项等次通报措施，体现项目负责人和主要团队的贡献度，增强荣誉感和获得感。引导高校完善项目资金配套、成果认定管理和评价奖励以及职称评审激励制度，推动高校形成人人愿意报项目、努力出成果、成果有认可、人才受尊重的生动局面。

优化国家艺术基金资助方式
服务对外及对港澳台文化交流研究

国家艺术基金自设立以来，十分重视对外及对港澳台文化交流工作，紧紧围绕国家外交大局和对港澳台工作需要，不断创新资助政策、完善项目管理、提升资助成效。设立 10 年来，共立项资助对外及对港澳台文化交流项目 229 项，提供资助资金总额约 2.9 亿元，其中，舞台艺术创作资助项目 12 项、美术创作资助项目 4 项、传播交流推广资助项目 173 项、艺术人才培训项目 30 项、青年艺术创作人才资助项目 10 项。这些项目坚守中华文化立场，注重讲好中国故事、传播好中国声音，展现了可信、可爱、可敬的中国形象，为深化文明交流互鉴，推动中华文化走出去作出了积极贡献。

一、支持对外及对港澳台文化交流的工作措施

国家艺术基金尊重对外文化传播交流规律，坚持以政策创新为先导、优化评审为关键、科学管理为保障，不断加强国际传播能力建设，围绕项目资助管理各环节，重点做了 4 个方面的工作。

一是优化资助方式。在传播交流推广项目中，明确资助范围涵盖舞台艺术、美术、书法、摄影和工艺美术等领域，要求传播作品本身要具有代表性和较高艺术水准，项目主体要具有国外传播交流推广的能力和经验。考虑到在国外开展项目所面临的体制机制、国情环境、资源条件各不相同，资助项目实施的复杂程度高、难度大、周期长，艺术基金在资助额度和实施周期方面给予充分支持。根据演出展览场次为每个项目提供不超过 150 万元的资助资金，实施周期为 2 年。在艺术人才培训项目中，设立了“高

端艺术人才国外研修计划”项目，支持重在与国外艺术机构、单位合作开展培训活动，资助标准为每名学员9万元。为进一步支持港澳地区艺术事业发展，促进内地与港澳地区文化交流，2019年起，艺术基金正式向受聘、就读于内地（大陆）艺术机构、单位和高等院校，聘期、学籍一年以上且年龄在40周岁以下的港澳台艺术工作者，开放申报青年艺术创作人才资助项目。2021年起，艺术基金面向港澳特区全面开放一般项目申报，港澳特区艺术机构、单位和艺术工作者可直接申报资助项目。截至目前，共立项资助港澳特区项目39项，提供资金2272.4万元。2024年度资助项目申报中，港澳特区艺术机构、单位和艺术工作者共计申报121项，台湾地区艺术机构、单位和艺术工作者共计申报4项。

二是明确资助重点。艺术基金的资助重在发挥对全社会的引领、示范、带动作用，研究制定《国家艺术基金“十四五”时期资助规划》时，明确了未来5年国际文化交流的方向和重点。重点资助配合国家重大战略实施和重要国际交往活动开展的优秀艺术作品演出、展览，加强国际传播能力建设，推动中华文化“走出去”，向世界讲好中国故事，传播好中国声音；重点资助以造就有影响的各领域艺术领军人物为目标的艺术人才培训活动，关系到舞台艺术和美术事业传承和发展的特殊、急需、紧缺的艺术人才培训活动，把党的二十大提出的培育造就大批德艺双馨的文学艺术家和规模宏大的文化文艺人才队伍的工作要求落到实处。

三是加强项目管理。管理中心高度重视“走出去”项目的协调指导工作，建立健全相应工作机制，提高资助项目实施质量。要求项目主体认真落实意识形态工作责任制，严格遵守外事纪律，在出访前及时与前方使（领）馆取得联系，接受前方使（领）馆的工作指导；出访期间做好出访人员的爱国主义、外事纪律和文明素质教育工作；强化安全防范意识，采取切实可行的保障措施，确保出访人员人身和财产安全。

四是做好与同类机构的合作。艺术基金自设立以来，积极发挥在国际文化交流中的作用，国家艺术基金理事会代表团分别访问加拿大、美国、墨西哥、智利、乌拉圭、阿根廷、泰国、马来西亚、印度尼西亚、日本等国及港澳特区，达到了增进相互了解、扩大对外交流、促进合作发展的预期目的。2015年，在“中英文化交流年”的背景下，管理中心与英国文化协会签署了《国家艺术基金与英国文化协会战略伙伴合作备忘录》。2016年，与澳门基金会签订了《国家艺术基金和澳门基金会建立合作伙伴关系备忘录》；2018年，双方再次签署了《国家艺术基金和澳门基金会合作意向书》。

2018 年 9 月，在中新双边合作联委会第十四次会议于新加坡举行期间，文化和旅游部党组成员、副部长杜江与新加坡国家艺术理事会理事长陈慧共同签署了《中国国家艺术基金与新加坡国家艺术理事会谅解备忘录》；2023 年 4 月，在新加坡总理李显龙对我国进行正式访问之际，文化和旅游部党组成员、副部长卢映川与新加坡驻华大使吕德耀在北京再次签署《中国国家艺术基金与新加坡国家艺术理事会谅解备忘录》，为两国艺术机构和艺术工作者合作开展作品创作、演出展览、学术研讨等创造条件，为“走出去”项目搭建平台。此外，在国家艺术基金管理中心的积极推动下，澳门特区政府文化艺术发展基金推出“国家艺术基金配套计划”，香港特区政府设立专项资金，支持入围国家艺术基金的项目进行文化交流。这些工作都是推动对外及对港澳台文化交流合作的积极探索，为国家艺术基金的高质量发展积累了宝贵经验。

二、支持对外及对港澳台文化交流的项目情况

以资助项目实施为抓手，国家艺术基金不断将对外文化交流工作落到实处，促进了对外及对港澳台文化交流，加强了人员往来，厚植了人民友谊，扩大了中华文明传播力影响力。具体来看，这些项目具有以下特点。

一是注重配合外交大局，展示中华文化魅力。艺术基金资助项目积极配合国家外交大局，推动落实“一带一路”倡议，积极参与中外文化和旅游年（节），在推动文明互鉴、促进文化共享、加强民心相通、构建人类命运共同体等方面发挥了积极作用。舞台艺术展演方面，中国歌剧舞剧院的舞剧《孔子》赴希腊、马其顿、塞尔维亚巡演并作为第二届“中国—中东欧国家文化合作论坛”开幕演出；山西太原舞蹈团的舞剧《千手观音》亮相“杜塞尔多夫中国节”；青年琵琶演奏家赵聪的独奏曲《丝路飞天》亮相泛亚国际音乐节。美术作品展览方面，故宫博物院的“盛世繁华——紫禁城清代宫廷生活艺术展”作为“中拉文化交流年”的重头戏在智利总统府文化中心举办；深圳大学实施的“海上丝绸之路两千年美术作品欧洲巡展”项目亮相中国—欧盟文化艺术节；中国美术家协会的“艺术与和平——中国当代美术作品展”国际巡展项目，集中展示中国当代美术发展的最新成果和活跃面貌。

二是注重彰显“中国故事”的丰富性。艺术基金资助项目在主题题材和内容形式上兼收并蓄、丰富多样，通过理念创新、内容创新和手段创新，增强了艺术表现力

和文化传播力，努力展现可信、可爱、可敬的中国形象。中国艺术研究院的“中国福建木偶戏在亚太地区的传播交流推广”在柬埔寨、印度尼西亚和澳大利亚等国家进行演出展示，促进了非物质文化遗产保护领域的国际交流与合作；苏州民族管弦乐团有限公司的“民族管弦乐《华乐苏韵》欧洲巡演”在德国、意大利、俄罗斯等 9 个国家 13 个城市展开，将中国的民族音乐、传统音乐通过西方管弦乐形式，向世界展现中华灿烂的音乐文化；青海湟中县塔尔寺管委会的“塔尔寺藏艺三绝”，以唐卡、酥油花、彩砂坛城、堆绣等藏艺现场演示的方式展示藏传佛教和塔尔寺的艺术魅力，吸引了众多欧洲观众；文化和旅游部民族民间文艺发展中心的“周而复始——中国人的节日与艺术美国巡展”，通过图、文、影像、实物和互动活动等方式，表现中国节日中丰富的艺术形态和实践。

三是注重用好两种资源、两个市场。艺术基金鼓励资助项目与国内外专业机构深度合作，积极探索对外文化交流合作规律，变“走出去”为“卖出去”。中央民族乐团的民族交响乐《印象国乐・大曲》、北京人民艺术剧院的话剧《茶馆》、中国对外演出有限公司的舞剧《天鹅湖》、北京中演环球艺术制作有限责任公司的综艺舞台剧《武林时空》、上海芭蕾舞团的芭蕾舞剧《葛蓓莉亚》《梁山伯与祝英台》、重庆演出有限责任公司的管弦乐音乐会《巴渝风》、湖北省歌剧舞剧院有限责任公司的古典乐舞《编钟乐舞》等项目进入美国、德国、荷兰、西班牙、澳大利亚、加拿大海外演出市场，商业运营占比超过 60%。其中，北京人民艺术剧院的话剧《茶馆》进入德意志戏剧院演出季和全年宣传销售系统，剧院破例开放站票以满足观众需求；重庆演出有限责任公司的管弦乐音乐会《巴渝风》在西班牙与奥地利进行 10 场商业演出，根据区域特点和目标观众群体设定演出票价、制作音乐会光盘等衍生品现场销售，取得良好效果。

四是注重开展海外实训，培养国际化人才。艺术基金资助的“高端艺术人才国外研修计划”项目面向全国遴选优秀人才，进入国外艺术团体和经营机构学习实践，提升专业技能，深入了解国际先进的管理经验和成熟的运作模式，提高推广交流和经营管理能力，为国家文化战略发展储备高级人才的同时，通过人员交流建立了联系、增进了理解、对接了资源，有利于搭建国际文化交流合作平台。中国对外文化交流协会的“艺术专业与管理人才国际交流项目”以培养高端复合型文化艺术和管理人才为目标，先后派出 102 名文化艺术专业和管理人才赴美国、奥地利、澳大利亚等 25 个国家的79家艺术机构实习，包括博物馆、美术馆、图书馆、剧院、艺术院团、演出公司、艺术资助机构、文化遗产保护机构等，参与了艺术品策展、收藏、文物保护与修复、舞台艺术制作、舞美设计、演出运营、筹融资管理与艺术教育等岗位的实践锻炼。

三、支持对外及对港澳台文化交流的工作经验

这些项目有效配合了国家外交大局和对港澳台工作的需要，展现了中国形象，传播了中国声音，彰显了资助成效，为同类项目积累了宝贵经验。

一是优质的内容是“走出去”的根本基础。作品是立身之本，这些项目在内容上坚持以社会主义核心价值观为引领，坚持发展社会主义先进文化、弘扬革命文化、传承中华优秀传统文化并重，着力展现新时代党和国家事业取得的历史性成就、发生的历史性变革，努力以时代精神激活中华优秀传统文化的生命力，结合国内受众欣赏特点，努力推进中华优秀传统文化创造性转化和创新性发展，同时在制作方面反复打磨、精益求精，在“走出去”之前，多已获得国内的专家认可、群众欢迎。比如话剧《茶馆》欧洲巡演、《新刘三姐》走进东盟、越剧《梁山伯与祝英台》欧洲美洲大洋洲巡演、百年名社千秋印学：西泠印社“世界非遗——中国篆刻艺术”海外交流推广等项目之所以取得较好反响，与作品的内容质量密不可分。

二是创新的形式是“走出去”的重要手段。这些项目注重坚守中华文化立场，重视民族艺术形式，继承发扬民族民间文学艺术传统，着力拓展风格流派、形式样式，努力向世界展示中国气派、中国风范，同时认真学习借鉴世界各国优秀的艺术形式和艺术语言，坚持辩证取舍、推陈出新，利用世界的经典艺术语言表达中国优秀的主题内容，实现了中西合璧、融会贯通。比如民族器乐剧《玄奘西行》赴英国、日本巡演，不仅展现中国艺术形式，同时展现维吾尔族、哈萨克族、塔吉克族等“一带一路”沿线国家的乐器。芭蕾舞剧《牡丹亭》欧洲巡演、钢琴协奏曲《红楼梦》传播交流推广等项目本身就是西方经典艺术形式和中国文化题材的结合，这样的项目更易激发国外观众的热情与喜爱。还有部分项目积极顺应现代科技发展潮流，将“艺术＋科技”的最新探索成果应用到海外传播中，受到海内外受众的欢迎，比如“互联网＋地方戏曲传播推广平台”面向全球受众打造了地方戏传播互动新媒体平台，“名画大观——《韩熙载夜宴图》数字艺术展”被评为苹果商店年度最佳App。

三是科学的管理是“走出去”的坚实保障。和国内项目相比，对外文化交流项目对策划要求高、牵涉环节多、涉及因素广、开展难度大，对项目管理提出更高的要求。优质项目注重全流程的科学管理，在执行前根据项目特征、受众特征、场馆条件等制订周全的演出展览计划，在执行中严格实施各项计划，把控各个工作环节和关键节点，注重加强人员管理，规避演出风险，在执行后注重维护合作关系，加强经验总结，筹划长远计划，保持对外传播的持续性。比如锡剧《一盅缘》新加坡巡演，在正式出发前，先在国内进行了彩排预演；演出前一天，为当地观众进行了导赏讲座，演出中和演出后，得到了新加坡《联合早报》《海峡时报》等主流媒体的关注报道。又如《编钟乐舞》本身具有丰富的海外传播经验，在 1983 年（首演）到 1998 年，就曾出访美国、加拿大、卢森堡等 57 个国家或地区，演出超过 1000 场，对海外文化交流的工作流程、工作重点、具体细节等都很熟悉。管理中心也十分重视对“走出去”项目的管理，建立完善了“行前指导”工作机制，努力做好“走出去”项目行前外事教育和安全培训工作，要求项目主体牢固树立政治意识，注重传播质量，提升传播效果。这些经验做法为后续项目提供了宝贵借鉴，对提升艺术基金资助管理效能具有积极意义。

当然，也要看到当前工作还有一些不足，主要表现在资助管理政策有待完善，有关规定还不能完全适应海外项目运作特点，在项目管理的科学性、资金使用的便捷性等方面还有优化空间；资助重点需要进一步明确，需要通过主动引导，加强“走出去”项目的统筹协同，不断提升“组团出海”的影响力；部分项目主体“走出去”的经验不足，海外推广能力较弱，与国际知名经纪公司、场馆、媒体等合作较少，走进主流场馆、主流人群的程度还不够，利用主流媒体宣传自身的能力还不足，实现商业运营的本领还不强；部分项目进行海外文化交流时，未能做到因地制宜，未能充分考虑目标国家的文化特色、受众心理、媒介特征等，导致“走出去”，但不能“走进去”等，这些问题都需要在未来工作中研究解决。

四、进一步做好对外及对港澳台文化交流的意见建议

党的二十大报告立足党和国家事业发展全局，对“推进文化自信自强，铸就社会主义文化新辉煌”作出全面部署，首次将“增强中华文明传播力影响力”作为重点任务、单列章节进行部署安排，充分体现了以习近平同志为核心的党中央对深化

文明交流互鉴、推动中华文化更好走向世界的高度重视。2023 年是国家艺术基金设立 10 周年，管理中心将以此为契机，认真学习贯彻习近平总书记关于对外及对港澳台文化交流工作重要论述精神，贯彻落实文化和旅游部有关安排部署，根据《国家艺术基金“十四五”时期资助规划》设定的目标任务，明确方向、突出重点、加强创新、统筹兼顾，进一步做好对外及对港澳台文化交流有关工作，努力扩大项目影响，不断提升资助成效。

一是加强调查研究，优化项目资助政策。学习贯彻党中央关于加强调查研究的指示精神，贯彻落实文化和旅游部开展调查研究的部署要求，聚焦对外及对港澳台文化交流项目，深入行业前沿、项目一线，将收集到的问题诉求，及时转化为提升资助效能的好点子、好思路、好政策。充分考虑海外文化交流项目的资源需求和传播规律，进一步研究提高项目资助额度、资金比例，持续优化项目管理和资金使用有关规定，为“走出去”项目提供更多便利；进一步完善面向港澳特区的项目政策，根据《国家艺术基金章程》和港澳地区实际，加强与香港、澳门中联办的合作，继续优化申报材料、项目管理、资金管理有关规定，为港澳地区艺术单位和艺术工作者提供更好服务；进一步做好申报宣讲，将对外文化传播有关项目政策讲深讲透，把好的经验传达到位，充分打消“走出去”的顾虑，努力调动项目主体的积极性主动性，把党中央、国务院的有关战略部署以及文化和旅游部的具体安排，落实在项目策划的初始环节。

二是明确资助重点，提高评审精准度。要紧密围绕国家总体外交大局和对港澳台工作需要，进一步明确资助重点，对胸怀“国之大者”，提高政治站位，对坚守中华文化立场，讲好中国故事、传播好中国声音，展现可信、可爱、可敬的中国形象的项目；利用现代科技手段，深入实施国家文化数字化战略，致力于加强国际传播能力建设，提升国际传播效能的项目；服务共建“一带一路”倡议、全球文明倡议等策划实施的项目；配合“茶和天下”·雅集活动、“欢乐春节”等品牌活动开展的项目；支持香港打造中外文化艺术交流中心，澳门打造以中华文化为主流、多元文化共存的交流合作基地，推动两岸共同弘扬中华文化的项目等给予适度倾斜，加大资助力度。在项目评审中，充分考虑对外项目的特殊性，在艺术创作专家、项目管理专家和财务专家的基础上，加大对具有丰富对外文化交流工作经验专家的使用比例，特别是曾长期在驻外使领馆、海外中国文化中心、驻外旅游办事处等工作的同志，将他们吸纳成为评审专家，进一步提高项目精准度。

三是加强培训指导，提高项目实施水平。充分发挥国家艺术基金的平台优势，整合国际文化交流经验丰富的机构、单位和专家力量，针对对外及对港澳台文化交流的项目的难点痛点，加强项目培训指导，不断提高项目主体开展对外及对港澳台文化交流的工作能力，推动项目规范化实施、高水平呈现。研究建立项目“结对子”帮扶机制，鼓励海外文化传播经验丰富的项目主体发挥优势，为部分经验较少的项目提供针对性帮助。不断提升服务意识，与海外艺术基金和主流场馆等建立合作关系，搭建服务平台，当好供需双方沟通合作的桥梁，为“走出去”项目的场馆、人才、媒体等需要提供便利。要增强全局观念，加强统筹引导，树立对外文化交流工作“一盘棋”的意识，综合把握“走出去”项目的内容主题、艺术形式、传播范围、时间节点等，指导项目之间加强配合，形成彼此借力、接续传播、持续影响的良好势头，不断扩大“组团出海”的影响力。

四是注重因地制宜，提升项目传播效能。指导项目主体在项目策划实施中，充分考虑国外受众的审美习惯，既要彰显中国特色，也要尊重各国的历史特点、文化传统，尊重各国人民选择的发展道路，在共情中不断增强中华民族的归属感、认同感、尊严感、荣誉感。要注重用好当地力量，坚持主动作为和借力借势相结合，加强与对中华文化感兴趣或擅长运营中国文化项目的国际艺术机构的合作，策划更多符合当地观众口味和传播规律的活动。做好与海外中国文化中心、驻外中国媒体、海外中国公司、华人华侨等方面的联系沟通，请他们为项目提供把关定向、决策咨询等帮助，不断扩大对外及对港澳台项目的传播效能，努力为推动中华文化“走出去”、增强中华文明传播力影响力作出更大贡献。

调动社会资源
探索资助项目成果运用和转化新机制的调研报告

截至2023年，国家艺术基金共资助青年艺术创作人才项目2032项，通过为作品创作提供直接支持，组织优秀作品演出、展览、演播、出版，资助推出了一批听党话、跟党走，热爱祖国、忠于人民，坚守艺术理想，追求德艺双馨，讲品位、讲格调、讲责任，努力多创新、出精品，勇于挑大梁、当主角的优秀青年文艺工作者。资助艺术人才培训项目922项，参加培训的艺术创作、经营管理和文艺评论业务骨干达2.7万人次。帮助文艺工作者不断提高学养、涵养、修养，加强思想积累、知识储备、文化修养、艺术训练，提升思想水平、业务水平、道德水平，造就了一批有影响的各领域文艺领军人物，建设了一支宏大的文艺人才队伍。

10年来，经专家遴选，共有389位青年艺术工作者的565件（组）作品入选了国家艺术基金青年艺术创作人才、艺术人才培训美术类成果运用，涵盖了中国画、书法篆刻、油画、水彩（粉）画、版画、雕塑、摄影和工艺美术等艺术类型。

为全面总结国家艺术基金设立10周年工作经验，用好资助成果，发挥优秀项目引领、示范、带动作用，谋划目标任务和工作思路，建立健全资助成果运用机制，进一步拓展和探索成果运用和转化的路径、方式，发挥国家艺术基金资助项目的导向性、代表性、示范性作用，并结合服务公共文化体系建设，调研组采用沉浸式体验、田野调查、问卷调查、考察走访等方法和形式开展了本调研。

经过一年时间，调研组前往了港澳特区、重庆市、四川省宜宾市、江西省的南昌市和宜春市、西藏自治区拉萨市，其中有代表性、典型性的15个省、市、县级企事业单位、民营文化艺术机构，如香港故宫文化博物馆、香港M+博物馆、香港集古斋、香港艺术馆、澳门科技大学、四川美术学院、国泰艺术中心、江西省美术馆、八大山人纪念馆、宜春美术馆、南昌高新区美术馆、千年时间艺术中心、萍乡 799 艺术区、西藏群众艺术馆、介观艺术中心等艺术机构、单位，了解其文化艺术业务，藏品的管理、运用、宣传推广现状，听取各调研对象对成果运用机制、合作方式和路径提出的多方面的意见和建议，就美术作品的保管、公共文化服务建设、资金匹配和场地使用等方面进行交流，收集问卷反馈。

与宜春美术馆合作举办了“中国艺术新视界·与时代说”——国家艺术基金青年艺术创作人才、艺术人才培训美术类成果运用作品展以及“新时代语境下的个体表达与时代叙事”研讨会和系列公教活动，与西藏自治区群众艺术馆、介观艺术中心合作举办了国家艺术基金青年艺术创作人才、艺术人才培训美术类成果运用摄影作品展。调研组将两次展览作为引进社会资源、深化成果运用、服务基层群众、体现公益属性的案例，对其展开了研究。

一、青年艺术创作人才美术类资助项目成果转化和运用现状

国家艺术基金管理中心自 2016 年协调开展了资助成果管理和运用工作，方式包括展览、出版、网络宣传推介等具体方式。

其中，从 2016 年开始协调实施“中国艺术新视界”——国家艺术基金青年艺术创作人才、艺术人才培训美术类成果运用作品巡展，巡展作品包括了入选成果运用的 389 位青年艺术工作者的 565 件（组）作品，截至目前，已经在包括香港、澳门在内的 31 个省（自治区、直辖市）举办了 51 场，观展人数 100 万人次。配合展览，管理中心协调青年艺术工作者的采访并刊发于国家艺术基金官网、官微，出版了作品集 4 部、评论集 3 部，搭建了专题页面和每位入选青年艺术工作者的个人页面。网络阅读量和转发量超过 300 万次，相关微博话题阅读量达 100 万人次。

同时，围绕青年艺术作品，拍摄并推送了云看展、艺术公开课、艺术工作坊栏目，在郑州美术馆录制的云看展视频，在文旅中国客户端播放量为 22 万次，在抖音的播放量达 4 万次，“什么是主题性创作”艺术公开课视频在抖音播放量达 4.2 万次，“艺术工作坊：王伟·摄影艺术”在抖音播放量达 2.1 万次，突破了时空限制，为广大群众欣赏国家艺术基金资助成果提供了便利，满足了人民群众的精神文化需求。2023 年，

管理中心开展了“讴歌新时代”——学习宣传贯彻党的二十大精神国家艺术基金资助成果网络展览，在文化和旅游部政府门户网站、国家艺术基金官方网站、“学习强国”等平台，宣传推介青年艺术工作者作品。

二、社会各方面对国家艺术基金资助成果运用现状的认识和建议

调研中，有80%的艺术单位、机构表示愿意收藏国家艺术基金资助项目成果作品，50%的艺术单位、机构表示可以视情况提供收藏费用。有94%的受资助的青年艺术工作者对管理中心将其作品推荐给公共美术馆收藏为正面反馈，61%的青年艺术工作者可以考虑无偿捐赠，90%的青年艺术工作者对管理中心推荐其成果作品进入艺术市场进行交易为正面反馈。辽宁美术馆、河北美术馆、湘东区美术馆、江西美术馆、香港大学饶宗颐学术馆等艺术单位、机构均表示愿意利用双方资源和优势，与管理中心合作开展国家艺术基金成果运用活动。

调研对象普遍肯定了艺术基金对盘活各地、各单位和机构艺术资源的作用，特别是对申报和实施资助项目展示了较高兴趣，很多此前未作为调研对象的文艺工作者，也主动说明曾作为参与者、接受者与资助项目成果产生过联系，各级机构、单位的艺术工作者都有所涉及，如画家、演员、创编者，学员等；资助成果运用方面，参与调研的大部分省属和市属艺术单位对“中国艺术新视界·与时代说”巡展有所了解，比较认可国家艺术基金开展的成果运用活动。

三、艺术单位（机构）艺术成果转化和运用现状

在调研中，调研组发现很多新开馆的美术馆缺乏高质量藏品，如新疆美术馆、青海美术馆等；部分地区也体现了美术藏品与场馆级别、条件不匹配的情况，如江西省共有美术馆48家，其中，省级美术馆1家、市级美术馆11家、县区级美术馆36家，区县级美术馆数量占绝大多数；但藏品方面，全省美术馆藏品14670件，其中上饶美术馆（上饶艺术博物院）5570件、江西省美术馆986件；开展作品配套收藏的香港艺术馆，不仅收藏本地艺术家的创作，并保存艺术家赠送的相关资料作为收藏，同时利用藏品和馆藏资料与第三方合作，进行多个研究项目，建立本地艺术的研究脉络。

在藏品运用方面，除了交流展、常设展之外，部分省、市级美术馆与国家级美术馆开展了联展，如八大山人纪念馆“金石·禅心——中国美术馆藏吴昌硕作品特展”，以及由中国美术馆主办、江西省美术馆承办的“为新时代人物塑像”等。

一些艺术机构还开展了青年艺术家驻留计划，结合了场馆条件，形成“创作—展览—公共教育”为一体的生产和接受链条，如萍乡799艺术区，邀请艺术家和当地村民共创，以“乡村美育+乡村振兴”为切入点，通过艺术区带动，发展一系列文旅、农旅深度融合的产业项目，既增强了乡村经济硬实力，也提升了乡村文化软实力，成为双赢的模式和范例。

四、调动社会资源开展资助项目成果运用的实例

在调研中，调研组发现，很多市县级美术馆有缺少高水平藏品和交流机制的现象，国家艺术基金的资助项目成果运用活动在这方面可以发挥作用，如在与宜春美术馆、西藏自治区群众艺术馆、介观艺术中心的合作中，调研组通过各种艺术活动，一方面，为基层青年文艺工作者提供了优质艺术作品和沟通平台，当地青年艺术家有机会与其他地区的高水平艺术家产生联系，并可以更加深入地讨论申报实施艺术基金项目的细节，另一方面，这些艺术活动又丰富了艺术爱好者、中小学生、幼儿等基层群众的文化精神生活，充分发挥了各自优势，形成工作合力。

在展览中，中学教师、国企职工、退休干部、在校大学生等社会各方面艺术爱好者都作为志愿者参与到导览工作中，得到了观众的正面反馈。同时，也在国家艺术基金官方网站、微信公众号、抖音、央视频等平台上线了云看展视频。

截至2023年6月11日闭展，“中国艺术新视界·与时代说”——国家艺术基金青年艺术创作人才、艺术人才培训美术类成果运用作品展览共吸引了8388人次观展，自发组织前来的高校、职高、中专包括宜春学院、宜春职业技术学院、宜春幼儿师范高等专科学校等，中小学包括宜春四中、宜阳二中、宜阳学校、官园小学、宜春市袁州区芦村镇韩塘小学等，还有宜春经济技术开发区消防救援大队消防员也前来观展。

这两次活动让资助成果走出库房，利用了各方面资源，以艺术公共服务均等化为抓手，便利不同人群欣赏到优秀的资助成果，缩小城乡、区域、群体之间的差距，提高国家艺术基金资助成果展示和运用的公平性、便捷性、实效性，保障了青年文艺工

作者和人民群众的基本文化权益。

五、现有成果运用中存在的问题

（一）对资助成果运用工作不了解

很多调研对象对资助项目成果运用活动的作品来源和运用方式虽然有一定认识，但程度不同，如部分仅听过活动名称，对于活动作品来源、运作方式方法等细节并不了解。

（二）与基层联系和互动不够深入

江西省萍乡市 799 艺术区、南昌高新区美术馆等在访谈中表示缺乏了解艺术基金的渠道，存在信息差，让调研组认识到成果运用工作还需要进一步深化，与基层建立更深层次的联系。

（三）成果运用方式还需要不断完善

现有的成果运用方式仍局限在以与省级美术馆合作为主的展览展示工作，开辟了线上展示渠道，以作品和艺术工作者展示为主，对象和手段相对比较单一，还未将更广泛的展示手段、渠道纳入工作中。

六、优化成果运用的工作设想

（一）以成果运用为抓手，促进申报积极性，推动提高项目质量

通过调研发现，成果运用工作的意义不仅仅在于展示作品，通过丰富成果运用的方式和渠道，延伸资助效应，让广大青年文艺工作者接触国家艺术基金成果以及成果运用展示活动的途径就更多样，申报国家艺术基金的积极性也被调动；另外，已经实施资助的项目主体，通过参与成果活动，也可以吸收优秀项目的优势，对标自身项目质量，这对全面发挥国家艺术基金引领性、示范性和导向性作用有重要作用。

（二）引进社会资源，灵活开展成果运用工作

调研中，小组发现了很多不平衡的现象，也存在着诸多优势资源、可借鉴的方式方法，对于成果运用工作补齐短板、利用优势、灵活开展成果运用工作有很大帮助。在新时代的语境下，调研组认为，成果运用不仅是展示，更需要运用各种方式方法，开展联展、学术展、文献展、线上展等，推荐收藏，开展研究梳理等。为进一步做好成果展示，可以进一步提升核心内容质量，扩大作品展示范围；优化作品保存管理方式，多方合作，分类规划；创新展陈理念，使用新方式，结合新科技展示作品；继续开展工作坊、艺术公开课、导览等活动，形成文化惠民、美育的社会效应；拓展学术工作的方式方法，形成良好的理论氛围。

（三）服务基层文艺工作者，做好公共文化服务，充分体现公益属性

成果展示惠及文艺工作者以外，也应服务于公共文化服务体系建设，推进基层文化产品供给侧改革，通过成果运用工作构建艺术共享的业态，将优质文艺作品和服务延伸至基层，为增强基层民众文化获得感和幸福感作贡献。特别是围绕资助成果，协调开展各类型艺术活动，将优质文艺作品和服务延伸至基层，将艺术基金的资助成果直接送到艺术创作、学术研究和公众审美的第一现场，真正做到艺术为人民服务，为社会主义服务，有利于成果的推广，也为地方艺术机构和艺术专业院校（学院）提供优质的艺术作品和当下青年艺术创作的新样态。

工作报告

国家艺术基金 2023 年度资助项目
申报情况报告

国家艺术基金于 2022 年 3 月 1 日发布了《国家艺术基金（一般项目）2023 年度资助项目申报指南》，于 2022 年 4 月 15 日至 6 月 15 日面向社会受理项目申报。全国各级各类艺术机构、单位和广大文艺工作者热烈响应，积极申报。兹报告申报情况如下。

一、基本情况

国家艺术基金资助项目管理系统（以下简称“项目管理系统”）是项目申报主体填写和提交申报项目的网络平台。受理期内，项目申报主体通过项目管理系统在线填报项目 10658 项，最终共有 6201 个项目申报主体确认提交 9017 个项目，申请资助资金总额约 49 亿元。

在 6201 个项目申报主体中，艺术机构、单位 1860 家，文艺工作者个人 4341 位，分别占项目申报主体总量的 30% 和 70%。项目申报主体分布广泛，中央有关部门，各省（自治区、直辖市）、新疆生产建设兵团，香港特别行政区和澳门特别行政区所属机构、单位和个人积极参与项目申报。其中，机构提交的申报项目数量为 4676 项，占申报项目总量的 51.9%；文艺工作者个人提交的申报项目数量为 4341 项，占申报项目总量的 48.1%。

2023 年度申报项目情况

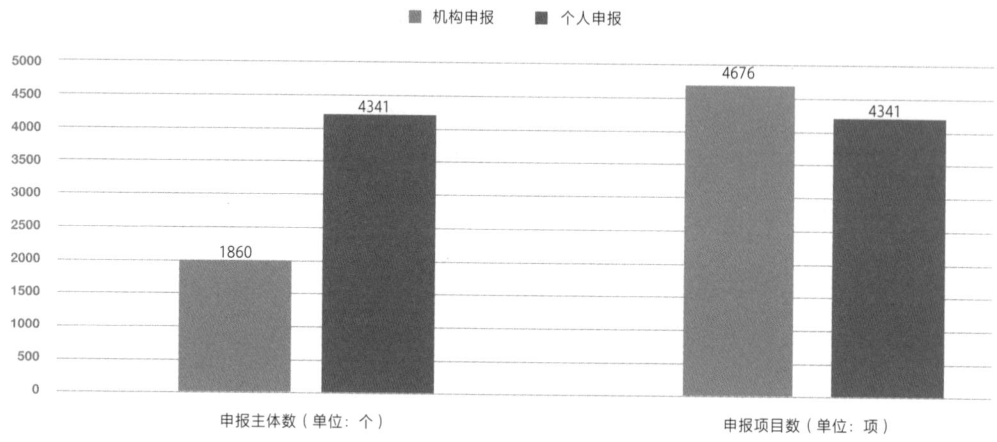

注：项目申报主体指向国家艺术基金申报资助项目的机构、单位或文艺工作者个人。

各年度申报项目数量对比

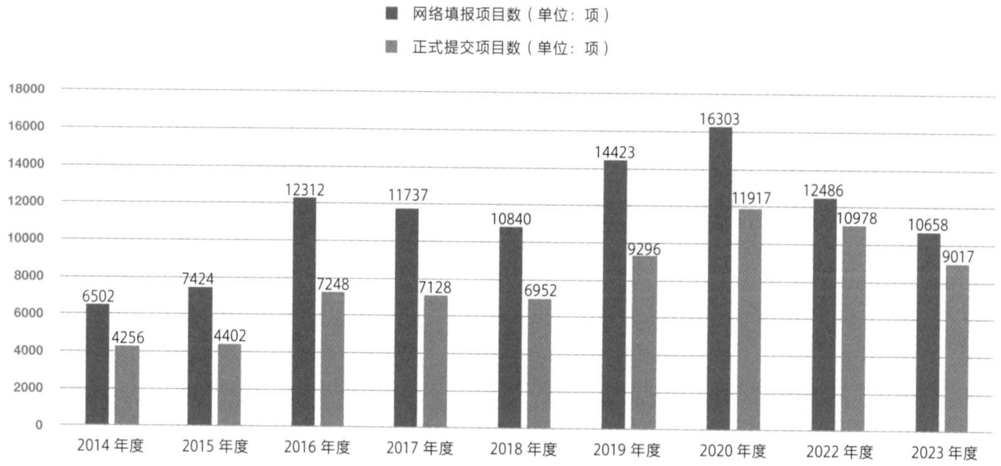

注：网络填报项目是指在国家艺术基金资助项目管理系统上注册的用户，填写了《项目申报表》的项目；正式提交项目是最终确定申报的项目；受新冠疫情影响，2020 年，国家艺术基金没有组织 2021 年度一般项目的申报评审工作。

与上一年度相比，本年度申报项目数量有所下降，降幅约为17.8%。主要基于以下原因：一是资助范围的调整。为进一步聚焦主责主业，更好地实现资助目标，从本年度起，传播交流推广资助项目不再资助运用新媒体通过互联网开展的演播项目、古代艺术品（文物）展览、非物质文化遗产原貌展示的项目；艺术人才培训项目不再资助古代艺术品（文物）保护修复人才培训、非物质文化遗产传承人培训和以城乡空间规划设计为主要内容的人才培训项目。二是受新冠疫情持续影响，舞台艺术作品创作、演出，美术作品展览和艺术人才培训项目的申报数量较上一年度有所下降。三是为保证申报项目质量，避免无效申报，本年度提高了对申报资格和申报材料的要求。

二、分类统计

（一）按项目类型统计

1. 舞台艺术创作项目

共有1317个项目申报主体申报了舞台艺术创作项目，申报项目数量为2846项，申请资助资金总额为23.5亿元。其中，申报大型舞台剧和作品创作项目的数量为956项，申报小型剧（节）目和作品创作项目的数量为1890项。

各年度申报舞台艺术创作项目情况

（单位：项）

年度 \ 项目类型	2014	2015	2016	2017	2018	2019	2020	2022	2023
大型舞台剧和作品创作项目	1056	1138	1106	966	981	1119	1129	1146	956
小型剧（节）目和作品创作项目	942	789	1389	1467	1629	2179	2424	2335	1890

注：2015年度大型舞台剧和作品创作项目中，317项为重大加工修改提高项目。

大型舞台剧和作品创作项目中，戏曲类项目申报量最高，共计317项，占比约33%。

2023 年度申报大型舞台剧和作品创作项目艺术类型分布情况

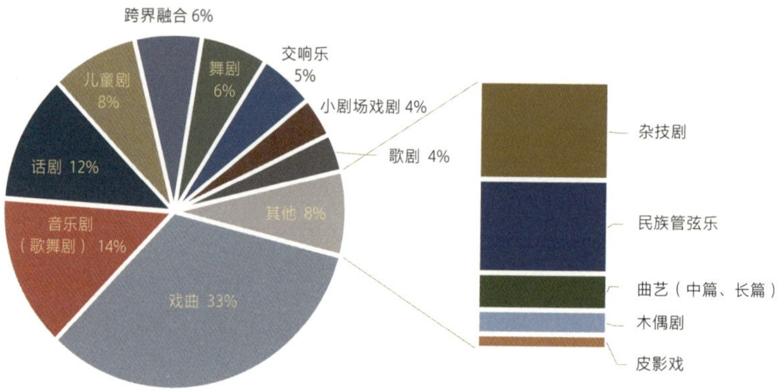

小型剧（节）目和作品创作项目中，由市、县基层文化艺术机构、单位申报的有922 项，约占该类申报项目的 48.8%。

2023 年度申报小型剧（节）目和作品创作项目艺术类型分布情况统计

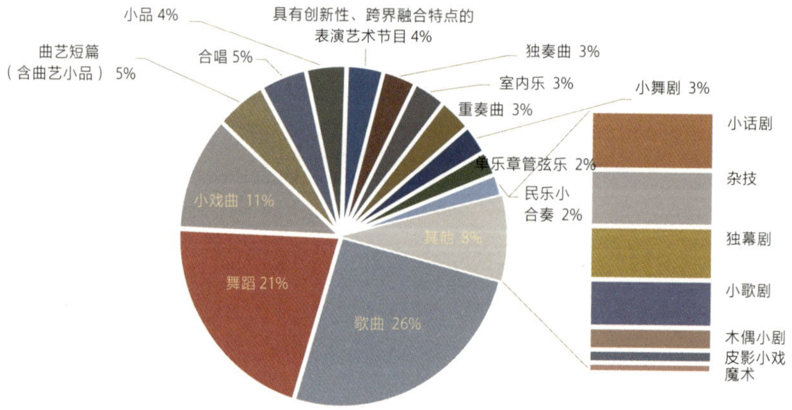

2. 传播交流推广项目

共有 552 个项目申报主体申报了传播交流推广项目，申报项目数量为 754 项，申请资助资金总额为 8.5 亿元。其中，在国内实施的项目为 739 项，占比为 98%（演出类项目 353 项、展览类项目 386 项）；在国外实施的项目为 15 项，占比约 2%（演出类项目 1 项、展览类项目 14 项）。

2023 年度申报传播交流推广项目艺术类型分布情况统计

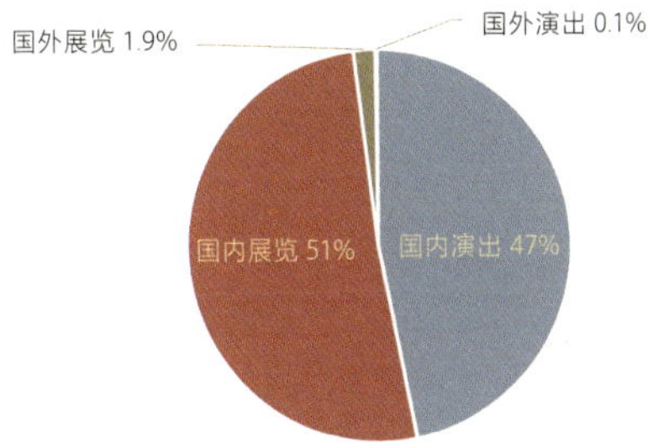

3. 艺术人才培训项目

共有 493 个机构申报了艺术人才培训项目，申报项目数量为 1076 项，申请资助资金总额为 12.6 亿元。

从艺术门类看，舞台类艺术人才培训项目 455 项，工艺美术类艺术人才培训项目 295 项，美术、书法、摄影类艺术人才培训项目 326 项。从培训周期看，短期培训项目 1050 项，中长期培训项目 26 项。

2023 年度申报艺术人才培训项目艺术类型分布情况统计

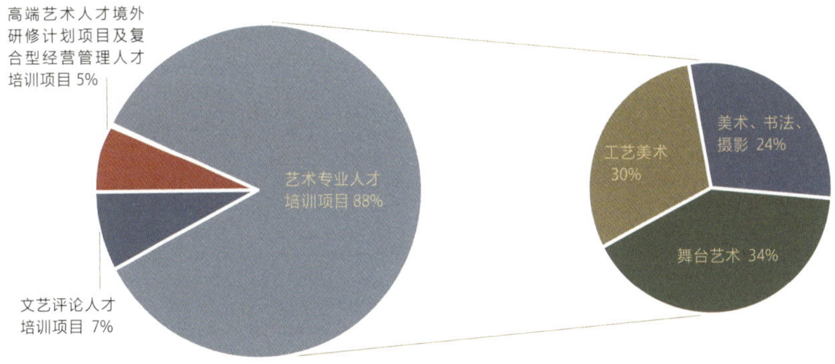

4. 青年艺术创作人才项目

共有 2582 位青年文艺工作者申报了青年艺术创作人才项目。按艺术门类统计，舞台类项目申报数量为 871 项，占青年艺术创作人才项目申报总量的 33.7%，其中舞蹈、舞剧编导人才项目数量为 178 项，戏剧编剧、曲本作者创作人才项目数量为 196 项，音乐作曲创作人才项目数量为 213 项，舞台艺术表演人才项目数量为 284 项；美术类项目申报数量为 1468 项，占青年艺术创作人才项目申报总量的 56.9%，其中美术创作人才项目数量为 890 项，书法摄影创作人才项目数量为 167 项，工艺美术创作人才项目数量为 411 项；文艺评论人才项目申报项目数量为 243 项，占青年艺术创作人才项目申报总量的 9.4%。

2023 年度申报青年艺术创作人才项目艺术类型分布情况统计

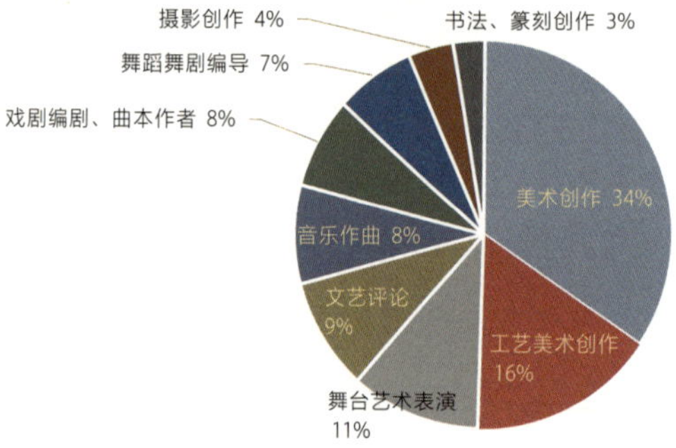

5. 美术创作项目

共有 1759 位项目申报主体申报了美术创作项目。其中，中国画项目数量为 564 项，油画项目数量为 552 项，雕塑项目数量为 224 项，版画项目数量为 106 项，水彩（粉）画项目数量为 143 项，漆画项目数量为 69 项，书法篆刻项目数量为 101 项。

2023 年度申报美术创作项目艺术类型分布情况统计

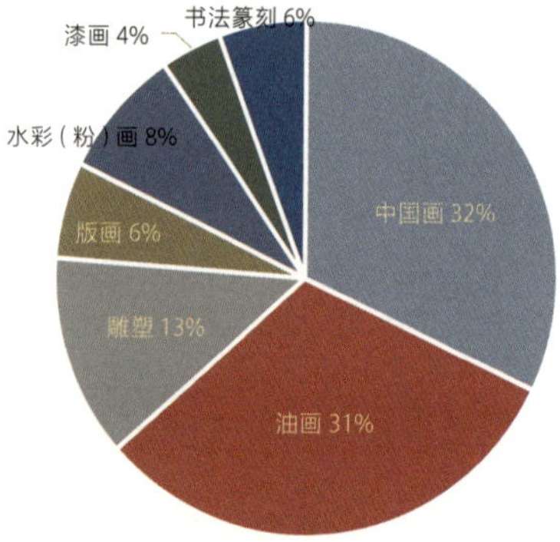

（二）按项目申报主体类型统计

据统计，项目申报主体为机构的申报项目 4676 项，占申报项目总量的 51.9%；项目申报主体为个人的申报项目 4341 项，占申报项目总量的 48.1%。在机构项目申报主体中，国有机构、单位申报项目数量为 3971 项，占申报项目总量的 44%。其中，事业单位申报项目数量为 3163 项，国有企业申报项目数量为 808 项。非国有机构、单位申报项目数量为 705 项，占申报项目总量的 7.8%。其中，民营企业申报项目数量为 377 项，民办非企业类文化艺术机构申报项目数量为 193 项，社会团体申报项目数量为 135 项。

各类型申报主体申报项目情况统计

（单位：项）

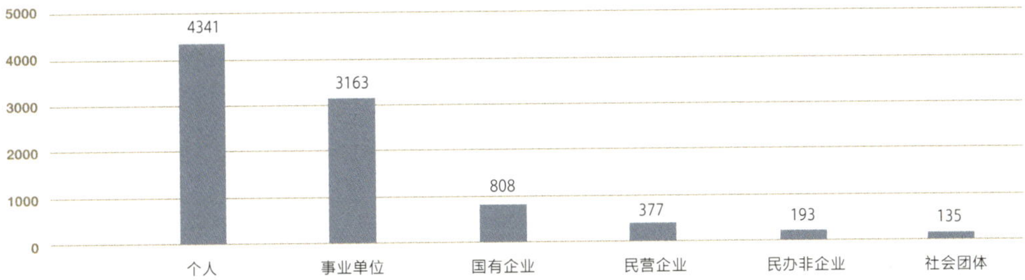

（三）按项目申报主体所属地区统计

各省（自治区、直辖市）、新疆生产建设兵团、香港特别行政区和澳门特别行政区所属艺术机构、单位和文艺工作者，申报项目数量依次为：北京 1030 项、山东 576 项、浙江 531 项、四川 470 项、江苏 455 项、湖北 420 项、河南 389 项、广东 378 项、河北 369 项、陕西 368 项、安徽 352 项、湖南 299 项、辽宁 284 项、云南 272 项、上海 271 项、广西 259 项、天津 234 项、江西 217 项、吉林 209 项、福建 194 项、甘肃 193 项、内蒙古 165 项、贵州 165 项、宁夏 164 项、重庆 163 项、山西 151 项、黑龙江 121 项、新疆 111 项、海南 55 项、澳门 53 项、香港 32 项、西藏 26 项、新疆生产建设兵团 24 项、青海 17 项。

各地区申报项目情况统计

（单位：项）

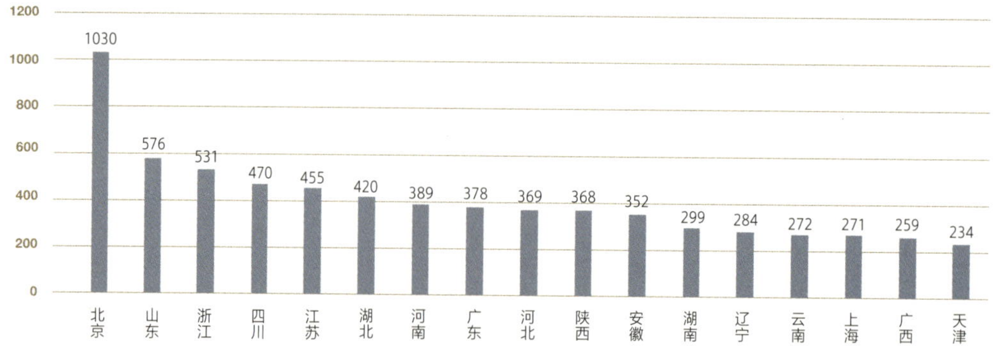

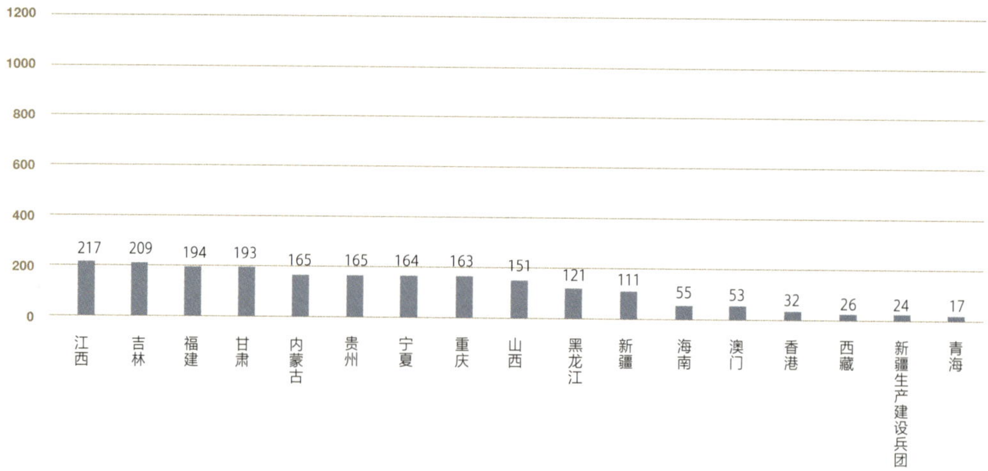

三、特点分析

（一）以习近平新时代中国特色社会主义思想为指导，深入贯彻党的十九大和十九届历次全会精神，积极引导艺术创作与艺术活动

2023 年 3 月，文化和旅游部发布了《国家艺术基金“十四五”时期资助规划》，明确了国家艺术基金“十四五”时期项目资助管理的指导思想、方针原则和目标任务。结合“十四五”时期资助规划，艺术基金在研究制定《2023 年度资助项目申报指南》中按项目类型明确提出了资助重点和申报要求。从 2023 年的项目申报情况看，资助

规划初步发挥了政策引导作用。据统计，申报的舞台艺术创作项目和美术创作项目主要方向是，计划创作生产一批围绕迎接和学习贯彻党的二十大精神，着力描绘新时代新征程恢宏气象的重大现实题材作品；聚焦党团结带领人民在奋斗过程中涌现的光辉事迹、先进人物、重大成就和伟大精神组织创作的重大革命题材作品；挖掘时代内涵和价值创作的重大历史题材作品和传承弘扬中华优秀传统文化题材作品。申报的传播交流推广项目主要方向是，选取改革开放以来特别是党的十八大以来创作生产的优秀艺术作品组织开展的演出、展览活动；策划一系列具备公益属性，深入市、县基层，深入革命老区、民族地区、边疆地区开展的优秀艺术作品演出、展览活动；围绕曾获得过国家艺术基金舞台艺术创作项目资助，在结项验收后继续进行重大加工修改提高，艺术质量有明显提升的作品组织开展的巡演活动。申报的艺术人才培训项目主要方向是，以培养各领域艺术领军人物为目标组织策划的艺术人才培训活动；为推动舞台艺术和美术事业传承和长远发展而培育特殊、急需、紧缺艺术人才的培训活动；立足基层艺术事业发展需要组织开展的优秀实用型艺术人才培训活动；培养有利于戏曲艺术传承发展的优秀艺术人才培训活动。

（二）统筹指导，创新方式，加强协作，申报辅导动员工作深入细致、扎实有效

申报期内，管理中心克服新冠疫情影响，采取“线上和线下相结合”“主会场和分会场相结合”的方式，面向福建、湖南、河北、陕西、宁夏、四川、广东、西藏、甘肃、上海 10 个省（自治区、直辖市）和港澳特区的艺术机构、单位和文艺工作者开展 2023 年度资助项目申报动员辅导，与文化和旅游厅（局）合力做好艺术基金项目申报工作。对 20 余家艺术院校师生、中国文联研修院文艺工作者、文旅部直属单位青年同志开展申报辅导培训，帮助申报主体提高申报项目和材料的质量水平。以函件回复的形式解答港澳特区艺术机构和文艺工作者在申报中遇到的困难，开展线上辅导答疑。

（三）广泛调动社会参与文艺创作的积极性，艺术基金服务社会主义文艺繁荣发展的作用日益凸显

艺术基金经过 10 年的运行，通过积极引导，有效激发了各类艺术机构、单位和

广大文艺工作者开展艺术创作与艺术活动的积极性。从主体类型看，机构项目申报主体申报项目 4676 项，占申报总量的 51.9%；文艺工作者个人申报项目 4341 项，占申报总量的 48.1%。在 2023 年度申报指南进一步提高申报条件的前提下，1860 家艺术机构和单位中，有 1063 家连续两年申报艺术基金项目，申报项目 3562 项，占机构申报项目总量的 76.2%；另有 797 家新申报的艺术机构和单位，申报项目 1114 项，占机构申报项目总量的 23.8%。从项目类型看，在 9017 个申报项目中，舞台艺术创作项目 2846 项，占申报总量的 31.6%，其中大型舞台剧和作品创作项目 956 项，占申报总量的 10.6%，小型剧（节）目和作品创作项目 1890 项，占申报总量的 20.9%；传播交流推广项目 754 项，占申报总量的 8.4%；艺术人才培训项目 1076 项，占申报总量的 11.9%；青年艺术创作人才项目 2582 项，占申报总量的 28.6%；美术创作项目 1759 项，占申报总量的 19.5%。总体上看，本年度申报项目质量进一步提高，各艺术机构、单位和文艺工作者精心策划、认真准备申报方案，辅助材料更为完整，预算填报更为规范，为下一步开展项目评审工作打下了基础。

国家艺术基金 2023 年度项目评审报告

国家艺术基金于 2022 年 3 月 1 日发布了《国家艺术基金（一般项目）2023 年度资助项目申报指南》，于 4 月 15 日至 6 月 15 日面向社会受理项目申报。经国家艺术基金专家评审，共评选出立项资助项目 703 项，综合立项率约为 7.8%，其中，年度一般项目 685 项，一般（地区）项目 18 项。现将申报评审情况报告如下。

一、项目申报

在各级文化和旅游行政部门支持下，各级各类艺术机构、单位和广大文艺工作者热烈响应、积极参与。申报受理期内，共有 7484 个项目主体通过信息系统在线填报项目 10658 项，最终有 6201 个项目主体确认提交 9017 个项目，申请资助资金总额约 49 亿元。

（一）申报项目类型

1. 大型舞台剧和作品创作项目

大型舞台剧和作品创作项目申报 956 项，占申报项目总量的 10.6%。其中，戏曲创作项目 317 项，音乐剧（歌舞剧）创作项目 134 项，话剧创作项目 113 项，儿童剧创作项目 79 项，具有创新性、跨界融合特点的表演艺术形式创作项目 61 项，舞剧创作项目 60 项，交响乐创作项目 50 项，小剧场戏剧创作项目 35 项，歌剧创作项目 33 项，杂技剧创作项目 27 项，民族管弦乐创作项目 26 项，曲艺（长篇、中篇）创作项目 10 项，木偶剧创作项目 7 项，皮影戏创作项目 4 项。

2. 小型剧（节）目和作品创作项目

小型剧（节）目和作品创作项目申报 1890 项，占申报项目总量的 21%。其中，小戏曲、独幕剧、小话剧、小歌剧、小舞剧等戏剧类创作作品 354 项，单乐章管弦乐、独奏曲、重奏曲、室内乐、民乐小合奏、歌曲、合唱等音乐类创作作品 840 项，舞蹈创作作品 397 项，曲艺短篇、小品、木偶小剧、皮影小戏、杂技、魔术等曲艺类创作作品 230 项，具有创新性、跨界融合特点的表演艺术节目创作作品 69 项。

3. 美术创作项目

美术创作项目申报 1759 项，占申报项目总量的 19.5%。其中，中国画创作项目 564 项、油画创作项目 552 项、雕塑创作项目 224 项、版画创作项目 106 项、水彩（粉）画创作项目 143 项、漆画创作项目 69 项、书法篆刻创作项目 101 项。

4. 传播交流推广项目

传播交流推广项目申报 754 项，占申报项目总量的 8.4%。从艺术门类看，舞台艺术作品演出类项目 354 项、美术作品展览类项目 400 项；从传播范围看，在国内实施的项目 739 项、在国外实施的项目 15 项。

5. 艺术人才培训项目

艺术人才培训项目申报 1076 项，占申报项目总量的 11.9%。从艺术门类看，舞台类艺术人才培训项目 455 项，工艺美术类艺术人才培训项目 295 项，美术、书法、摄影类艺术人才培训项目 326 项。从培训周期看，短期培训项目 1050 项、中长期培训项目 26 项。

6. 青年艺术创作人才项目

青年艺术创作人才项目申报 2582 项，占申报项目总量的 28.6%。其中，音乐作曲、戏剧编剧、曲本作者、舞蹈舞剧编导和舞台艺术表演人才等表演艺术类项目 871 项，美术、书法、摄影和工艺美术等造型艺术类项目 1468 项，文艺评论人才项目 243 项。

各项目类型申报情况统计

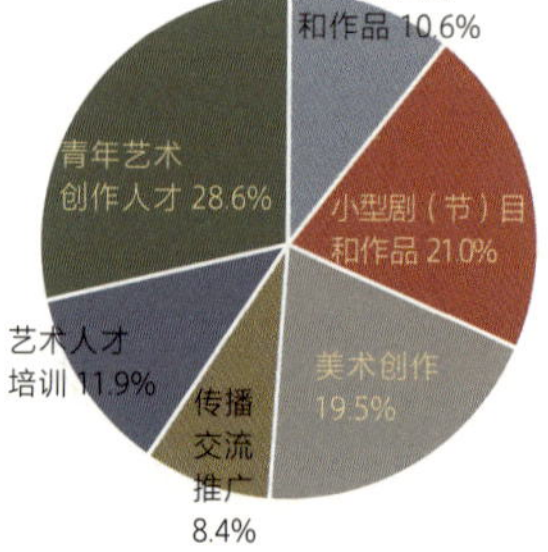

各项目类型申报情况年度对比

（单位：项）

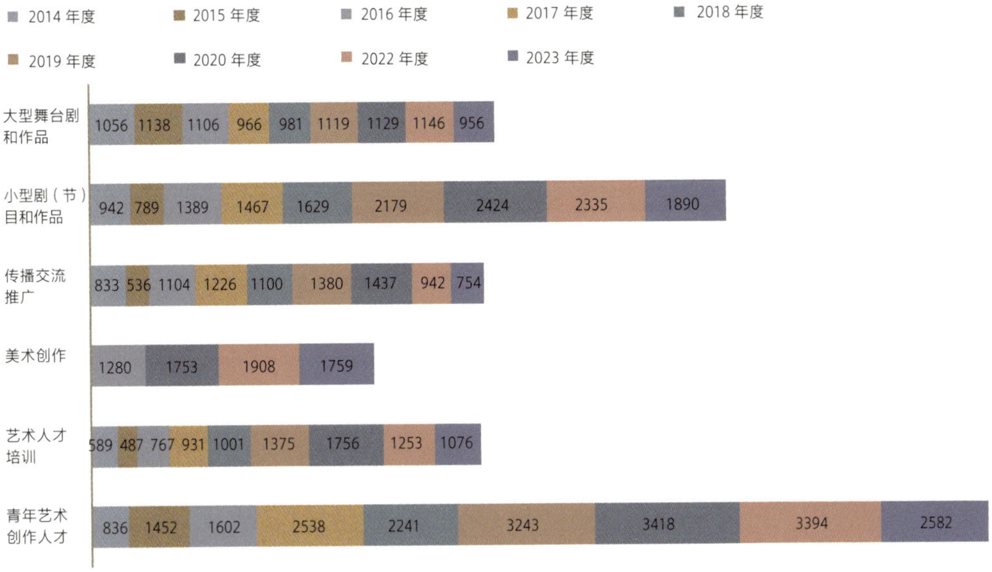

（二）项目主体类型

在 6201 个项目主体中，艺术机构、单位 1860 家，文艺工作者个人 4341 位，分别占项目主体总量的 30% 和 70%。

项目主体分布广泛，各省（自治区、直辖市）、新疆生产建设兵团以及中央有关部委办局所辖机构、单位和个人积极参与项目申报。其中，机构、单位提交的申报项目 4676 项，占申报项目总量的 51.9%；文艺工作者个人提交的申报项目 4341 项，占申报项目总量的 48.1%。在机构项目主体中，国有机构、单位申报项目 3971 项，占申报项目总量的 44%；非国有机构、单位申报项目 705 项，占申报项目总量的 7.9%。

各类型申报主体申报项目情况统计

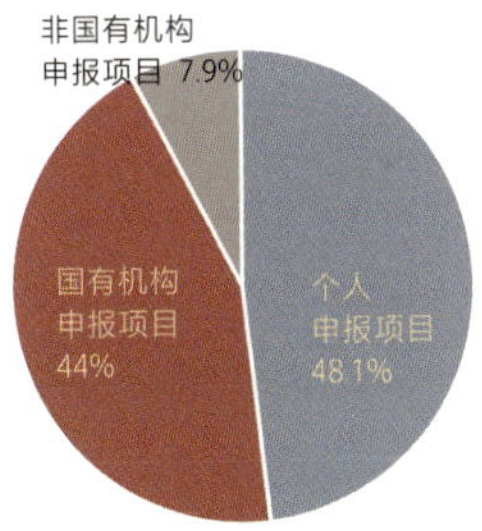

（三）申报项目地域分布

国内各省（自治区、直辖市）、新疆生产建设兵团、香港特别行政区和澳门特别行政区所属艺术机构、单位和文艺工作者，申报项目数量依次为：北京 1030 项、山东 576 项、浙江 531 项、四川 470 项、江苏 455 项、湖北 420 项、河南 389 项、广东 378 项、河北 369 项、陕西 368 项、安徽 352 项、湖南 299 项、辽宁 284 项、云南 272 项、上海 271 项、广西 259 项、天津 234 项、江西 217 项、吉林 209 项、福建 194 项、甘肃 193 项、内蒙古 165 项、贵州 165 项、宁夏 164 项、重庆 163 项、山西 151 项、黑龙江 121 项、新疆 111 项、海南 55 项、澳门 53 项、香港 32 项、西藏 26 项、新疆生产建设兵团 24 项、青海 17 项。

各地区申报项目情况统计

（单位：项）

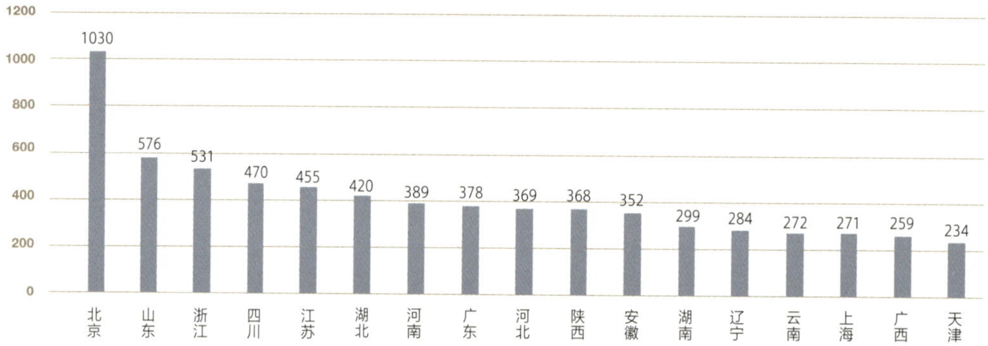

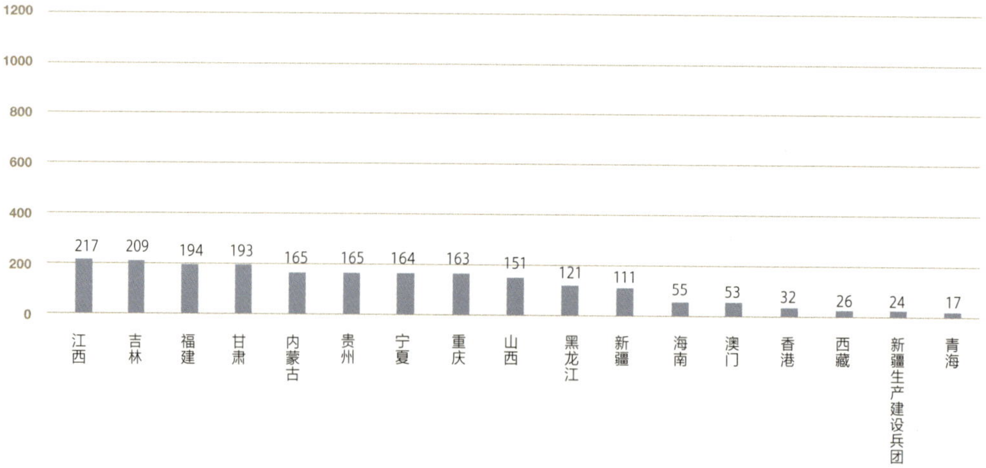

申报结束后，国家艺术基金管理中心根据《国家艺术基金申报项目受理审核标准》开展了审核工作，共有 8379 个项目通过受理审核参加网络评审，决定不予受理项目 638 项，受理审核通过率为 92.9%。申报项目未能通过受理审核的原因主要为：申报项目不在艺术基金资助范围内；项目主体资格不符合规定；申报材料不完整；重复提交申报项目。

二、项目评审

（一）专家培训工作

管理中心于 2022 年 9 月 9 日召开了国家艺术基金 2023 年度资助项目评审专家大会。会议以电视电话会议的形式召开，全国政协文化文史和学习委员会副主任、国家艺术基金理事会理事长雒树刚出席会议并讲话；文化和旅游部党组成员、副部长卢映川主持会议。艺术基金理事会理事，专家委员会委员，艺术基金专家库专家，文化和旅游部、财政部相关司局及责任处室负责同志，各省（自治区、直辖市）文化和旅游行政部门负责同志以及艺术基金委托管理机构相关负责同志分别在北京主会场和各地分会场参加了会议。会议从把握正确政治方向、坚持艺术质量标准、注重发挥公益属性、明确重点资助方向、科学组织服务工作、严格遵守纪律规范等方面，对资助项目评审工作提出了要求。

在网络评审开始前，管理中心将领导讲话、申报指南、评审指南、《国家艺术基金资助项目评审纪律》、《国家艺术基金专家委员会廉政管理的规定》等文件发送给评审专家，先学习再开展工作。在会议评审期间，管理中心组织召开了 10 次专家见面会，就会议评审工作要把握正确导向、做到标准严格、注重实施效果、适度兼顾平衡和坚持公正廉洁等提出明确要求。

管理中心结合近几年项目评审和实施过程中积累的经验和发现的问题，在项目评审前进一步修订完善了《国家艺术基金资助项目评审指南》，就不同类型项目有针对性地提出评审要求，明确评审重点，帮助评审专家更好地履行把关责任。为帮助会议评审专家准确理解评审指南的要求，管理中心在每个评审组正式评审前，安排了召集人沟通环节，在召集人的组织下进一步明确评审标准和评审要求，并就评审专家提出的问题进行集中讨论，解疑释惑，确保专家对艺术基金的工作要求理解到位、依规依据地参与评审工作。

（二）专家评审（网络评审）工作

1. 项目分组情况

管理中心依据资助项目申报指南，结合参评项目的项目类型、艺术门类、申报数量和地域分布情况，对艺术创作和艺术活动规律相近的项目进行了最低限度的合并，将 8379 项通过审核参加网络评审的项目分成了 202 个项目评审组。

2. 专家抽取情况

资助项目评审专家大会召开后，管理中心在雒树刚理事长、卢映川副部长，参会理事、委员和相关司局负责同志的指导见证下，按照“地域回避、单位回避、项目负责人和联系人回避、项目主创人员回避、授课教师回避（艺术人才培训项目）、推荐人回避（青年艺术创作人才项目）和近亲属回避”等回避原则，通过信息系统随机抽取网络评审专家，自动发送了能否参加评审的问询短信，并根据专家回复情况，在管理中心领导和监督部门的监督下进行了补充抽取。经电话和短信确认，共 1956 位专家同意参加评审工作。

3. 网络评审情况

9 月 9 日至 25 日，管理中心组织开展了专家评审（网络评审），共有 1857 位网络评审专家按时提交了评审结果，提交率 94.9%。评审系统自动汇总专家网上评审的独立排序结果，共有 1284 个项目进入会议评审，网络评审通过率约为 15.3%。

网络评审专家参加评审情况年度对比

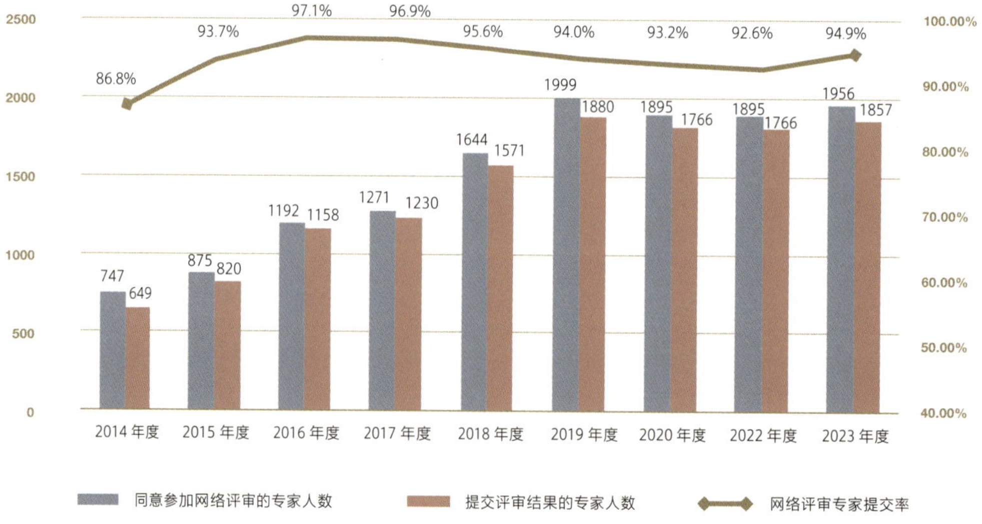

（三）专家评审（会议评审）工作

1. 项目分组情况

参加会议评审的1284个项目分为60个评审组。包括大型舞台剧和作品创作项目13组225项、小型剧（节）目和作品创作项目18组190项、美术创作项目7组189项、传播交流推广项目3组198项、艺术人才培训项目3组177项、青年艺术创作人才项目15组278项、港澳特区项目1组27项。

2. 专家抽取情况

管理中心按照“单位法定代表人回避，项目负责人、联系人回避，项目主创回避，文化和旅游厅（局）相关领导回避，授课教师回避（艺术人才培训项目），推荐人回避（青年艺术创作人才项目）和近亲属回避”等回避原则，通过信息系统，分4批抽取了评审专家，共有278位专家参加了会议评审工作，其中215位在上一年度没有担任会议评审专家，专家更新率为77.3%。

3. 会议评审情况

2022年11月10日至14日、11月21日至12月11日，管理中心组织专家，通过分头审阅申报材料、视频会议集中讨论、独立提出评审意见的方式开展了会议评审工作。其中，体量规模较大、资助额度较高的大型舞台剧和作品创作项目、传播交流推广项目和艺术人才培训项目的申报机构、单位，通过网络视频进行了答辩。各组评审专家通过视频会议听取答辩、讨论研究后，在信息系统上提出评审意见，并根据《国家艺术基金资助项目资助资金分类分档标准》提出项目资助资金额度的意见。

（四）专家委员会复核

国家艺术基金专家委员会委员结合项目申报材料、评审专家意见和管理中心建议，复核了评审结果，提出了意见建议。管理中心汇总意见，形成了拟立项资助项目名单，报送理事会会议审定。

三、资助项目分类统计

根据《国家艺术基金“十四五”时期资助规划》和2023年度资助项目资助资金预算，按照“突出导向、控制数量、提高质量、加强管理”的工作要求，按项目类型、艺术门类择优确定2023年度立项资助项目703项，综合立项率约7.8%。

（一）项目类型统计

1. 大型舞台剧和作品创作项目

大型舞台剧和作品创作项目申报956项，立项资助122项。其中，支持戏曲传承发展，资助戏曲创作项目39项，占该类资助项目总量的32%；资助民族歌剧、民族舞剧、民族管弦乐、木偶剧、皮影戏、曲艺（长篇、中篇）、杂技剧等其他民族艺术形式创作项目24项，占该类资助项目总量的19.7%。

大型舞台剧和作品创作项目各艺术门类申报量、立项量情况统计

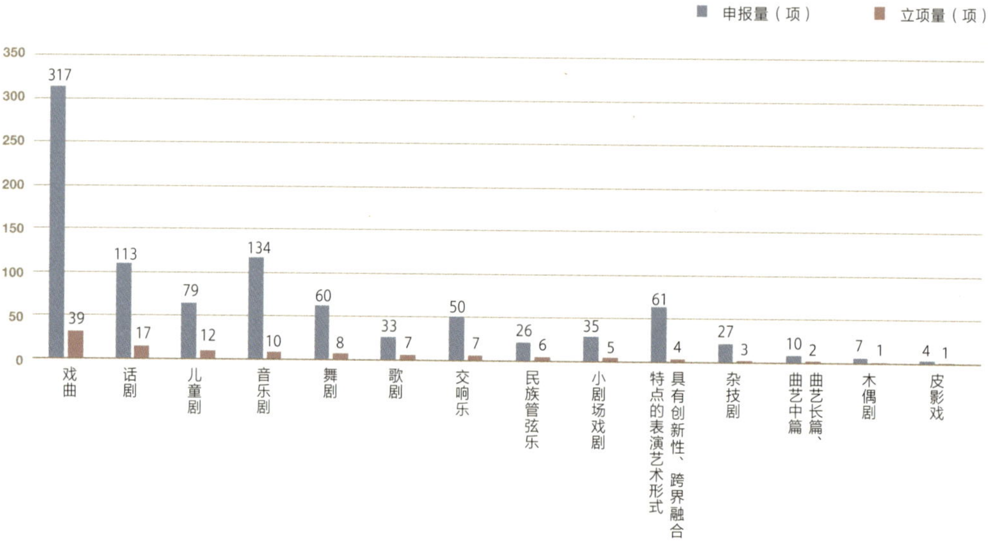

2. 小型剧（节）目和作品创作项目

小型剧（节）目和作品创作项目申报1890项，立项资助102项。本年度新增加了对具有创新性、跨界融合特点的表演艺术节目的资助，立项资助3项。

小型剧（节）目和作品创作项目各艺术门类申报量、立项量情况统计

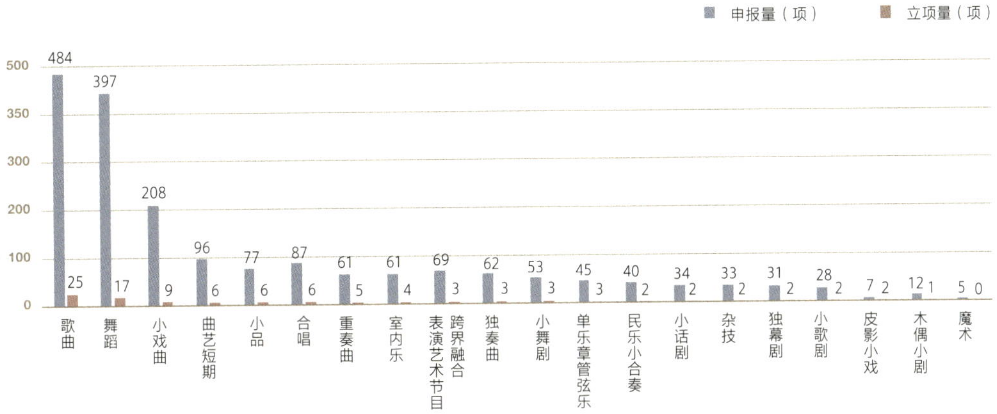

3. 美术创作项目

美术创作项目申报 1759 项，立项资助 111 项。其中，资助中国画、书法、篆刻等传统美术形式创作项目 45 项，占该类资助项目总量的 40.5%。

美术创作项目各艺术门类申报量、立项量情况统计

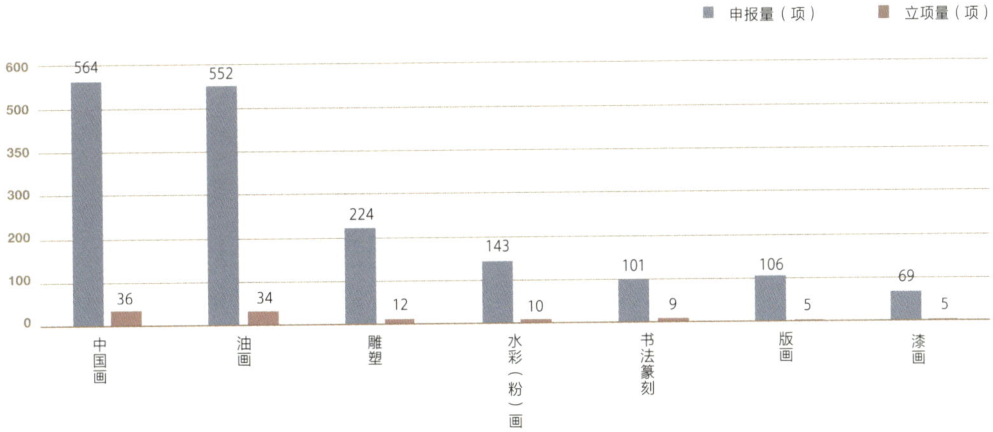

4. 传播交流推广项目

传播交流推广项目申报 754 项，立项资助 119 项。其中，舞台艺术作品演出类项目 62 项、美术作品展览类项目 57 项。

传播交流推广项目各艺术门类申报量、立项量情况统计

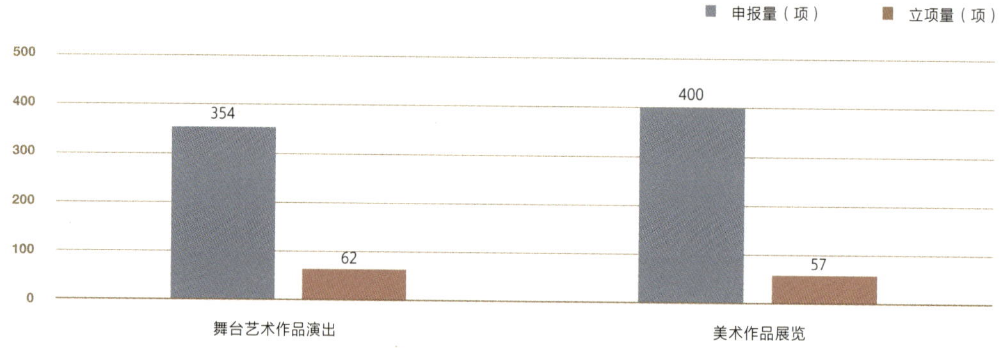

5. 艺术人才培训项目

艺术人才培训项目申报 1076 项，立项资助 101 项。其中，舞台艺术类人才培训项目 51 项、美术类人才培训项目 50 项。

艺术人才培训项目各类别申报量、立项量情况统计

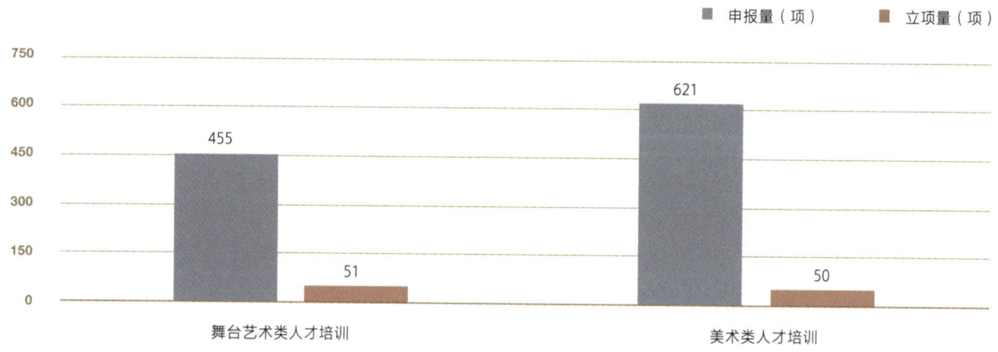

6. 青年艺术创作人才项目

青年艺术创作人才项目申报 2582 项，立项资助 148 项。其中，美术创作人才项目 52 项、文艺评论人才项目 14 项、书法篆刻创作人才项目 4 项。

青年艺术创作人才项目各艺术门类申报量、立项量情况统计

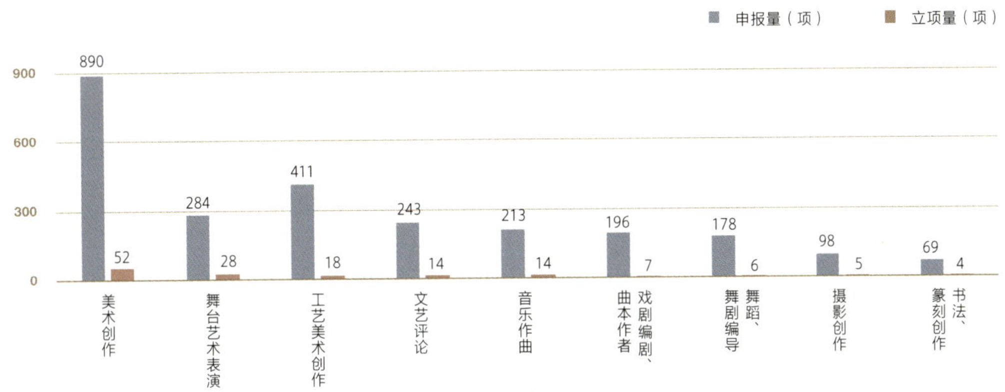

（二）项目主体统计

从各类项目主体的申报量和立项量看，项目主体为机构的申报项目 4676 项，立项资助 444 项。其中国有机构、单位申报项目数量为 3971 项，立项资助 408 项；非国有机构、单位申报项目数量为 705 项，立项资助 36 项。项目主体为个人的申报项目 4341 项，立项资助 259 项。

各类项目主体申报量、立项量情况统计

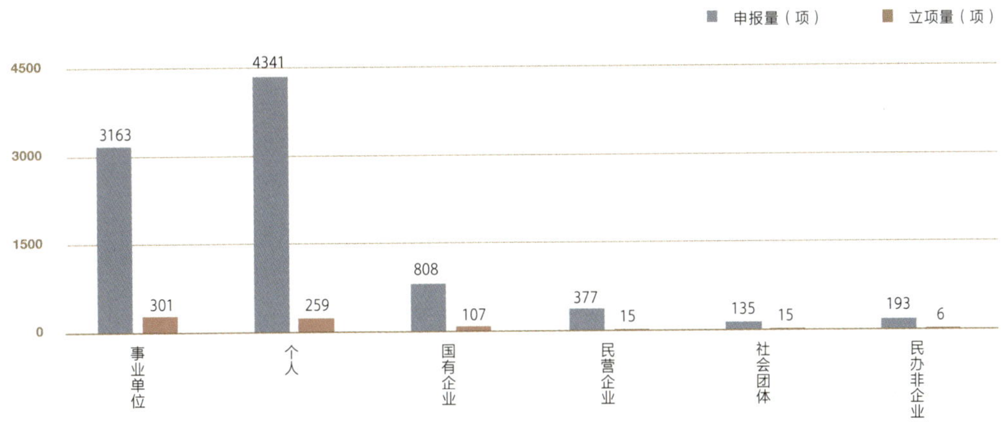

（三）地区（系统）统计

从各地区（系统）申报量和立项量看，东部地区①立项量为416项，占总立项量的59.2%；中部地区②立项量为109项，占总立项量的15.5%；西部地区③立项量为128项，占总立项量的18.2%，东北地区④立项量为50项，占总立项量的7.1%。

各地区申报量、立项量情况统计

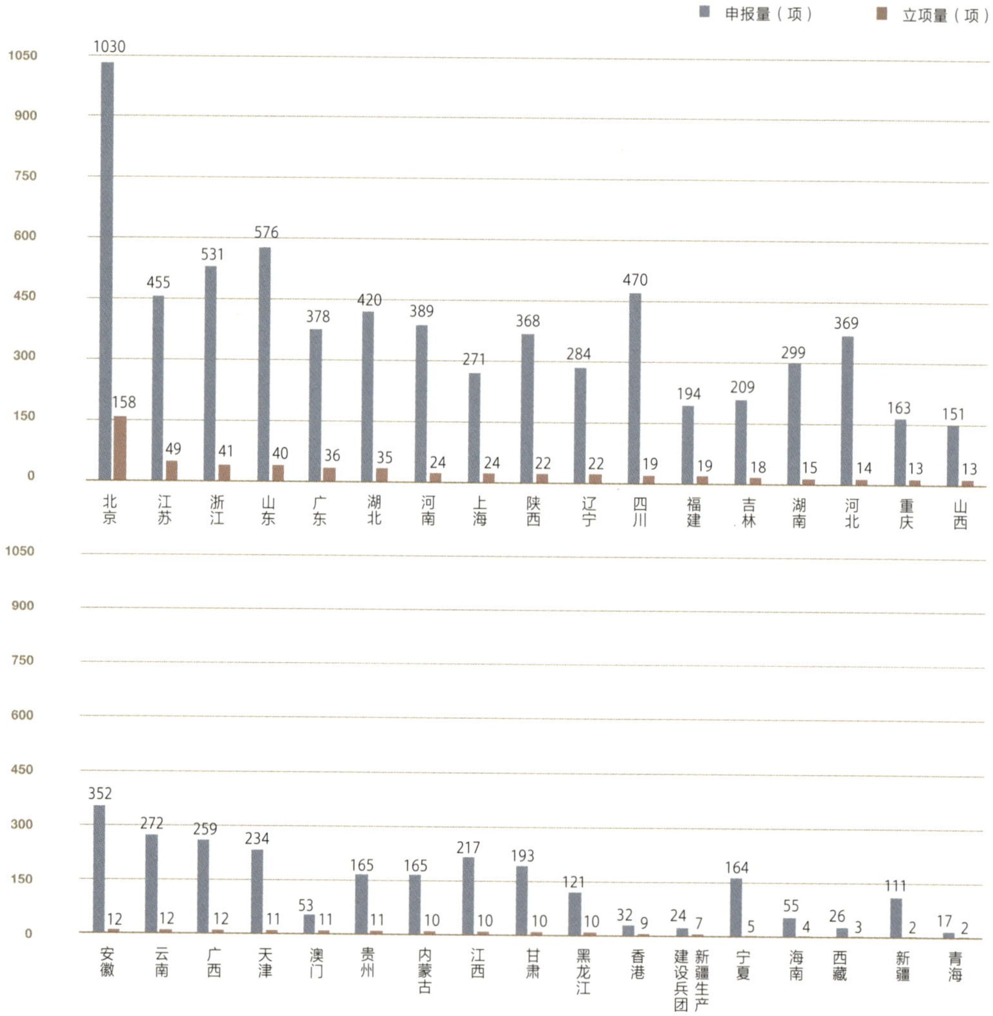

①东部地区包括北京、天津、河北、上海、江苏、浙江、福建、山东、广东、海南10个省（直辖市）和香港、澳门特别行政区。

②中部地区包括山西、安徽、江西、河南、湖北、湖南6个省。

③西部地区包括内蒙古、广西、重庆、四川、贵州、云南、西藏、陕西、甘肃、青海、宁夏、新疆12个省（自治区、直辖市）和新疆生产建设兵团。

④东北地区包括辽宁、吉林、黑龙江3个省。

（四）项目类型分布统计

各地区获得立项资助的艺术类型，在一定程度上反映了艺术资源的占有情况，也是该地区文化特色和工作情况的反映。

大型舞台剧和作品创作项目前十名地区立项量情况统计

（单位：项）

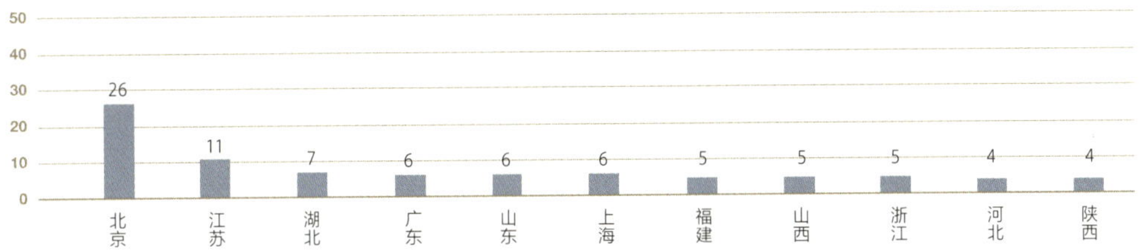

小型剧（节）目和作品创作项目前十名地区立项量情况统计

（单位：项）

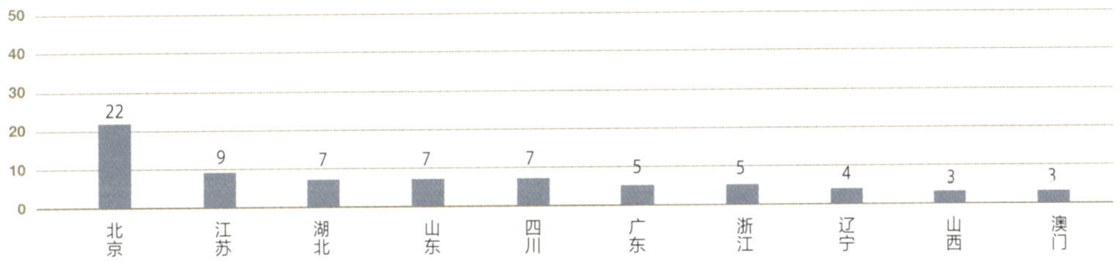

美术创作项目前十名地区立项量情况统计

（单位：项）

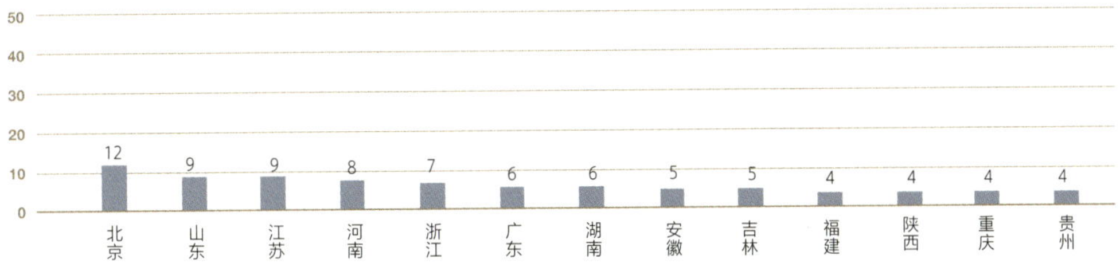

传播交流推广项目前十名地区立项量情况统计

（单位：项）

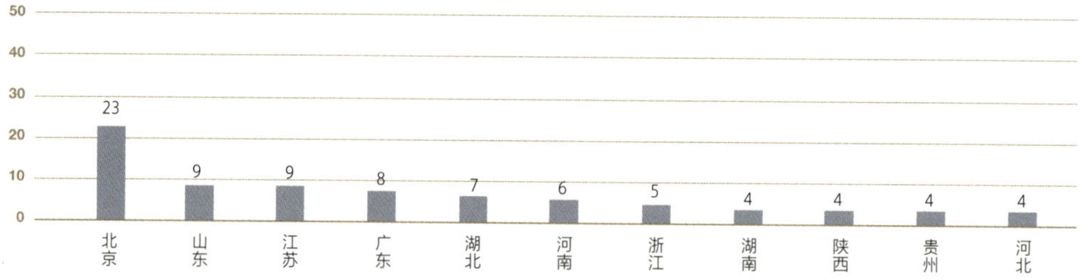

艺术人才培训项目前十名地区立项量情况统计

（单位：项）

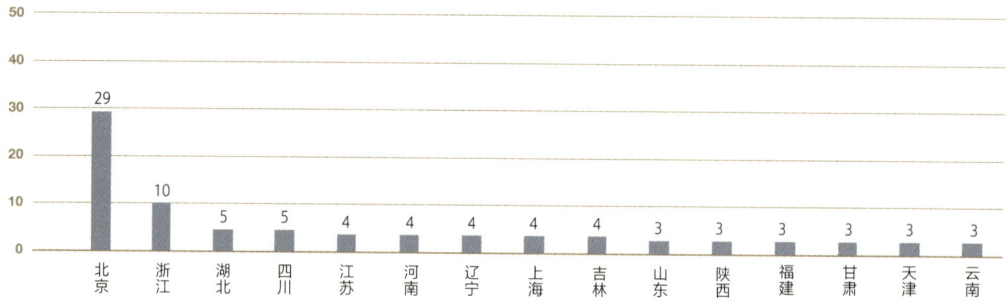

青年艺术创作人才项目前十名地区立项量情况统计

（单位：项）

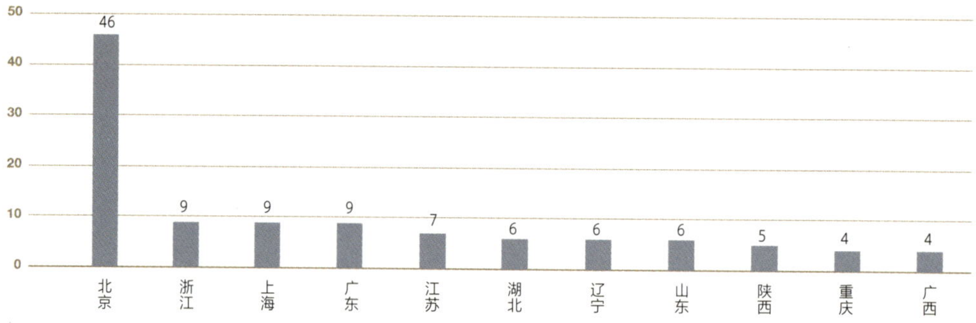

（五）一般（地区）项目资助情况统计

艺术基金一般（地区）项目评审坚持“公平公正、公开透明、竞争择优、统筹兼顾”的原则，在同年度申报的一般项目中评选产生，且资助资金额度与一般项目一致。

经统计，2023 年度共资助一般（地区）项目 18 项，其中，大型舞台剧和作品创作项目 9 项、小型剧（节）目和作品创作项目 2 项、美术创作项目 3 项、传播交流推广项目 2 项、艺术人才培训项目 2 项。

一般（地区）项目立项量情况统计

（单位：项）

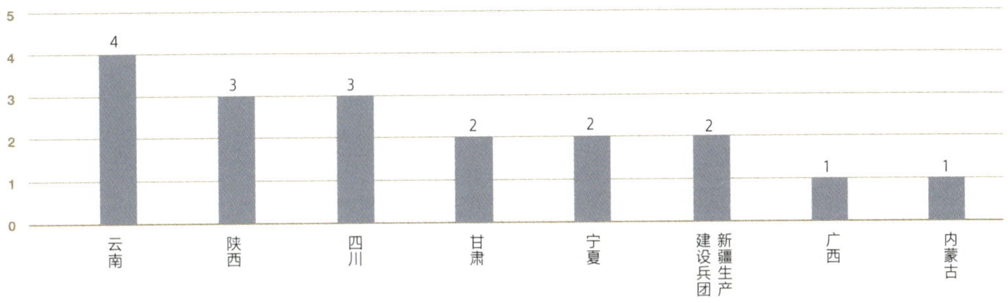

四、项目评审特点

（一）坚持以人民为中心的创作导向，推出更多增强人民精神力量的优秀作品

坚持与时代同步伐，坚持以社会主义核心价值观为引领，发展社会主义先进文化，弘扬革命文化，传承中华优秀传统文化，重点支持展现时代新气象、讴歌人民新创造的现实题材作品创作，特别是围绕建设现代化产业体系、全面推进乡村振兴、促进区域协调发展、推进高水平对外开放等国家重大战略的重大现实题材作品创作；围绕党史、新中国史、改革开放史、社会主义发展史，表现爱国主义、集体主义、社会主义，反映党团结带领人民在奋斗过程中涌现的光辉事迹、先进人物、重大成就和伟大精神的重大革命题材作品创作；深入挖掘中华优秀传统文化的思想观念、人文精神、道德规范，赋予其时代内涵和价值的重大历史题材和传承弘扬中华优秀传统文化的题材作品创作。

（二）坚持把社会效益放在首位，满足人民日益增长的精神文化需求

促进满足人民文化需求和增强人民精神力量相统一，巩固全党全国各族人民团结

奋斗的共同思想基础，不断提升国家文化软实力和中华文化影响力，重点支持唱响党的二十大精神，讲好新时代故事，推进党的二十大精神在城乡基层广泛传播的优秀文艺作品演出、展览；配合国家重大战略实施和重要国际交往活动，围绕国家重大纪念活动和重要时间节点举办的优秀艺术作品演出、展览；改革开放以来特别是党的十八大以来创作生产的优秀艺术作品的演出、展览；发挥文化惠民作用，深入市、县基层，深入革命老区、民族地区、边疆地区开展的优秀艺术作品演出、展览；坚持中华文化立场，提炼展示中华文明的精神标识和文化精髓，展现可信、可爱、可敬的中国形象的优秀艺术作品演出、展览。

（三）深入实施人才强国战略，培育造就德艺双馨的文学艺术家和规模宏大的文化文艺人才队伍

完善艺术人才结构，促进人才区域合理布局和协调发展，重点支持以造就有影响的各领域艺术领军人物为目标的艺术人才培训活动；关系到舞台艺术和美术事业传承和长远发展的特殊、急需、紧缺的艺术人才培训活动；面向市、县国有文艺院团、文化馆（站），民营文艺院团、民间艺人开展的满足基层艺术事业发展需要和面向新文艺群体的优秀实用型艺术人才培训活动。重点关注在本专业、本领域已取得一定成绩，具有较大社会影响力、号召力的优秀青年艺术工作者；思想进步、富于才华但尚在成长、发展期，给予支持有望成长为优秀人才的青年艺术工作者。

国家艺术基金资助项目经费管理情况报告
（2022 年度）

国家艺术基金主要来源于中央专项彩票公益金，主要用于项目资助。按照《中央专项彩票公益金支持国家艺术基金项目资金管理办法》有关要求，国家艺术基金管理中心对上一年度使用中央专项彩票公益金规模、资助项目、执行情况和管理绩效等内容进行梳理，反映使用现状与变化趋势，并对管理经验和使用问题进行分析，提出改进资助管理工作的意见建议，进一步提升资金使用效益。

2022 年，国家艺术基金管理中心（以下称“管理中心”）坚持以习近平新时代中国特色社会主义思想为指导，学习贯彻党的二十大精神，在文化和旅游部党组坚强领导下，在国家艺术基金理事会指导下，夯实“做强做大”基础，积极推进“十四五”资助规划各项工作实施，有序开展国家艺术基金资助管理工作，合规、科学、高效分配使用项目资助经费，助力我国文艺事业高质量发展。现将年度项目经费使用管理情况报告如下。

一、全年收支情况

2022 年，国家艺术基金收入 53880.58 万元，其中：本年收入 50000.00 万元，上年结转 3880.58 万元。截至 2022 年 12 月 31 日，国家艺术基金实际支出 39395.05 万元，其中：资助项目经费支出 38447.10 万元，组织管理费支出 947.95 万元。

二、经费配置情况

（一）资助类别

2022 年，国家艺术基金实际拨付各类项目资助资金 38447.10 万元，其中，拨付大型舞台剧和作品创作项目资助资金 19196.45 万元，占年拨付资金总额的比重为 49.93%；小型剧（节）目和作品创作项目资助资金 1021.26 万元，占比 2.66%；美术创作项目资助资金 547.50 万元，占比 1.42%；传播交流推广项目资助资金 9068.88 万元，占比 23.59%；艺术人才培训项目资助资金 6767.43 万元，占比 17.60%；青年艺术创作人才项目资助资金 1845.58 万元，占比 4.80%。

2022 年资助项目经费实际拨付情况统计（分项目类别）

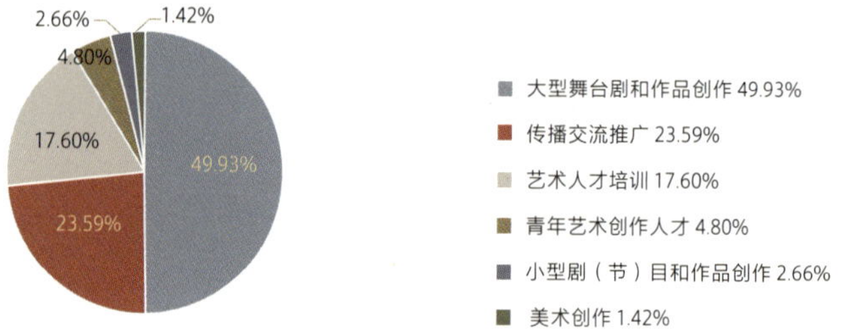

（二）主体类型

2022 年，共向各类项目主体拨付资助资金 38447.10 万元，其中，向艺术机构、单位实际拨付资助资金约 36144.12 万元，占年拨付资金总额的比重为 94.01%。（其中，向国有机构、单位拨付资金 32841.52 万元，占比 85.42%；向民营企业、民办非企业单位、社会团体组织等拨付资助资金 3302.60 万元，占比 8.59%。）向个人拨付资助资金 2302.98 万元，占年拨付资金总额的比重为 5.99%。

2022 年资助项目经费实际拨付情况统计（分主体类型）

（三）地区分布

分地区看，以实际拨付资助金额大小为序，排名前 10 名的依次为：北京①7494.21 万元，上海 3011.63 万元，江苏 2779.07 万元，浙江 1672.82 万元，河北 1407.45 万元，广东 1346.16 万元，江西 1253.52 万元，陕西 1228.78 万元，山东 1210.37 万元，安徽 1180.42 万元。其中，资金拨付到位率②在 85% 以上的有 5 个省（直辖市），分别是江西（98.70%）、山东（97.45%）、浙江（94.12%）、北京（86.21%）、上海（85.71%）。

2022 年，国家艺术基金首次面向香港特别行政区、澳门特别行政区的艺术机构、单位和艺术工作者全面开放项目申报，克服项目资金“过河”困难，走在国内同类基金前列。年内共立项资助香港、澳门项目各 9 项，共计 18 项，累计资助金额 1412 万元，年内实际拨付到位资金 1081.50 万元。

2022 年分地区资助项目立项资助金额和实际拨付情况统计（部分）

单位：亿元

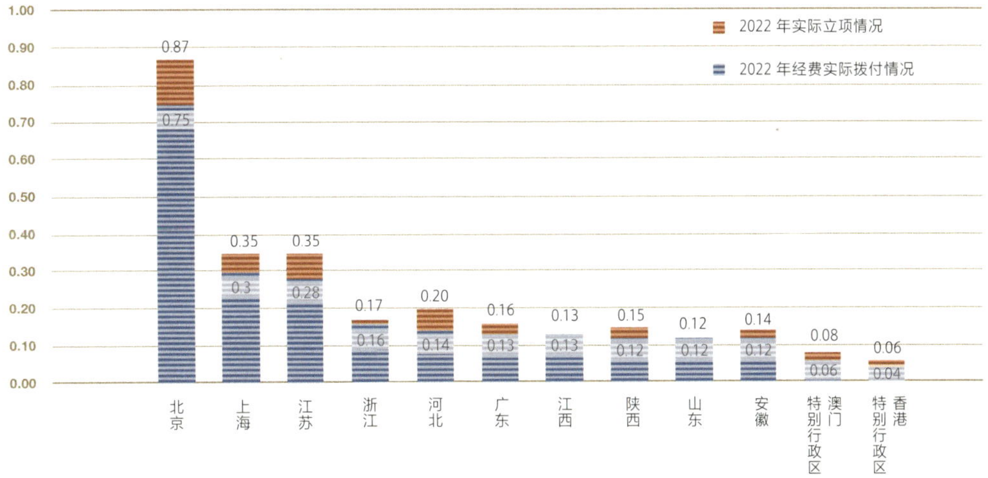

（四）拨付阶段

2022 年，受疫情等因素影响，资助项目实施和结项进度受到较大影响，项目资金申请有所延滞，导致全年预算执行率受到一定影响。年内拨付项目资助资金

① 含在京中央部委办局所辖机构、单位和个人。
② 资金拨付到位率 = 实际拨付金额 ÷ 立项资助金额 ×100%。

38447.10 万元中，2022 年度资助项目首笔款 24306.26 万元，占比 63.22%，2020 年、2022 年等年度项目中期款 7155.01 万元，占比 18.61%，往年度资助项目尾款 6985.83 万元，占比 18.17%。

2022 年资助项目经费实际拨付情况统计（分阶段）

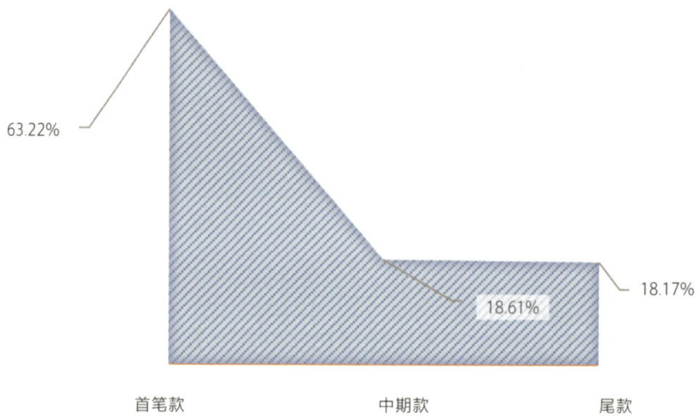

三、经费监管情况

（一）监管机制

聚焦制度机制建设，以“强体系、拓方式、优服务”为经费使用管理主题主线，切实推进经费监管工作提质增效。

第一，健全经费监管体系。充分发挥“以点带面”督查效能，加强完善项目经费监管体系。年内首次开展自主审计抽查工作，对问题项目开展精准“点穴”检查。全年依托自主审计和配合部财务司审计抽查双线模式，合计审计资金 3000 万元，占年拨付资金总额的比重为 7.80%，同比提高了 3.56 个百分点，抽查力度不断加大。

第二，拓展经费监管方式。加强信息化远程处理，年内升级上线项目经费管理系统，实现第三方审计报告模块化填报、在线生成导出，把控审计报告质量。坚持问题导向，开展往年度遗留项目清查督办。组织专家对疑难问题项目集中讨论，开展项目约谈。进一步加强闭环内衔接，推动后端评价结果在新一年度项目申报评审环节得到运用。

第三，提升经费服务指导。贯彻“管理就是服务”“服务好才能管理好”的理念，坚持放管结合，强化指导开展日常培训辅导，累计接受电话、网络、现场咨询2200余次。针对2022年度新立项资助项目开展专题培训，约1400人参会；印发《项目经费使用和管理工作手册》，分2次专题发布“小编告诉您”解读文章，提供经费政策解读和实务操作指导。

（二）监管重点

全程以资金流动为主线，以“一头一尾”为核心，聚焦预算批复后的执行和调整、财务结项验收等重点环节阶段，充分发挥财务监管作用，保证资金安全合规、科学高效运行。

1. 预算执行

2022年主要有2020年、2022年两年度项目处于正常实施周期内，通过信息化动态监管，截至2022年12月31日，分年度预算执行统计情况显示，2020年度资助项目总体预算完成比例为78.15%，2022年度项目预算完成比例为68.98%。整体预算完成情况与项目实施进度要求相符，但受疫情等客观因素影响，预算执行率偏低。

2. 预算调整

全年共受理项目主体预算调整（备案）52件（次），相较于2019年《国家艺术基金资助项目经费管理办法》（以下简称《办法》）出台前降低93.04%，连续3年呈现稳定下降趋势，说明《办法》的发布对预算科学编制有较好的指导性。

3. 结项验收

加大项目实施监督力度，通过会议通报、发函通知等方式多渠道督促提醒项目主体加快项目执行，按期参与结项。提高验收频次，灵活机动地采取小批量、多批次开展项目结项验收工作，不断优化工作程序，加快财务结项验收速度，确保正常到期提交结项项目及时完成验收。年内分批次对268个项目开展财务结项验收，涉及项目资金36625万元。

四、管理效能

一是项目绩效管理和运用取得成效。鉴于项目资助资金体量大、项目类型多、管理评价难度大，在部财务司指导下，起草制定了《国家艺术基金资助项目绩效管理工作实施细则》，扎实调研按类制定资助项目的绩效指标体系和评价标准；规范开展资助项目资金绩效管理，2022 年委托第三方遴选 10 个项目开展绩效评价，90% 的项目取得“良好”以上等级，评价结果和整改情况作为成果遴选和后续运用的重要依据，纳入项目主体和项目负责人征信评价管理系统，形成绩效管理的有效引导，相关工作在文化和旅游部年度绩效管理工作专报中获通报表扬。

二是资助经费拉动作用有力发挥。2022 年，以货币资金为统计口径，国家艺术基金所有类型资助项目获得配套投入 30690.38 万元。拉动配套资金中，地方政府财政配套占比 75.57%，社会投融资、自有资金投入和赞助占比 24.43%。分类型看，三大类项目（大型舞台剧和作品创作、传播交流推广、艺术人才培训）拉动配套资金金额位居前三，分别占拉动配套资金总额的 48.75%、36.34%、6.91%。引导地方设立艺术基金，协调多方深化合作，年内云南艺术基金正式设立运行，年度资助金额 2700 万元。

三是经费管理辐射作用显著增强。以项目监督带动基层艺术单位管理水平和能力提升，借审计抽查契机深入基层、奔赴一线，约 63% 的抽审和培训面向市（县）及以下基层单位，把培训辅导向工作薄弱区倾斜，把规范的经费指导培训服务送到最紧缺、最急需指导的项目主体身边，进一步推动服务的均等化、精准化，帮助基层单位改善财务管理基础相对薄弱、项目制运营经验相对匮乏的情况，助力项目主体夯实财务基础，带动基层单位管理水平和能力的提升。

五、下一步工作方向

下一阶段，管理中心聚焦项目经费监管新要求、新问题和新趋势，持续优化工作机制、创新工作方法，主要做好六方面工作。

第一，创新资金来源渠道。继续争取财政资金投入的稳定和适度增长的同时，进一步探索多元投入渠道，提升联动资助效能。推动更多符合条件的地方设立艺术基金，做好现有资源整合规划，加强资助体系和标准的协调对接，依托国家、省、市艺术基金，提升对重点项目资金投入的协同性和集中度。

第二，完善经费监管机制。贯彻执行彩票公益金监管新制度，配合财政部《国家艺术基金财务管理办法》出台，修订内部财务管理制度。深化项目常态化审计抽查机制，积极推进审计抽查、往年度项目梳理排查发现问题整改，做好整改措施和成效的跟踪评估，进一步提高经费监管能力和水平。持续推进经费管理制度体系建设，围绕预算调整、结项验收、财务审计等重要环节，调整优化相关工作程序、方式方法，做到监管到位、简化审批、服务提质，增强资助项目综合管理整体效能。

第三，强化经费指导力度。关注实际需求、坚持问题导向，采取线上、线下相结合的方式，分批次开展财务督导培训，重点做好有关结项审计验收、经费申请和开支中的违规和“红线”警示教育等内容的培训。分专题通过“小编告诉您”新媒体文章等形式对《项目经费使用和管理工作手册》进行宣传解读与应用指导，切实为服务对象“办实事、解难题”。优化监管方式，提升经费信息化管理和服务水平，推动经费监督管理系统升级扩能。

第四，增强政策引导效能。进一步加强资助体系规划设计，完善资助结构和资助方式，明确资助范围和重点，不断优化资源配置，切实提高资助效果。做好资助管理政策解读工作，引导项目主体把社会效益放在首位，努力实现社会效益和经济效益相统一；引导项目主体特别是艺术表演团体加强剧目生产表演成本核算控制，自觉抵制豪华制作、过度包装，更加专注于艺术本体；引导建立健全统一、开放、竞争、有序的艺术创作生产要素市场，形成合理、必要、健康的成本约束，让群众看得起、剧团演得起、剧目留得下。

第五，延展绩效管理范围。强化绩效导向，进一步探索项目资助资金绩效管理模式。加强顶层设计，出台绩效管理专门制度，明确落实绩效管理责任，探索全面覆盖的项目资金绩效管理模式，研究建立符合国家艺术基金各类别项目定位、以目标为导向、涵盖各形态产出成果的分类量化细化绩效评价体系。稳步启动试点规范开展绩效目标编制、执行监控和评价，引入第三方机构开展绩效全过程管理工作，科学运用评价结果，逐步建立绩效评价结果与当期项目结项、后续项目资金支持强度等挂钩的良性互动机制。

第六，强化研究分析能力。坚持服务国家文艺事业高质量发展，围绕推动国家艺术基金做强做大、提质增效，加强政策前瞻性、措施转化性调研。坚持问题导向，广做调研，搜集信息，分析研判，提出建议，形成成果，提供政策依据参考。重点做好基层文艺院团、高等院校两类项目主体经费使用管理实际需求和问题开展专题调研，研究提出切实举措，以调研推动项目资助管理优化，提高资金使用效益。

国家艺术基金监督管理情况报告
（2023 年度）

2023 年是全面贯彻党的二十大精神的开局之年，也是国家艺术基金设立 10 周年。国家艺术基金管理中心（以下简称“管理中心”）以国家艺术基金设立 10 周年为契机，不断优化完善监督管理体系，着力打造以内部审计为抓手的内部监督与以政治导向、艺术质量、经费管理为重点的项目监督相结合的监督管理机制，实现了监督管理工作的全覆盖和连续性，取得了良好效果。

一、多维发力，推动内部监督质效提升

国家艺术基金设立 10 年来，始终坚持公开性、社会性、规范性，扎实开展内部监督，持续加强自身建设，培育了良好政治生态，树立了良好社会公信力。

（一）做好内部审计，做到防范风险提质增效

内部审计是管理中心监督体系的重要组成部分，在文化和旅游部财务司的指导下，管理中心结合工作实际，制订了内部审计工作计划，实施了重要财务制度落实情况跟踪审计，完成了内部审计情况调查，形成了内部审计工作总结。同时，主动拓展内部审计工作业务，组织了资助项目公示、处理及风险防范情况审计。2023 年，管理中心内部审计工作受到文化和旅游部财务司的表扬。

（二）做好公示监督，做到立项项目公平公正

2023 年 3 月 3 日至 9 日，管理中心通过国家艺术基金官方网站和微信公众号，对 2023 年度立项资助的 703 个项目进行了公示。管理中心制定了《国家艺术基金管理中心资助项目公示期间舆情监测工作要点及应急预案》，设置专人专线做好服务工作。项目公示期间，管理中心共接听申报、评审、公示等咨询电话 40 余个，同比上年度下降了 30%，电话内容均为立项签约、资助金额、公示名称、落选原因等技术咨询；收到项目问询及投诉信函 9 件，涉及项目共计 9 项。经逐一核查，管理中心对咨询来电都及时予以答疑解惑，并对来信逐一回函答复，切实做到有问必答、有件必复。

（三）做好评审监督，做到评审工作公开透明

2023 年 9 月 21 日至 10 月 27 日，管理中心邀请《光明日报》《中国文化报》《文艺报》的 4 位资深媒体人担任评审监督专家，组成第三方对 2024 年度资助项目复评工作进行全程监督。监督专家围绕复评工作中答辩主体的权利保障、评审专家的意识形态把关情况、纪律遵守、评议过程的公平公正、管理中心复评组织流程，进行了全方位监督。

二、聚焦重点，推动资助项目顺利实施

管理中心在项目监督管理工作中始终坚持问题导向，以发现问题、分析问题、解决问题、推动工作为己任，通过现场监督、跟踪指导、约谈监督等方式开展工作，健全了监督制度、优化了监督流程、丰富了监督手段、提升了监督效能，提高了项目策划能力、资源整合能力和计划实施能力。

（一）夯实现场监督，把情况了解在一线

国家艺术基金对资助项目的演出展览场次、巡演巡展计划、人才培训方案有严格要求，项目的首演、首展、开班是否成功是项目实施的关键。2023 年，管理中心着眼于把握正确导向、保证艺术质量、确保培训实效，直接或委托地方文化和旅游行政部门组织专家 1104 人次对 368 个“大型舞台剧和作品创作”“传播交流推广”和“艺术人才培训”资助项目的首演、首展、开班进行了现场监督，当场就项目实施的导向、

进度、质量作出评估，及时提出改进意见。

同时，针对项目实施的薄弱环节和易发问题，管理中心提前梳理、认真研判，选派 12 名同志，先后赴贵州省遵义市、浙江省金华市等六省市对 6 个资助项目采取“四不两直”的方式进行了现场监督，对个别项目存在未对照申报方案实施、展品数量严重不足、实施存在严重缩水减质等问题提出了整改要求。

（二）加强跟踪指导，把服务送到基层

为进一步改进国家艺术基金资助管理工作，促进项目高质量实施，管理中心定期组织专家深入各省（自治区、直辖市）开展跟踪指导服务，通过听取汇报、培训指导、交流座谈等方式了解项目实施进展情况。2023 年，管理中心组织专家 7 批 35 人次，先后赴黑龙江、吉林、河南等 14 个省（自治区、直辖市），对 364 项资助项目开展跟踪指导，面向 700 多位项目负责人、联系人和财务人员，就监督管理制度进行了现场培训。针对项目实施监督过程中发现的痛点和难点，通过“以案说法”深入分析原因和后果，让项目主体掌握政策和项目实施操作要求。同时实地走访了 40 余家艺术机构和高校等单位，通过座谈交流等方式深入了解资助项目实施和成果运用情况，听取对资助管理工作的意见建议，撰写了《国家艺术基金资助项目延期产生原因调研报告》。

2023 年跟踪指导项目分布省份及数量

（单位：项）

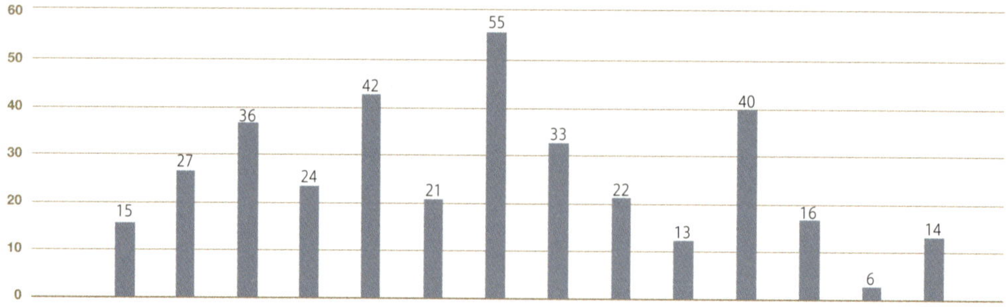

（三）强化约谈整改，把问题解决到位

2023 年，管理中心根据监督专家反馈的意见和建议，对内容偏差、质量欠佳、进度过缓、实施违规的 10 个项目的负责人一对一进行约谈，及时指出存在的问题，提醒其要严把项目质量，合理安排实施进度，处理好进度与质量之间的关系，处理好社会效益与经济效益的关系，保证财政资金使用效益，确保整改到位。对存在较大困难的项目，管理中心现场办公，与项目负责人深入沟通，了解情况，帮助解决人员、场地、宣传等方面的问题，积极协调当地文化和旅游行政部门给予关注和支持。

三、强化引导，推动艺术基金高质量发展

管理中心在项目实施完成后，通过组织结项验收、绩效评价等工作引导艺术机构和广大文艺工作者树立精品意识、成本意识和绩效意识，提高财政资金使用效益，推动国家艺术基金高质量发展。

（一）严把结项验收，把精品奉献人民

结项验收是项目监督工作的最后一环，也是对项目最终完成情况的结果监督。2023 年，管理中心分 3 批组织艺术专家、项目管理专家等 107 人次，采取集中评审、分类编组、分批验收的方式，对提交结项材料的 786 项资助项目进行验收，其中“优秀”120 项、“合格”653 项、“不合格”13 项。从结项验收整体情况看，各项目主体在习近平文化思想的指引下，牢固树立以人民为中心的创作导向，坚持把社会效益放在首位，以饱满的热情扎根人民、扎根生活，紧紧围绕重要时间节点、重要历史事件和国家重大战略，创作了一批人民喜闻乐见的优秀艺术作品，培育了一批高素质的艺术人才，为繁荣发展社会主义文艺作出了积极贡献，有力发挥了国家艺术基金“风向标”“孵化器”“发动机”的作用。

（二）发挥导向作用，把绩效贯穿始终

2023 年，通过绩效自评总结，国家艺术基金资助项目社会公众满意度为 96%，其中舞台艺术创作、传播交流推广等资助项目展览、演出 1298 场，吸引现场观众 362.8 万人次，如小戏曲《踏伞行》、舞蹈作品《碇步桥》《五星出东方》等国家艺

术基金资助项目亮相2023年春节联欢晚会，“‘为人民绽放’——国家艺术基金设立10周年优秀小型节目展演活动”在中央歌剧院上演；艺术人才培训、青年艺术创作人才等资助项目共培养了2552名文艺工作者，他们在国家艺术基金的资助下，正加速成为各艺术领域的中坚力量。

管理中心委托社会专业机构，从往年已结项的项目中抽取10个项目，开展第三方绩效评价工作。评价运用案卷研究、现场调研、沟通访谈的方法，对资助项目的决策、管理、产出、效益进行了综合评价。评价结果显示，9个项目评价为“良”，1个项目评价为“中”。资助项目在弘扬爱国主义精神、传承中华优秀传统文化、促进文化艺术的交流推广、培养艺术人才等方面取得了良好的效益。

下一步，管理中心将全面总结经验做法，不断改进工作措施，提升内部监督能力，强化项目监督举措，推进调查研究走深走实，提高监督管理工作全流程的科学化、标准化、规范化水平，推动国家艺术基金高质量发展。

优秀项目

民族舞剧《朱自清》

项目主体：扬州市歌舞剧院有限公司

项目负责人：秦如峰

民族舞剧《朱自清》由中国舞蹈家协会主席冯双白担任编剧，刘小荷、张帝莎任导演，更有舞美和灯光设计师韩江、著名作曲人亢竹青及服装设计师麦青保驾护航。扬州市歌舞剧院首席演员周晨饰演朱自清；常宏基饰演老年朱自清；汪子涵饰演闻一多；剧院舞蹈演员王静娴和郑宇分别饰演了朱自清先生的妻子陈竹隐与父亲，舞蹈演员生剑、何天阳分别饰演闻一多及老年朱自清 B 角。

民族舞剧《朱自清》以著名散文家、诗人、学者、民主斗士朱自清生平事迹、文学成就及其在华人世界的影响为基础，再现先生为人师、为人子、

为人父、为人夫、为人友、为人杰这个“大写的人”，朱自清先生的散文已成为世界华人心目中的精神家园，而先生的文人风骨和民族气节，在新时代更具现实意义。

民族舞剧《朱自清》共演出25场，总观众人数约30000人，市场票房收益约100万元。该剧参与2020年江苏省紫金文化艺术节、2023年江苏省新时代舞台优秀剧目巡演、2023年清华大学党委宣传部邀请专场演出等重要演出。先后获得第十二届中国舞蹈“荷花奖”舞剧奖以及省级奖项2020年江苏省紫金文化艺术节“优秀剧目奖”“优秀表演奖”。

该项目被光明网等著名媒体报道32次。项目实施期间平面媒体报道共计3篇，网络媒体报道共计42篇，电视报道7次，专业评论11次。

民族舞剧《朱自清》创作期间积极邀请业内专家参与创作讨论，听取专家意见并及时进行提升优化。积极在网络平台发布推广舞剧的相关内容并进行线上直播，使更多观众能欣赏到这部作品。

话剧《风云儿女》

项目主体：中央戏剧学院

项目负责人：郝戎

话剧《风云儿女》是中央戏剧学院实验剧团恢复建制后创制的第一部大型原创剧目，中央戏剧学院教授团队担任主创团队，由中央戏剧学院实验剧团艺术总监刘杏林担任艺术总监，特邀田汉基金会秘书长欧阳维、一级导演王晓鹰、舞台美术系教授刘杏林、音乐剧系教授戴劲松作为学术顾问，戏剧文学系彭涛教授担任编剧，客座教授、一级导演傅勇凡担任导演，舞台美术系张庆山教授担任舞台设计，胡耀辉教授担任灯光设计，陈向群教授担任服装设计，田丹教授担任化妆设计，特邀著名作曲家石松作曲，表演系教授王鑫担任主演，全程、全员、全方位把关剧目，为剧目提供高品质保障。

话剧《风云儿女》是一部弘扬爱国主义精神的大型话剧。剧目通过描述以田汉、夏衍、聂耳为代表的左翼知识分子面对艺术创作、生命的思考与行动，探索人性深处对于信仰的选择，讴歌用艺术战斗的英雄人物们。青年是民族的脊梁，话剧《风云儿女》讲述了一群百年前的文化青年不屈不挠的战斗故事，为当代青年做出了榜样。通过艺术家们的创作赋予了舞台艺术以信仰之美、崇高之美，打造出一部有筋骨、有道德、有

温度的作品。同时，作品具有较高的审美价值、艺术品位和艺术个性，达到思想精深、艺术精湛、制作精良相统一的三重标准。

话剧《风云儿女》共演出 13 场，总观众人数约 7500 人，除国家艺术基金资助外，中央戏剧学院配套资金 86.34 万元，市场票房收益约 24 万元，获得第七届华语戏剧盛典评委会特别奖。项目实施期间平面媒体报道共计 9 篇，网络媒体报道共计 35 篇，电视报道 5 次，专业评论 6 次。首演后新华社、《中国艺术报》以及“学习强国”等多家媒体对话剧《风云儿女》进行了报道。

该项目一是实现主创全员高配置。依靠学院内外艺术家团队和优秀教师人才队伍，整合优势资源，探索原创剧目的创制。《风云儿女》的主创团队由教授团队担任，演职团队由学院师生和校友共同组成，在创排过程中充分调动学院优质资源，最终创作出了一部增强人民精神力量的优秀作品。二是坚持剧目深打造。话剧《风云儿女》遵循艺术创作规律，历经 3 年时间筹备创作，反复打磨剧本和舞台设计，实现精品创作目标。该剧为叙事体戏剧，一度创作赋予了作品深刻的思想性和文学性，二度创作手段丰富、多样，舞台成功展现了复杂广阔的时空，场景衔接自然流畅，演员的表演更注重诗意的表达和形式感，与之配合的舞美、灯光、音乐、音响也和谐统一，使演出完整、节奏流畅。三是内外演出相结合。话剧《风云儿女》内部演出 7 场后积极收集观众意见，多次召开专家研讨会，在充分听取观众、专家、学者的意见及建议后，剧组再次进行了打磨和提升，使剧目更加完善成熟。

中央戏剧学院实验剧团始终坚持以人民为中心的创作导向，赓续延安红色基因。话剧《风云儿女》的成功排演，就是从左翼文化先驱的精神中汲取力量。今后，实验剧团将进一步坚定理想信念，传承和发扬学院的优良传统，创作出更多深入人心的优秀作品。

歌剧《不遥远的胡麻岭》

项目主体：甘肃省歌剧院

项目负责人：董青

歌剧《不遥远的胡麻岭》由甘肃省歌剧院院长、省剧协主席、一级编剧李天圣任编剧、出品人，副院长、一级舞台技术董青任制作人、多媒体设计，作曲家二级教授韩兰魁任作曲，甘肃省文化和旅游厅原艺术处处长王繁钦任导演，二级舞美设计师胡文纪任舞美设计，指挥家、上海音乐学院王燕教授和甘肃省歌剧院常任指挥王璐任指挥，艺委会主任一级演员陈源任执行导演，天津歌舞剧院二级编导程邵璇任副导演。甘肃省歌剧院副院长、一级演员孙中伟、李泱良，一级演员熊晖、谢亚波，二级演员王文婕、于博、孙立忠、陈莉、何龙，三级演员赵进、李彦君、段丽娜、沈珂等饰演主要角色。甘肃省歌剧院交响乐团任全剧伴奏。

歌剧《不遥远的胡麻岭》讴歌了大国工匠精神和奋力拼搏的中国速度，全剧以一线建设者的事业和情感成长为主线，在历时 8 年的四季更替中再现了工程建设者迸发出的新“愚公精神”。讴歌了新时代中国取得的伟大成就，展现了中华儿女的精神风貌，是一部赞扬当代铁路建设者感天动地的奋斗史诗。

歌剧《不遥远的胡麻岭》共演出 4 场，总观

众人数约 3500 人，所有演出均为公益性质。该项目被《音乐周报》报道 2 次，《兰州日报》等省级媒体报道 3 次，地市媒体报道 16 次，网络媒体报道 44 次，微信公众号等自媒体报道 5 次。

歌剧《不遥远的胡麻岭》选择了工业题材展示并塑造了基层建设者的精神风貌和质朴风采，且该剧主演、次主演基本为甘肃省歌剧院在职演员。在同类型大型原创作品创作中成本投入较少，最大限度地控制了成本。

话剧《天算》

项目主体：辽宁人民艺术剧院（辽宁儿童艺术剧院）

项目负责人：蔡菊辉

该剧由戏剧理论家、研究员孙浩担任编剧，一级演员、导演宋国锋任导演，一级舞台美术设计师王纪厚设计指导舞美，中国舞台美术家协会理事、中国灯光协会副会长关中奎担纲灯光设计指导，顾玲玲饰演鲁春莺一角。

话剧《天算》讲述了东北抗战史上奉天北市场人民反抗日本侵略者，流血牺牲、救国救民的故事。14 年的东北抗战史，既是日本帝国主义对中国人民的侵略史、掠夺史、压迫史，也是东北人民的反抗史。在民族危亡的逆境中，中国人民爆发出擎天柱地的精神伟力，市井百姓，引车卖浆者流，皆成战士；牖里凡夫，织席贩履之辈，尽作豪杰。辽阔的中华大地，到处是杀敌的战场！我们的先辈，留下了书之不尽的英雄事迹，成为后人宝贵的精神财富。支撑着先辈拔剑而起的是爱国主义和英雄主义精神，我们的戏剧着力开掘的，正是这种精神。在实现中华民族伟大复兴中国梦的过程中，必须大力弘扬这种精神。

话剧《天算》共演出 23 场，总观众人数约 27000 人。除国家艺术基金资助外，项目单位自有资金投入 65.39 万元，地方财政投入 83.3 万元。该项目先后参加中国国家话剧院原创剧目邀请展演出 2 场、第十八届中国戏剧节演出 2 场、第十二届辽宁省艺术节演出 2 场。并获得第十八届中国戏剧节优秀剧目，省级奖项辽宁省第十六届精神文明建设“五个一工程”奖优秀作品奖、第六届辽宁文华奖——辽宁“文华大奖”。项目实施期间平面媒体报道共计 7 篇，其中《辽宁日报》报道 6 次，《沈阳日报》报道 1 次；网络媒体报道共计 3 篇，人民网—辽宁频道报道 1 次，沈阳网报道 1 次；辽宁电视报道 1 次。文旅中国于 2022 年 1 月 5 日专题报道：《话剧〈天算〉元旦首演获观众好评》。报道主要介绍了《天算》这部奉天抗战三部曲的收官之作迎来了盛大的首演，收获了观众朋友的如潮好评。

该剧在项目实施中坚持现实主义的创作道路，坚持关东演剧学派的演剧风格，并在继承传统上大胆创新。该剧编剧、导演、舞美设计等聘请辽宁本省优秀专家担任，项目主创实现“全辽班”，强化辽艺品牌，在提高社会效益的同时，增加了经济效益，收到良好的效果。

龙江剧《萧红》

项目主体： 黑龙江省龙江剧艺术中心

项目负责人： 杨晓全

龙江剧《萧红》由一级编剧黄维若担任编剧，一级导演宋巍担任总导演，一级作曲杨柏森担任作曲及唱腔设计，一级舞美设计金卅担任舞美设计，中国戏曲学院教授彭丁煌担任服装设计，中央戏剧学院舞美系教授刘红曼担任造型设计。剧中萧红由著名龙江剧表演艺术家、龙江剧领军人才李雪飞领衔饰演。

一个伟大的作家，一个悲情的女性，惊世的才华，不屈的灵魂。在中国最黑暗、最动荡、最悲惨的时代里，萧红无疑是最有才华、最有血气、最不甘沉沦、最具有反叛精神的一个存在。她在民族危亡之际，深感国土沦陷的屈辱与艰辛，以笔为枪，满蘸血泪，孱弱身躯勇砸地狱之门，把作家的心血，东北广袤的黑土，铁蹄下的不屈人民、牲畜、野草和高粱，搅成一团，反映了日寇铁蹄下的东北人民的悲惨遭遇，表达了对侵略者的仇恨，开启了抗战文学的先声。在她短暂的一生中，始终体现了对穷人和妇女及弱势者的灵魂皈依，对个性解放和自由爱情的执着追求，至今尤其具有极强的启示意义。

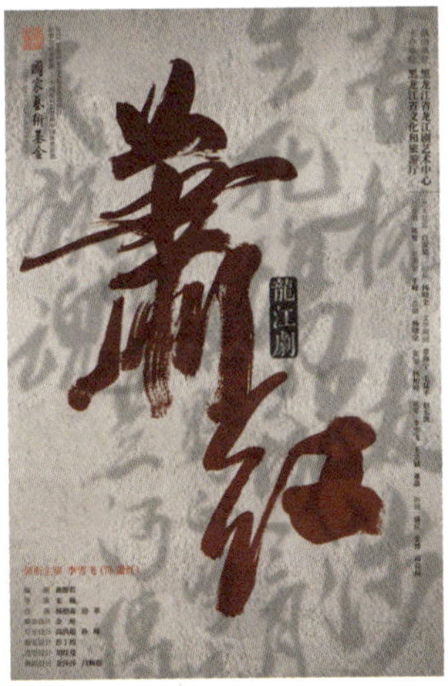

萧红的独特，萧红的价值，萧红的传奇性，萧红的精神世界，萧红的苦难和伟大，以至于萧红的非议与留白，关于萧红的一切众说纷纭海量庞杂，可不论世人如何评说，萧红的文字始终静静地躺着，沉默而有力。那么，在历史情节真实的基础上，另辟蹊径地艺术再现，主创们花了大量的时间和精力，不断地去研究和创作，不断地去字里行间，追寻和品味她的踪迹和味道，回溯和探寻她的精神世界。在创作中，用一颗滚烫的心，去拥抱这个伟大而悲情的女性。

龙江剧《萧红》共演出 14 场，总观众人数约 11000 人。在“黑龙江省北疆文化艺术奖”暨全省新剧目调演中，荣获“优秀剧目一等奖”“编剧一等奖”“导演一等奖”“表演一等奖”等多个省级奖项。项目实施期间平面媒体报道共计 8 篇，网络媒体报道共计 42 篇，电视报道 2 次，专业评论 3 次。首演后央广新闻、新华网分别对大型原创龙江剧《萧红》在哈尔滨首演进行了报道。

龙江剧版《萧红》与当下有关萧红的作品有相通之处，却又有极大的不同。它的不同在于，用黑龙江特有的剧种来讲述龙江大地独一无二的女作家。地域、风土的亲厚，使人解读起萧红更有说服力，也更能够在原有的层面上架构起一个鲜活、立体的萧红，让观众在剧情的延展中爱上这个特立独行、敢爱敢恨、才华横溢的传奇女人。

在龙江剧《萧红》中，艺术家们很好地融入了守正创新的精髓，在创作上找到了最适宜的表达。龙江剧《萧红》守住了本真，焕发出新的戏曲生机。龙江剧版萧红并没有悲惨地死去，而是在呼兰河水的拥抱中，魂回呼兰河……这个大悲与大喜同存的结尾满足了人们对“团圆”的期待，更让这段不朽的故事有了生的延续。大气厚重、凄美细腻、鲜活生动，龙江剧这株北方土地上放肆生长的“野草”恰如萧红一般，极具生命力……

音乐剧《守界人》

项目主体：新疆艺术剧院歌剧团

项目负责人：刘洪平

音乐剧《守界人》不仅会聚了新疆艺术剧院歌剧团的优秀团队成员，邀请导演陈蔚担任艺术顾问，编剧由经验丰富的杨硕和姚承勋担任，舞美设计由申奥和任冬生担任，而且由被誉为“西部歌王”的阿不都拉·阿不都热衣木担任音乐总监和男主角，以及多次荣获文化部“文华奖”的古再力努尔·库尔班担任女主角。

音乐剧《守界人》以全国“时代楷模”“七一勋章”获得者、被誉为边界上活界碑的新疆生产建设兵团第九师161团巡边员魏德友为原型创作，作品以20世纪60年代中期、70年代、90年代中期，以及新时代的2021年4个时间点为轴，整个串联起魏德友与夫人刘静好携手并肩、相濡以沫、坚持边界巡边60年，不畏艰难、初心如故，为祖国守好西大门，使新时代守界人后继有人的感人故事。

音乐剧《守界人》共演出 12 场，总观众人数约 7100 人，市场票房收益约 13 万元。该项目获得首届新疆文化艺术节优秀剧目奖。

项目实施期间平面媒体报道共计 5 篇，网络媒体报道不少于 30 篇，电视报道 4 次，专业评论 1 次。“学习强国”平台曾两次报道过音乐剧《守界人》。

音乐剧《守界人》在创作和排练期间，项目主体提前公布了演出时间档，并精心制订了新闻推广计划表，每周按照计划表发布与演出相关的排练情况、设计构思以及主演的排练经历等信息，以吸引观众的注意力。在演出倒计时阶段，项目主体还特别成立了一个宣传小组，负责策划和实施推广方案，并拟定具体的宣传方案。此外，项目主体还拍摄了宣传花絮并准备了每天的宣传文字材料，通过各种媒体渠道和社交平台向观众传达此剧的信息和亮点，吸引更多观众前来观看。

音乐剧《春上海 1949》

项目主体：上海音乐学院

项目负责人：林在勇

音乐剧《春上海 1949》是 2019 年上海音乐学院献礼新中国成立 70 周年的大型创演项目。由上海音乐学院原党委书记、院长，上海师范大学党委书记、词作家林在勇编剧、作词，作曲家、音乐戏剧系主任安栋教授担任作曲，一级导演钟浩担任本剧导演，教师马良导演担任本剧的执行导演，一级舞美设计任冬生、董桂颖任舞美设计和服装设计，李奇副教授担任舞蹈总监，汤爱民老师担任声乐指导。同时，集结上音音乐戏剧系、管弦系、现代器乐与打击乐系优秀师生，共同承担音乐剧表演、乐队伴奏等。

音乐剧《春上海 1949》以 1949 年发生在上海虹口继光高级中学（原麦伦中学）的真人真事为原型，讲述了一批 17 岁的高中生怀揣着爱国的初心和对新中国的向往，保护革命同志，绘制第一幅新中国以来的毛主席画像，并以青春和生命，投身于新中国事业等令人惊叹的英雄之举。全剧紧扣“春”这个充满希望的主题，分“春节”“春游”“春寒”“春雷”“春澜”“春光”6 幕，讲述了青年学生对中国走向崭新时代的憧憬与向往，并用实际行动打破旧时代，迎接新希望。在音乐上充分调动了流行、爵士、摇滚、说唱、沪语歌谣、民谣等多种音乐风格，集中体现了“红色文化、海派文化、江南文化”在当代文艺创作中的传承与创新，既有老上海的历史感，又充分展现了上海的多元化和现代感特质，是中华传统文化创新性地融入音乐剧创作与演绎的一次全新探索。该剧从青年学生的角度，展现了对中国共产党、对国家、对民族的真切热爱之情，具有很好的思政教育意义。

音乐剧《春上海 1949》共演出 10 场，总观众人数约 9300 人。除国家艺术基金资助外，学校配套资金为 280 万元。2023 年 5 月 26 日和 28 日上音歌剧院两场演出对外售票市场票房收益约 14 万元。2023 年 7 月 19 日和 20 日在北京天桥艺术中心的两场演出，以票房收益置换场地费用，共计 24 万元。同时，在 2023 年 8 月，美国著

名的音响公司——博士音响公司定制了简约版《春上海 1949》演出，演出结束后获得了博士音响公司的高度赞扬，本场演出收益 81661 元。该剧作曲家、音乐总监、制作人安栋教授，依托音乐剧《春上海 1949》的排演，荣获 2022 年首届上海市课程思政教学展示活动人文艺术组特等奖。项目实施期间平面媒体报道共计 33 篇，网络媒体报道共计 15 篇，电视报道 8 次，专业评论 6 次。其中包含《人民日报》、《中国青年报》客户端、《中国文化报》等多家中央级媒体。

项目主体依托项目打造高水平教学资源。安栋教授依托原创音乐剧《春上海 1949》的排演，阐释中国原创音乐剧的戏剧特征、排演规律，并与西方经典音乐剧的相关段落进行类比训练，使学生全面融合已有的"唱、跳、演"专业知识，并系统学习舞台呈现和音乐戏剧的相关知识，全面提升音乐剧表演能力。同时，《春上海 1949》曲谱也于 2023 年 7 月由上海音乐学院出版社出版，成为高校音乐剧专业的重要教材，填补了中国原创音乐剧出版的空白。

项目主体依托项目进行思政教育辐射与推广。该剧在演出过程中，借助青春题材和红色题材，充分发挥思想政治教育的作用，增强和扩大思想政治教育传播的力度与辐射面。在上海市教育卫生工作委员会的关心、指导和支持下，组织了沪上十几所高校的大学生群体来观演，同时，也邀请了上海市中小学校长，以及多家大型企业员工观看演出，观众总人数共计 4000 余人次。第二轮演出中，观众有上海市各级党政机关人员、企事业单位人员、普通上海市民、高校师生等。2023 年 5 月 27 日的演出，恰逢上海解放纪念日，又正值上海主题教育开展如火如荼的时刻，因此，很多党政机关、企事业单位、高校以及街道党支部，将观演《春上海 1949》作为党支部的一次重要的主题教育活动和主题党日活动。

长沙花鼓戏《夫子正传》

项目主体：湖南省花鼓戏保护传承中心

项目负责人：罗维

该剧由剧作家徐瑛担任编剧，韩剑英担任导演，作曲家陈耀担任作曲，一级演奏员赵鸿飞担任配器兼指挥，灯光师周正平任灯光指导，服装设计师秦文宝任服装指导，张滴洋任舞美设计，一级舞美技师江霞任化妆造型设计，主演由全国戏曲表演领军人才计划入选人员朱贵兵、新时代中国戏剧（旦行）领军人才黄涓涓、一级演员张小虎、二级演员马可等担纲。

长沙花鼓戏《夫子正传》取材于传统花鼓戏《讨学钱》，在尊重原作的基础上将一出小戏扩展成一出大戏。故事围绕张九如跌宕起伏的人生经历展开，将一个小人物置身在一段风云际会的大历史的背景下，通过张九如这样一个新时代的旧文人的坎坷命运，体现他对中国文人核心价值观的坚守，喜剧性地展现他从一个酸腐固执、不合时宜的旧文人转变成士之精神的捍卫者，通过这种自我救赎的过程，彰显中国文人的

脊梁和中国文化的价值，实现了一个中国近代文人精神气节的完美收官，完成了“为教书先生树碑立传”的创作初衷，是戏曲舞台上践行“创造性转化、创新性发展”的成功之作。上承剧种精华，下启创新理念，是“省花路子”喜剧风格又一新的尝试。秉承“守正创新”的音乐创作理念，延续了“省花路子”雅俗共赏的音乐特质。在舞美设计方面，着重通过文字的拆分与重构去营造空灵的写意风格。

长沙花鼓戏《夫子正传》共演出 32 场，观众总人数约 65000 人，市场票房收益约 100 万元。先后参加全国戏曲（南方片）会演、第 22 届中国上海国际艺术节、2023 年戏曲百戏（昆山）盛典全国戏曲领军人才培养计划，入选人员优秀剧目邀请展演、第 3 届全国花鼓戏优秀剧目展演、第 18 届中国戏剧节、湘鄂赣三省优秀精品剧目展演周等重要活动，并获得第 25 届“曹禺剧本奖”、湖南省第 15 届精神文明建设“五个一工程”奖优秀作品奖、第 7 届湖南艺术节“田汉大奖”。

项目实施期间平面媒体报道共计 17 篇，网络媒体报道共计 2 篇，电视报道 2 次，专业评论 1 次。其中包含央视频、中华网报道与文旅中国等中央级媒体。

项目主体通过对《夫子正传》这一主题的深入研究，挖掘出“为教书先生树碑立传”及其思想的当代价值，使作品既具有文化底蕴，又富有时代精神。同时创新表现手法，在表演形式上守正创新，将喜剧与正剧融合，形成了独特的舞台表现力。在视觉呈现上，注重舞台布景、灯光、服装、道具等的设计，营造出浓厚的文化氛围。

儿童剧《遇见星海》

项目主体：西安儿童艺术剧院有限责任公司

项目负责人：王丽虹

儿童剧《遇见星海》由中央戏剧学院戏剧文学系教授、博士研究生导师胡薇任编剧，中国儿艺导演赵宇任导演，中央戏剧学院教授、博士研究生导师、中宣部“四个一批”人才边文彤任舞美设计，一级灯光设计、文化和旅游部优秀专家邢辛任灯光设计，任安任作曲。

儿童剧《遇见星海》以孩子的视角，勾勒出冼星海在抗日烽火中创作《黄河大合唱》的过程，通过五名战争孤儿在革命圣地延安与人民音乐家冼星海相遇、相识、相知，并在音乐熏陶和战火洗礼中互相成就以及共同成长的故事，传递出“音乐也能成为武器”的重要内涵。这场艺术与成长的“共同奔赴”，凸显华夏母亲河——黄河的内在精神和中华民族不屈的灵魂。而“星海”二字，既涵盖剧中人，更象征先烈、前贤为守护家国奉献、牺牲后所化的万千无名星汇聚而成并永远流淌在中华儿女心间的“亮晶晶的大黄河”。

该剧将历史素材与艺术真实同构并融于一体，探索红色题材精神内核与戏剧艺术形式的有机融合，拉近青少年与历史的距离，将红色传统融入美育教育的普及、传播和纪念，具有珍惜当下、居安思危的现实意义。全剧将革命历史教育、音乐美育教育和真善美人格教育熔为一炉，通过诗化的叙事、多彩的舞台艺术呈现，感染、启迪青少年观众，进行着润物无声的爱国主义教育。

儿童剧《遇见星海》共演出46场，其中线下41场，线上5场。观众总人数约170000人，其中线下约10000人，线上约160000人。市场票房收益约96万元。该项目先后参加“第九届中国秦腔艺术节”——秦腔艺术·薪火相传名团走进校园活动、第九届全国优秀儿童戏剧展演、第九届全国小戏小品展演、“纪念延安文艺座谈会80周年”——西安文艺界座谈会、2022第七届西安国际儿童戏剧展演、第五届青岛儿童戏剧节、第九届“圆梦中国·春苗行动”北京市优秀少儿题材舞台剧目展演、《文艺经典咏流传》陕西文艺精品“云”展播活动、第十届陕西省艺术节等演出活动。

获得第九届全国优秀儿童戏剧展演“优秀剧目”、第十一届中国儿童戏剧节“优秀展演剧目”，“戏剧中国”2022全国小戏小品优秀作品展演“组委会特别推荐剧目”，第九届全国优秀小戏小品展演“组委会特别推荐剧目”“优秀剧目”。省级奖项4项：陕西省第十六届精神文明建设“五个一工程”奖优秀作品奖、第九届“圆梦中国·春苗行动”北京市优秀少儿题材舞台剧目展演“优秀展演剧目”、西安市2022年度优秀文艺创作成果，以及《遇见星海》剧中小宝（小饱）饰演者杨萤在第十届陕西省艺术节获得“文华优秀表演奖”。

该项目被《光明日报》、《中国青年报》、“学习强国”平台、《大众日报》、三秦网、《文化艺术报》、西部网、群众新闻网、“西安发布”平台、华商网等多家媒体报道共170次。

儿童剧《遇见星海》在演出中不断吸收各方面的意见进行打磨提升，积极参加各地举办的各类戏剧展演、戏剧节、演出季等活动扩大影响力与观众覆盖面。同时组织该剧走进社区、乡村、学校等场所，收集和倾听来自专家和观众的反馈。利用儿童剧寓教于乐的形式，让观众与演员、剧目进行深度交互，身临其境感受表演的魅力，在观看演出的同时又达到了艺术教育普及的效果，真正让戏剧艺术走进观众。通过剧院自媒体和官方社交媒体账号广泛地宣传、传播精彩演出，同时借助网络直播和点播技术，将演出推向更多地区，拓展国内外观众群体，提升剧目的影响力和知名度。

音乐剧（歌舞剧）《使命必达》

项目主体：广东歌舞剧院有限公司

项目负责人：熊健

音乐剧《使命必达》主创团队包括：导演高瑞嘉、音乐剧制作人李思音、编剧杨心彦、音乐总监赵继昀、韩国知名编舞张恩淑、作曲童达琴及张晓丹、舞美设计刘启薇、灯光设计杨东青、音响设计刘世疆、服装设计韩卓言，以及广东歌舞剧院紫罗兰乐队、舞台制作、舞蹈编导等国内外顶尖创作人才和团队。

音乐剧《使命必达》以一位快递小哥业余时间练拳，最终成为中国第一位 WBA 雏量级青年拳王金腰带得主的励志故事为创作灵感，讲述了快递员邹力为了寻找失散多年的妹妹，阴错阳差误入没落拳馆，一举冲击拳赛冠军的故事。

本剧以落魄的快递站和衰落的拳击馆两条主线串联起一个个鲜活的小人物，每个人都能在故事中看到些许自己的影子，在这趟有笑有泪的滚烫旅程中重新找到热爱的价值。剧中不仅融入了武术、醒狮等特色鲜明的岭南文化元素，而且将岭南音乐元素

融入摇滚、流行、说唱之中，赋予了岭南民乐崭新的活力，感受广东独有的人文氛围，找回独具广东风味的童年回忆。

音乐剧《使命必达》共演出 10 场，总观众人数约 11000 人。除国家艺术基金资助外，当地文化主管部门投入 314.28 万元。本剧在巡演中，始终把社会效益放在首位，兼顾社会效益与经济效益相统一，在按计划完成的 10 场演出中，6 场为公益性演出，3 场为文化惠民演出，市场票房收益约 70 万元。

音乐剧《使命必达》演出期间，除了在广东歌舞剧院的微博、微信公众号及视频号、抖音等平台，还在多家重要央媒、广东省内媒体以及演出领域知名自媒体等超过 50 家平台，通过图文、视频及现场互动等综合形式，全媒体、多渠道地进行了一轮宣传。其中包括人民网、光明网、新华网、《人民日报》、《广州日报》、《南方都市报》等，“大麦戏剧”“大麦广东”“猫眼演出”“剧焦 theatre”“微博戏剧”“新浪演出”等微博账号及微信公众号，“中国艺术头条”“中国音乐剧协会”等微信公众号官方平台，以及小红书、抖音、微信视频号等自媒体，据不完全统计，音乐剧《使命必达》在 2022 年 6 月至 10 月进行了近百次的宣传报道。

项目主体为更好地实施项目，首先制订了多渠道、全媒体的宣传推广计划，形成文字、图片、视频等多种形式的宣传资料库，针对不同的平台提供相应风格的资料。其次是组织线下的主创主演见面会，结合剧目内容特色与相关单位、团体或个人合作开展工作坊培训等活动，对剧目进行更有针对性的宣传及普及，拉近与观众的距离。

音乐剧《速记员》

项目主体：北京九维文化传媒有限公司

项目负责人：李可心

音乐剧《速记员》项目由九维文化传媒有限公司的张然担任编剧、作词、作曲，谢昱缇担任导演，陈斯担任舞美设计。

音乐剧《速记员》由一段真实历史改编，讲述以隐蔽战线女情报战士沈安娜为首的“用信仰点亮黎明”的英雄群像故事。本剧遵循沈安娜的人生轨迹，涵盖了抗日战争、国共合作、解放战争等多个历史阶段，场景地点跨越半个中国，从杭州到武汉再到重庆，全剧多达20场，讲述了沈安娜身边一众可歌可泣的亲人、同志一起经历生死考验，从而迎来革命的最终胜利。

作品深谙当代受众的审美心理，充分发掘红色故事的励志内涵，在历史真实的基础上，为沈安娜的艺术形象融入了“大女主”的色彩，赋予整剧以“年轻态审美”的

特征，从而让源于革命年代的故事和精神，在当下获得了最具感染力、极具共鸣的传承和发扬，让每位观众都能在走出剧场的时候深深被信仰召唤，唱着“加油吧沈安娜”奔向希望和理想。

音乐剧《速记员》共演出 11 场，演出均为剧场买断形式，即剧场负责剧组一切费用，票房全部归剧场所有，共计收入 174.9 万元，总观众人数约 10000 人。项目获网络媒体报道共计 63 篇，电视报道 2 次，专业评论 1 次。

音乐剧《速记员》作为中国共产党建党 100 周年的献礼之作，让信仰不作为空洞的口号，而是真正能够支撑中华民族砥砺前行的力量。这部作品的诞生，也彰显着民营艺术企业的历史担当与社会责任。民营企业从市场中来，更要回馈于市场。

吕剧《新版一号村台》

项目主体：山东省吕剧艺术保护传承中心（山东省吕剧院）

项目负责人：孙香兰

吕剧《新版一号村台》由一级编剧杨林（已故）执笔，作曲家、山东省吕剧院原院长栾胜利担任作曲，河南省文化艺术研究院原院长、享受国务院政府特殊津贴专家、一级导演李利宏担任导演，中央戏剧学院教授、国际舞台美术联盟专家、博士研究生导师边文彤担任舞美设计，享受国务院政府特殊津贴专家、中国国家话剧院一级灯光设计邢辛担任灯光设计，浙江传媒学院专职教师王笠君担任服装设计。

吕剧《新版一号村台》要表达的思想主要分为三点：第一点是脱贫攻坚，深入推动易地扶贫搬迁，谱写人类反贫困史上的辉煌篇章；第二点是走中国特色社会主义乡村振兴道路，让农业成为有奔头的产业，让农民成为有吸引力的职业，让农村成为安居乐业的美丽家园；第三点是为全球减贫事业，为决胜全面建成小康社会贡献中国智慧和中国方案。

创作吕剧《新版一号村台》是为了讴歌践行习近平总书记实施乡村振兴战略的战斗在第一线的脱贫攻坚的英雄们。本剧的创作就是生动鲜活地展现乡村振兴战略在黄河滩区上风云叱咤、波澜壮阔的现实图景。本剧用戏剧的方式为落实党中央决策部署，全面推进精准扶贫、精准脱贫，脱贫攻坚取得决定性进展唱响赞歌。

吕剧《新版一号村台》共演出 23 场，总观众人数约 10000 人，市场票房收益约 27 万元，并参与 2022 年首届黄河流域戏曲演出季。项目实施期间平面媒体报道共计 5 篇，网络媒体报道共计 31 篇，电视报道 4 次，专业评论 5 次。

《新版一号村台》自上演以来，山东省吕剧院坚持边演边改，根据专家的意见建议，根据观众的反响感受，对剧中存在的矛盾疑点进行修改。同时，对舞美设计、服装道具、灯光效果等凸显的问题也进行了梳理与总结。

从整体看，《新版一号村台》是一部高度契合“喜迎二十大胜利召开”主题的舞台艺术作品，具有很强的现实意义。在百花剧院驻场演出期间，精神文明协作区的多

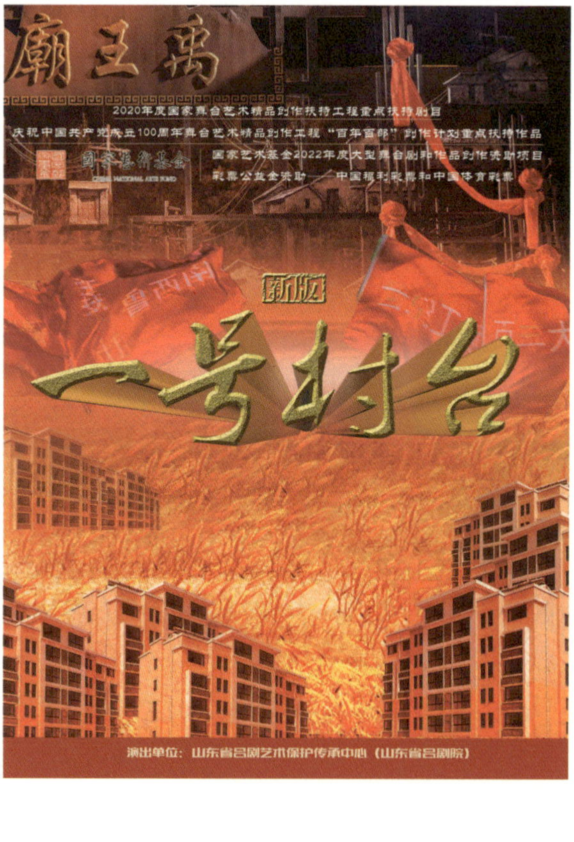

家单位组织党员前来学习观摩。广大党员干部纷纷表示，看此剧后，心灵得到洗礼，思想受到教育，在以后的工作中，要时刻牢记党的全心全意为人民服务的宗旨，对标先进、查摆差距，勇于奉献、敢于担当，贡献自己的力量。

歌剧《康定情歌》

项目主体：上海音乐学院

项目负责人：尤继一

歌剧《康定情歌》由男中音歌唱家、上海音乐学院院长廖昌永担任艺术总监、总导演，作曲家、上音作曲系主任周湘林与上音附中校长丁缨担任作曲，一级编剧李亭担任编剧，著名指挥家张国勇担任指挥，一级舞美设计、贺绿汀高级研究院高级研究员任冬生担任舞美、灯光设计，知名制作人、上音数媒学院院长尤继一担任制作，副院长程瑜怀担任多媒体总设计，贺绿汀高级研究院高级研究员潘健华担任服装设计。

歌剧《康定情歌》最初来源于流传在四川康定地区的民歌小调“溜溜调”，是具有世界影响力的中国传统民歌。基于这首民歌而创作的歌剧《康定情歌》，讲述了大学毕业生尚镛怀揣少年时的理想和一段邂逅的爱情来到雪域高原，与藏族老人次旺、藏族姑娘嘎玛和道班班长洪忠义之间感天动地、震撼人心的故事。它所反映的时代背景是：1954 年，在党中央统一领导和指挥下，由解放军、工程技术人员和当地人民群众组成的 11 万筑路大军共同建成了总长 4360 千米的川藏公路（原称康藏公路）、青藏公路，结束了西藏没有公路的历史。该剧目生动展现了在中国共产党的领导下新中国取得的伟大成就，以及推动西藏实现社会制度历史性跨越、经济社会快速发展的壮丽历史画卷，讴歌了“两路”精神、民族团结，描摹了那个时代的英雄群像。

歌剧《康定情歌》共演出 14 场，总观众人数约 10000 人。项目配套资金：除国家艺术基金资助外，接受光明乳业捐赠 30 万元并捐赠磨西镇中心小学共助甘孜学子健康成长；上音配套资金合计 756.72 万元；甘孜藏族自治州赞助 600 万元。市场票房收益约 12 万元。先后参与第 5 届中国歌剧节、第 29 届“蓉城之秋”成都国际音乐季、上音歌剧院首届“歌剧音乐剧演出季”，并获得文化和旅游部 2022—2023 年度“中国民族歌剧传承发展工程”重点扶持剧目；第 5 届中国歌剧节“优秀剧目”；教育部 2023 年度高校思想政治工作质量提升综合改革与精品建设项目；上海市文化发展基金重大项目；建党百年和全面小康主题首批重点文艺创作项目等奖项。

项目实施期间平面媒体报道共计15篇，网络媒体报道共计653篇，电视报道3次，专业评论3次。其中包含央广网、人民融媒云以及《人民日报》等中央级媒体。

歌剧《康定情歌》将剧目排演与立德树人深入融合，传承发展上音“教创演一体化”人才培养模式，以高质量的三轮演出立稳舞台，展现了学校“重视基础、严格教学、精于实践、善于总结”的丰厚文化积淀，将创作、表演、研究、应用的全学科平台与优秀教师队伍集中展现。上音师生“以舞台为教室”精心打磨，通过真实的舞台表演，培养了师生的歌剧舞台实践能力，为建立中国歌剧表演体系贡献力量，为培养扎实可靠的民族歌剧实践者、继承者、开拓者贡献标准。通过各地巡演，深入开展“行走的音乐思政课”，融合文化润边项目的开展，真正让思政教育入脑入心。

民族舞剧《只此青绿——舞绘〈千里江山图〉》

项目主体：中国东方演艺集团有限公司

项目负责人：刘杰

民族舞剧《只此青绿——舞绘〈千里江山图〉》主创团队由目前活跃在国内舞台创作一线的艺术家组成：中国东方演艺集团优秀青年编导、四度摘得“文华奖”、被媒体称为“中国舞坛双子星”的周莉亚、韩真任总编导，编剧徐珺蕊，作曲吕亮，舞美设计高广健，灯光设计任冬生，服装设计阳东霖，造型设计贾雷，执行编导刘翠、谢元臻、刘鑫，特邀编导何俊波、张振国，多媒体设计张松，摄影王徐峰，平面设计刘仙临，书法杨涛等。由中国东方演艺集团有限公司舞者张翰、孟庆旸、谢素豪以及北京舞蹈学院教师汪子涵领衔主演。

民族舞剧《只此青绿——舞绘〈千里江山图〉》经过长期策划、选题、论证，选择以宋代青绿山水画的艺术巅峰代表作《千里江山图》为背景，通过舞蹈和绘画等艺

术门类的跨界融合，展现中国古典艺术之美和优秀传统文化的时代气息，以“让文物活起来”的理念，彰显中华文化的历史光辉和创新活力。作品紧扣集众多艺术之大成的北宋时期的审美品格，遴选与青绿山水画作相关的传统工艺技法如：养蚕、缫丝、制笔、磨石、篆刻、装裱等，以打破时空的蒙太奇手法为从事相关技艺的手工艺者描摹画像，使其与少年画家王希孟在时空的交点上共同构成一幅色彩丰沛、情感浓烈的人文历史画卷。

民族舞剧《只此青绿——舞绘〈千里江山图〉》共演出 200 场，总观众人数约 150000 人。2021 年项目总成本 1830.66 万元，项目当年营业收入 1918.2 万元，除国家艺术基金资助外，北京市艺术基金扶持 100 万元，2021 年项目毛利 184.62 万元。

项目参与中国驻印度使馆国庆 73 周年线上招待会、香港回归祖国 25 周年文艺晚会、2022 年联合国中文日暨中央广播电视总台第二届海外影像节、第 13 届中国艺术节·闭幕式、第 13 届中国艺术节参评、海南岛春季国际艺术展、2022“世界舞蹈剧场”（江苏南京）、中国上海国际艺术节——演艺大世界·全国优秀舞台艺术作品展演、第 4 届中国苏州江南文化艺术·国际旅游节等重要演出活动。

项目获选“庆祝中国共产党成立 100 周年舞台艺术精品创作工程”重点扶持作品、第 17 届文华奖、北京市惠民文化消费季特别榜。项目实施期间平面媒体报道共计 60 篇，网络媒体报道共计 1860 篇，电视报道 200 次，专业评论 18 次。

项目主体打造艺术精品的同时不断推动资源转化，延伸产业链。在创新发展、跨界融合上不断尝试，深入挖掘中国传统文化精粹，通过强强联合向世界传达中国人的文化自信，努力走出传统文化的创新发展之路。

话剧《大道》

项目主体：广州话剧艺术中心有限公司

项目负责人：王筱頔

话剧《大道》主创团队由上海文广演艺集团副总裁、一级编剧、上海话剧艺术中心艺术总监喻荣军担任编剧，一级导演、五度文华导演奖获得者王筱頔担任导演，一级舞美设计季乔担任舞美设计，一级灯光设计、文化和旅游部优秀专家邢辛担任灯光设计，上海锐丁服装设计中心艺术总监李锐丁担任服装造型设计，广州话剧艺术中心作曲，二级作曲于力担任音乐作曲。

话剧《大道》是在“人类命运共同体”的高度立意下，以科技自立为主题，以大湾区建设为背景，从中国通信科技代表企业的发展切入，观照中华民族复兴的探索之路。作品在大湾区建设背景下，以中国通信发展的代表企业“国讯”为窗口，从中国

通信发展30多年的缩影里，看见中华民族源远流长的文明积淀与博大智慧，从对一个企业家的观照、对一个企业的观照、对高新科技行业自主创新崛起的观照，得以认识民族复兴的独立发展之路从探寻到领跑的智慧蕴藏；展现了在“人类命运共同体”的高度立意下，在科技自立、科技强国的新时代进程中，党领导人民奋进的未来征程。

话剧《大道》共演出21场，总观众人数约5000人，市场票房收益约15万元，同时举办了“以美育人，以文化人——校园、社区美育行，企业团建艺术赏”等公益演出活动。先后参与第十三届中国艺术节暨第十七届文华奖线上演播与第二届粤港澳大湾区文化艺术节舞台艺术精品。并获得第十三届中国艺术节暨第十七届文华奖“文华导演奖”、广东省第十二届精神文明建设“五个一工程”奖“优秀作品奖”等奖项。

项目实施期间平面媒体报道共计7篇，网络媒体报道共计18篇，电视报道2次，专业评论5次。其中包含《文艺报》《中国文化报》《人民日报》与《中国演员》等中央级媒体。

该项目按计划完成演出场次，含公益性演出。收集专家、戏迷、媒体等对剧目演出的评价，进一步推广宣传，产生文艺评论、话题讨论，制造文化效应，同时通过惠民演出、公益性团体观演、剧组探班、剧场探秘、演后谈等多样演出及活动形式，扩展宣传影响和口碑传播。在首轮演出基础上，联系并计划之后的巡演或复演计划，结算该轮演出的收益、成本，收集观演回馈及演出评价，总结各项演出准备、实施工作情况，不断完善剧目。

跨界融合作品《文姬归汉》

项目主体：厦门市南乐团

项目负责人：杨雪莉

跨界融合作品《文姬归汉》由古典剧作家王仁杰编创剧本、导演韩剑英执导、作曲吴启仁担任作曲、作曲江松明担任音乐编配、舞美设计师黄永碤和刘鹏担任设计、中国戏曲学院教授秦文宝担任服装设计、刘传龙担任灯光设计。中国曲艺牡丹奖表演奖获得者杨雪莉，一级演员、省级非遗传承人王安娜，二级演员郑黎春，市级非遗传承人杨一红，市第七批青年创新人才潘文龙，南音新秀蔡凯琳等出任主要角色，同时还有一批优秀的青年演员参与其中。

跨界融合作品《文姬归汉》强化了传统文化意蕴，融入文化重建的思考，紧扣“去国怀乡”的文化母题，辗转吟唱，以女诗人的生命苦旅和对华夏文化的坚守与回归为主线。全剧由“战乱被掳”“胡地思乡”和“别子归汉”三个乐章构成，歌颂了浓厚深沉的爱国主义精神，彰显了中华传统文化的深层价值和穿越时空的精神力量，探索了中华优秀传统文化的创造性转化与创新性发展，以及优秀传统文化对中华民族发展绵延不息的精神力量。剧目创作有助于深入思考中华传统文化在当代文化建设中的作用，进一步探索中国故事和中国精神的当代表达。

跨界融合作品《文姬归汉》共演出 23 场，总观众人数约 5 万人，演出每场上座率 9 成以上，带动周边经济发展。参加第 22 届中国上海国际艺术节展演，并获得第 12 届中国曲艺牡丹奖全国曲艺大赛（临平赛区）获节目奖提名。2023 年荣获第 5 届福建省曲艺丹桂奖"大赛节目奖（大型作品）一等奖"、入选 2022 年度福建省舞台艺术精品工程重点剧目。

项目实施期间，不仅得到《福建日报》、福建省人民政府门户网、东南网等省内多家媒体的报道，还登上福建卫视、厦视一套二套、厦门卫视新闻，获得 18 家国家级媒体客户端及知名网络平台的深入报道，如《人民日报》、《中国日报》、"学习强国"、人民网、光明网、《中国艺术报》、《中国青年报》、中国新闻网、文旅中国、千龙网 · 中国首都网、《中国晨报》、今日头条、搜狐新闻、腾讯新闻、新浪网、微博、东方网（上海）、百度百科等，其中中国新闻网观众点击量达 33.6 万次。

跨界融合作品《文姬归汉》在尊重传统、完整继承的基础上，以曲艺南音为主体，大胆跨界创新，以强烈的现代意识，融汇中西剧场语汇，探讨中华优秀传统文化的创造性传承与创新性发展，以当代审美讲述中国故事。该剧从舞台美术设计、灯光设计、人物造型、服装设计、舞台调度、肢体语汇等方面都追寻现代审美意识和中国文化古典韵味的衔接与契合，呈现高度风格化的中国气派。舞台美术设计融入强烈的装置艺术风格，多媒体舞台投影技术和灯光的有机配合，从汉俑的造型艺术汲取灵感的舞蹈肢体语汇引入古琴、编钟、埙、鼓等传统古老乐器和大提琴等西洋乐器，丰富了舞台表现力。整体舞台呈现空灵、写意的风格，强调意象与象征手法的运用，营造古朴意蕴，表现南音的当代传承和创新发展。

现代舞剧《咏春》

项目主体：深圳歌剧舞剧院有限公司

项目负责人：李晨晨

现代舞剧《咏春》由舞坛编导“双子星”周莉亚、韩真联合执导，编剧、舞蹈理论家和评论家冯双白担任编剧，音乐家杨帆作曲，一级舞美设计任冬生担任灯光设计，中国歌剧舞剧院首席服装设计师阳东霖担任服装设计，胡艳君担任舞美设计，贾雷担任造型设计，谭英杰担任多媒体设计，中国东方歌舞团编剧徐珺蕊担任造型设计兼宣传策划顾问等。

现代舞剧《咏春》以一深圳剧组拍摄电影《咏春》为引，电影里的“叶师父”远赴他乡，怀抱“咏春堂”牌匾踏入群雄林立的武馆街，只为开咏春的一扇门；舞台上的片场中，剧组众人同样怀抱梦想奔赴山海，只为追寻心中那一束光……

咏春、太极、八卦、八极、南螳螂……精彩卓绝的武学招式、登峰造极的高手对垒、热血燃情的快意江湖，电影人以光影塑刻英雄的身影，原来这一方“造梦”的片场，便是梦想开始的地方，而每个追光的人，都在奔赴着自己的武林。

现代舞剧《咏春》共演出118场，总观众人数约15万人。该剧已获批经费资助800万元，包括国家艺术基金400万元和深圳市宣传文化基金400万元。现代舞剧《咏春》采取市场化运营方式，深圳歌剧舞剧院与北京保利剧院管理有限公司签署该剧三年200场全国巡演合作协议，单场签约演出费为20万元。先后参加舞剧《咏春》国际夜、第22届中国上海国际艺术节，参与华表奖开幕式演出。

该项目被人民网、《人民日报》、央视网等百余家央级、省级和地市级电视、门户、纸媒、新媒体进行了专题独家报道，全网掀起讨论热潮。

该项目一是坚定文化自信，以“双非遗”推动岭南文化创造性转化、创新性发展。从岭南文化中汲取创作灵感，确定了以“咏春拳”和“香云纱”两大国家级非物质文化遗产为演出题材与展现形式，生动演绎了岭南优秀传统文化的创造性转化、创新性发展；二是深化院团改革，以“双效益”为要求推动文艺高质量发展。《咏春》从创

排至今，一直秉承社会效益和经济效益相统一的要求，创排初期即被中国保利文化集团一次性购买 200 场国内巡演，其后又开发周边文创及制定商业赞助条例，成为“既叫好又叫座”的标杆性文艺精品。《咏春》巡演过程中，剧组在现场派发深圳旅游册子，宣传营销深圳旅游，引客来深。未来，深圳歌剧舞剧院将探索策划《咏春》深圳驻场演出，力争成为文旅融合的范例。

豫剧《大河安澜》

项目主体：河南豫剧院

项目负责人：贾文龙

豫剧《大河安澜》由原总政话剧团一级编剧王宏任编剧，河南省文化艺术研究院一级导演张平任导演，河南豫剧院一级作曲赵国安任作曲，一级指挥李宏权任配器指挥，一级舞美设计边文彤任舞美设计，一级演员贾文龙任主演。

豫剧《大河安澜》讲述了20世纪50年代至今父子两代人护河、治理黄河的感人故事。以大河、大堤父子二人护河、治河为主题，以父子两代人在不同的时代背景下的选择与行为，展现人们为黄河所作出的牺牲和贡献。

豫剧《大河安澜》单位自有资金投入11.04万元，地方财政投入300万元。共演出13场，总观众人数约1万人。参与第13届中国艺术节，先后获得第17届中国文化艺术政府奖“文华奖”提名剧目、河南省第13届精神文明建设“五个一工程”奖优秀作品奖。

项目实施期间平面媒体报道共计10篇，网络媒体报道共计10篇，专业评论2次。其中包含中央级媒体中国青年网对该项目的两篇报道。

在项目实施过程中，采取线上线下同时演出的方式，在没有增加较多资金成本的情况下，提高了作品展示的影响力，拓宽了作品演出渠道，这样可以使作品取得更广泛的展示空间和更多的演出反馈。

祁剧《荷花细雨》

项目主体：衡阳祁剧艺术有限责任公司

项目负责人：费建楚

祁剧《荷花细雨》由第23届曹禺戏剧文学奖得主、一级编剧曹宪成编剧，二级导演肖彬担任导演，一级作曲陈耀担任本剧音乐设计，二级作曲邓尧民担任本剧唱腔设计，主任舞台技师张滴洋担任本剧舞美设计，一级舞美设计师周朝晖担任本剧服装设计，一级作曲陈经荣担任本剧指挥，一级灯光设计师吴介隆担任本剧灯光设计，主任舞台技师唐华担任本剧化妆设计。

祁剧《荷花细雨》是继“花雨系列”《杏花春雨》《梨花带雨》《桃花烟雨》之后，又一当代农村题材舞台戏曲的新作，旨在总结我国在取得脱贫攻坚阶段性胜利的前提下，力图讲好进一步深化体制改革中城乡一体化的励志故事，通过典型环境、典型人物，典型事件中呈现的战友情、母子情、婆媳情、恋人情、军民情、姊妹情、邻里情

的铺排营构，揭示农村、城市的改革过程中，各色人等的精神风貌，展现伟大事业中人物关系重组后的旖旎风光。

祁剧《荷花细雨》共演出 11 场，总观众人数约 36000 人。项目实施期间被中国网、“学习强国”等媒体报道共计 17 篇，电视报道 4 次。

由于地方财政有限，对于创作经费的拨付力度不够。衡阳祁剧正是在这种窘境下采取了“横向借力”的办法，即把四个院团每年的创作经费集中起来，由祁剧团牵头创排剧目，其他团协助（包括演员、乐队以及其他演出设施），这样既可调动各院团积极性又不增加院团压力，也不增加财政负担，此举得到了市文化和旅游局的大力支持，这才有了祁剧《荷花细雨》的前世今生。这种创排模式还得到了湖南省文化和旅游厅的高度评价和一致认可。

杂技剧《战魂——第三战队》

项目主体： 西安演艺集团有限公司

项目负责人： 寇雅玲

杂技剧《战魂——第三战队》集合了原总政歌舞团、原海军文工团、原广州军区话剧团等众多实力派主创，其均具有丰富的舞台艺术创作经验和重要成果，包括制作人张权、导演刘晓栋、执行导演陈泽民、编剧陈萱、舞美设计王琛、造型设计贾雷、服装设计章月儿、作曲秦洪宇、灯光设计王毅、道具设计郭联豪。

杂技剧《战魂——第三战队》中，第三战队的年轻战士们用他们的生命经历、意志品质告诉我们，人民军队、钢铁战士无论是在中华民族解放独立的时代，还是在伟大复兴的今天和未来，都是为我们负重前行的捍卫者。

该项目是西安演艺集团·西安战士战旗杂技团这支曾经的部队文工团，用艺术作品阐释人民军队百年淬炼的钢铁军魂的自觉和担当。《战魂——第三战队》对于增强人民群众对军队和国防的了解、激发人民群众对子弟兵的热爱、表现军改成就、弘扬强军思想、培养全社会的拥军爱国热情、引导青少年踊跃参军具有重要意义。同时，

作为一部杂技剧，有着非常突出的市场优势，加之团队主创人员大多来自曾经的部队文艺院团，驾驭军旅题材艺术作品的能力具有天然的优势，无论是从故事情节的巧妙性、人物刻画的典型性、主题价值的思想性、技术技巧的高超性还是舞台呈现的多元性、艺术门类融合的丰富性方面，都有一定的创新。

现代军旅题材杂技剧《战魂——第三战队》额外获得陕西省文化和旅游厅创作资助120万元、陕西省委宣传部创作资助50万元、西安市文化和旅游局创作资助60万元，创作资助共计530万元。获得陕西省文化和旅游厅交流推广演出资助30万元、陕西省文化和旅游厅惠民演出资助21万元、西安市文化和旅游局精品剧目展演资助6万元，演出资助共计57万元。获西安市文化和旅游局入选国家艺术基金配套奖励30万元。

项目共演出36场，含一场线上展演，总观众人数约39000人，其中线上约11000万人，市场票房收益约421万元。先后参与第11届全国杂技展演、第5届中国杂技艺术节、第10届陕西省艺术节，并荣获第11届全国杂技展演“优秀剧目”，第5届中国杂技艺术节“优秀剧目”，陕西省文化和旅游厅、陕西省财政厅2021年度艺术创作资助项目，第10届陕西省艺术节文华“导演奖”。

项目实施期间，平面媒体报道共计6篇，网络媒体报道共计80余篇，电视报道5次，专业评论2次。其中包括《中国文艺报》《中国文化报》以及新华社等中央级媒体。

在项目实施期间，团队充分利用新媒体、广告、宣传活动等渠道，吸引观众的关注。在演出中收集视频素材，设计和制作海报、预告片和相关内容；利用团队自主培育的直播账号推广演出信息。并重视观众反馈，通过调查问卷等方式，收集观众的意见和建议。帮助优化演出和巡演过程，提高观众的满意度。

锡剧《装台》

项目主体：江苏省演艺集团有限公司

项目负责人：柯军

锡剧《装台》由艺术家郭小男担任编剧、导演，中央戏剧学院一级舞美设计黄海威担任舞美设计，国家话剧院一级舞美设计王瑞国担任灯光设计，一级作曲吴忠良、邹文蔚以及资深音乐人王葳担任音乐设计，锡剧表演艺术家、“梅花表演奖、文华奖、白玉兰奖”获得者周东亮和锡剧名家、一级演员季春艳领衔主演，一级演员张金华、汤达等主演，还有杨秋驰、李佳等一批新生代青年演员联合演绎。

锡剧《装台》从著名剧作家陈彦的同名小说中攫取精华，并结合当下实际和锡剧剧种特色进行加工改编，将时空背景转换为当代江南，围绕着装台人刁顺子的家事与从事装台的一群人的舞台生活展开，从生存层面、情感层面、精神层面三个角度反映

装台人的工作生活和心理空间，并以“小人物”野草般坚韧的“蝼蚁精神”贯穿全剧始终，将“装台”真实还原于舞台之上，用锡剧的独特唱腔再现装台人的悲欢离合与酸甜苦辣，展现新时代小人物的奋斗与坚守。该剧是用文艺书写人民性的一次有益尝试，具有典型的现实意义。

锡剧《装台》共演出 15 场，总观众人数约 9500 人。项目入选文化和旅游部“新时代舞台艺术优秀剧目展演”、江苏省新时代现实题材作品巡演、2022 年度紫金文化艺术节新创剧目展演、江苏省新时代舞台艺术优秀剧目巡演、2023“百梅争艳”戏曲汇梅花奖精品剧目展演，并荣获 2022 紫金文化艺术节“优秀剧目奖”。

项目实施期间，平面媒体报道共计 3 篇，网络媒体报道共计 30 篇，电视报道 2 次，专业评论 5 次。

作为一部新时代现实题材剧目，锡剧《装台》遵循“旧中见新，新中有根”的原则，既充分展现锡剧这个苏南地方剧种生活化、接地气的特色，又以新题材、新呈现为锡剧艺术带来一场 “拓圈”探索。还借鉴了话剧、音乐剧等手法，注入了许多当下流行元素，并设计了几场“戏中戏”，让刁顺子与京剧《钟馗嫁妹》中的钟馗、《野猪林》中的林冲进行精神对话，探索锡剧在历史传统滋养下的风骨走向，让传统戏曲表达的意涵更加浓郁。舞台呈现更是真实还原了舞美装台场景与装台人的生活图景，突出展现“装台人”这样一个社会底层小人物群体的奋斗与坚守，该剧的思想性、艺术性、观赏性得到了专家们“精品气象”的高度评价。

音乐剧《在远方》

项目主体：北京歌舞剧院有限责任公司

项目负责人：杨照珩

音乐剧《在远方》由舞台、影视编剧申捷担任编剧，作曲家金培达任音乐总监，北京舞蹈学院音乐剧系剧目教研室主任、中国音乐剧协会创作专业委员会秘书长肖杰任导演，作曲家张筱真任作曲、编曲、执行音乐总监，北京歌剧舞剧院音乐剧团团长阿云嘎任作曲，上海市音乐家协会音乐文学协会会员、深圳流行音乐协会专家顾问田辰明任作词，中央民族大学舞蹈学院教师崔涛任舞蹈总监、编舞，一级舞美设计任冬生任视觉总监，一级舞台美术设计耆娜任造型服装设计。

音乐剧《在远方》讲述 20 世纪的“黑快递”姚远与兄弟们在躲避稽查途中，误

打误撞与稽查队队长的女儿路晓欧相识，引出一系列笑中带泪的故事。该剧改编自斩获2020年白玉兰奖4项提名、第30届中国电视金鹰奖优秀电视剧提名的同名电视剧，以快递、互联网为载体，以青年人奋斗拼搏为线索，将生而平凡却不甘于平凡的小人物作为主角搬上音乐剧的舞台，用接地气却又不失时尚的语言，刻画了当下一批有理想、有追求的普通人在平凡岗位上发挥个人价值、实现人生梦想的故事。

音乐剧《在远方》共演出41场，总观众人数约36000人，市场票房收益约1800万元。该项目入选全国优秀音乐剧展演剧目、第13届中国艺术节优秀参演剧目、第2届全国优秀音乐剧展演特邀剧目、“庆祝中国共产党成立100周年舞台艺术精品创作工程”重点扶持剧目，并荣获第10届北京市文学艺术奖。项目实施期间，平面媒体报道共计百余篇，网络媒体报道约150篇，电视报道16次，专业评论4次。

该项目坚持别具一格的题材开掘。音乐剧《在远方》是“以人民为中心”创作导向的艺术实践，是一部取材于人民为美好生活而努力奋斗的故事、“写人民、给人民看”并引发情感共鸣的现实题材作品，并通过音乐剧这一国际化的艺术形式讲述中国老百姓自己的故事。坚持与时代呼应的表达方式，将音乐剧现代性、流行性的元素与具有现实意义的中国故事、富有美学精神的中国表达相结合，坚持精良的艺术品质。青春而富有活力的舞台呈现赏心悦目，旋律引人心动，表演朝气蓬勃。

独幕剧《油茶花开》

项目主体：湖南艺术职业学院

项目负责人：刘振艳

独幕剧《油茶花开》项目由湖南艺术职业学院戏剧影视表演教研室主任刘振艳担任项目负责人和编导，其创作的现实题材大型话剧、小剧场话剧、独幕剧、微电影等作品获得教育部“特等奖”及多个省级“一等奖”“优秀剧目奖”“最佳编剧奖”等累计 40 多个奖项。同时获得湖南省科技创新引导计划专项等创作项目和课题 10 余项，发表学术论文和剧本 10 余篇、评论文章及散文 5 篇。

该项目取材于“精准扶贫”与“乡村振兴”的历史性接续，依托一位大山学子返乡支教的经历，讲述“精准扶贫之后”的故事，叩问“乡村振兴”伟大进程中的一个普遍问题：山里的“金凤凰”们肩负着父辈们如山的期望，受惠于精准扶贫的好政策，如今到了有反哺能力的年龄却面临着“走还是留”的两难选择。以该剧主人公为代表的当代青

年返乡大学生，以实际行动给出了他们的回答。

独幕剧《油茶花开》共演出5场，总观众人数约15万人次（其中含直播人数）。项目实施期间，媒体报道共计26篇，其中，中央媒体1篇，省级媒体12篇，地市级媒体13篇。文旅中国于2022年11月25日专题报道：《湖南艺术职业学院独幕剧〈油茶花开〉与观众相聚云端》，报道介绍了《油茶花开》线上直播的主要情况。

该项目持续的关注和思考为小作品创作打开天地，独幕剧《油茶花开》是“大山里的青春成长三部曲”（由独幕剧《妈妈回家》《油茶花开》《春雨沙沙》组成）中最重要的一部。这三部作品都围绕着主人公“诗琪”的故事展开，是项目团队从2018年深入采风并持续关注农村现实生活、不断创作思考的形象结晶。她的“少年时代”在“精准扶贫”的故事中活脱跳跃，并沿着时代的轨迹迎来“乡村振兴”的崭新篇章，迈步走进《油茶花开》。

下一步，主创团队将对这一系列作品进行持续开掘，讲好时代中的青年故事，锻造打磨文艺精品，本项目将在前期已有的基础上，打造一部具有较高思想性和观赏性的大型话剧作品，将继续书写“诗琪”们的时代故事。

群舞《浪漫草原》

项目主体：呼和浩特市歌剧舞剧院有限公司

项目负责人：刘艺

群舞《浪漫草原》由呼和浩特市歌剧舞剧院有限公司制作出品，青年编导阿格尔、莫日根担任该作品编导，呼和浩特市歌剧舞剧院舞剧团首席演员张羽琪、编导阿格尔担任舞蹈主演。

编导阿格尔、莫日根现任呼和浩特市歌剧舞剧院编导一职，代表作品舞蹈《爷爷们》《小巴特尔与喜羊羊》分别荣获中国舞蹈“荷花奖”民族民间舞奖及民族民间舞奖提名。

回望百年，在中国共产党的坚强领导下，这片美丽富饶的大地上，孕育了一群热情、奔放、勇敢的草原儿女，他们以吃苦耐劳一往无前的蒙古马精神创造了今天的美好生活。作为文艺工作者，更要牢牢把握铸牢中华民族共同体意识这一主线，坚持以

人民为中心的创作导向，传承好中华优秀文化，展示亮丽北疆风采。舞蹈《浪漫草原》以广大人民群众为主要表现对象，通过再现年轻牧民们浪漫趣味的生活场景，以小见大，展现新时代党领导下的草原民族乐观向上的生活态度，也蕴含着狂放不羁的真性情和浪漫情怀。该作品通过传统的蒙古族舞蹈表演技巧，为我们讲述了草原年轻人的精神风貌与美好生活，描绘了一幅祖国北方美丽富饶的画卷。同时也让传统的文化、久远的历史鲜活起来，既留住了文化的根和魂，也让文化传承与时俱进、焕发活力，使中华文化生生不息、历久弥新。

群舞《浪漫草原》共演出4场，总观众人数约3000人次，市场票房收益约8万元。该项目参加2022年内蒙古新年舞蹈晚会与2022年内蒙古广播电视台春节联欢晚会演出，获得第13届中国舞蹈“荷花奖”民族民间舞奖，以及省级奖项：内蒙古自治区第15届精神文明建设“五个一工程”奖优秀作品奖、第13届内蒙古自治区艺术“萨日纳”奖舞蹈作品奖。作品分别被央广网、中国网、《人民日报》与中国新闻网等中央级媒体报道。

该项目在实施期间一是坚持观众是好作品“试金石”的理念，深入群众中，全覆盖式开展惠民演出、公益演出、周末大舞台、专题晚会等，并及时收集观众反馈，不断对舞蹈进行修改完善；二是坚持问题导向，主动邀请业内专家观看舞蹈，与专家共同交流讨论，聚焦建议意见，逐一进行完善，不断提高作品质量；三是坚持专业素质保障，舞蹈演员是作品的灵魂，剧院从筛选演员开始，就从角色设定、专业擅长等条件进行考虑，让演员与舞蹈内容表达密切贴合，同时注重日常训练，坚持“走出去、请进来”，不断提升演员的专业能力。

小戏曲《审牛》

项目主体：武汉楚剧院有限责任公司

项目负责人：王文华

小戏曲《审牛》由武汉楚剧院有限责任公司出品，由剧作家、中国话剧终身荣誉奖获得者赵瑞泰和武汉市艺术创作研究中心戏曲研究部殷伟任编剧，一级导演王文华任导演，一级演奏员、武汉楚剧院艺术会副主任刘凯任作曲，二级舞美设计马晖任舞美设计，武汉楚剧院舞台灯光师成聪任灯光设计。

小戏曲《审牛》是集思想性、艺术性、观赏性于一体的当代“廉政主题”和“脱贫攻坚主题”交融并重的现代小戏。该剧以纪检干部魏晓芳不畏艰辛，深入贫困山区调查取证，核实举报详情为主要事件，揭示了个别扶贫干部在扶贫工作中的官僚主义、形式主义作风，正面树立了纪检干部不走形式、不搞过场，重事实、重调查，为“脱贫攻坚战”保驾护航的艺术形象。

楚剧服务人民群众，锣声鼓点奏响主旋律。在创作初期，主创团队决定把“廉政题材”和“脱贫攻坚题材”两大主题意蕴进行深入挖掘、融合呈现。仔细分析素材之后，决定用“牛”来发声，把审案破案过程戏剧化。

编排遵循艺术规律，精准设定人物性格。《审牛》是根据武当山地区真实案例创作而成。在人物性格设定上，以人物黄有光为例，其之所以选择骗补这种恶劣行为，原因在于因贫而绞尽脑汁瞎琢磨，最终成为一个地痞流氓的人物形象。这样的人物行为逻辑设定，从更深层次点明了国家扶贫政策的必要性、及时性、精准性。

小戏曲《审牛》至今共演出 6 场，线下总观众人数约 1000 人次，线上总观影人数约 49 万人次，市场票房收益约 9.7 万元。荣获第九届“全国小戏小品展演”优秀剧目奖，先后被《人民日报》、人民网、荆楚网、《湖北日报》等媒体报道共计 31 次。

该项目一是根据剧目特色，结合省市区各级政府廉政主题教育活动开展演出，实现社会效益及经济效益相统一；二是主创团队深入生活，体验生活，是剧目创作成功的根本保障；三是坚持守正创新，充分发挥花鼓戏的表演特色，结合时代表达语汇，达到思想性、艺术性、观赏性相统一的艺术效果。

群舞《茉莉芬芳》

项目主体：上海戏剧学院

项目负责人：庄丽

为庆祝中国共产党成立 100 周年，上海戏剧学院创演群舞《茉莉芬芳》，向党的生日献礼。该项目由上海戏剧学院舞蹈学院舞蹈表演系主任、一级演员、教授、硕士研究生导师庄丽主持负责兼任导演，特邀青年编导、北京舞蹈学院创意学院编导系副教授、硕士研究生导师谢飞担任导演，上海戏剧学院舞蹈学院古典舞教师徐婷婷、邢桑担任排练教师，上海戏剧学院附属舞蹈学校副校长、教授、学科“带头人”宁治担任艺术指导。

“志同道合”是自古有为者壮丽和震撼的盟约。志同者志趣相投、情谊相伴，道合者理想相系、信念相契。新中国的俊丽青年们伸出了炽热的双手，一手握住了为新中国诞生而立下的不朽誓言，一手又穿越时空伸向新时代阳光下的我们，代代

相牵……该作品托物于“茉莉”，言志于“芬芳”，怀抱中的我们无时无刻不在被祖国饱含芳香的气息吸引和感召，绽放自己青春的同时，也甘愿成为祖国百花园里的一枝“芬芳”，为祖国的花开，栽下“茉莉”朵朵！

群舞《茉莉芬芳》项目获国家艺术基金资助10万元，项目单位自有资金投入12.4万元，项目资金总计22.4万元。共演出2场，总观众人数约2000人次，均为公益性演出。项目先后入选第12届全国桃李杯舞蹈教育教学优秀作品展演、第12届中国舞蹈“荷花奖”古典舞评奖（中国舞蹈家协会）、第13届全国舞蹈展演（文化和旅游部），荣获全国第6届大学生艺术展演一等奖、优秀创作奖等。被各类媒体报道10余次。

自群舞《茉莉芬芳》立项后，主创团队迅速对项目进行了整体规划，积极和剧院合作传播与弘扬红色文化，主动参与各项公益性演出活动。此外，项目负责人在上海交通大学开展“优秀舞蹈作品的审美意蕴”的讲座，以群舞《茉莉芬芳》为例进行分析讲解，旨在传播红色文化，助力立德树人，在舞台表演、服务人民大众的实践中，提升文化自信和理想信念，在服务人民中砥砺从艺初心。

小戏曲《邯郸记 · 召还》

项目主体：江西省赣剧院

项目负责人：李媛媛

小戏曲《邯郸记 · 召还》系江西省赣剧院倾力打造的赣剧小戏。由导演徐春兰、刘安琪，作曲程列清，舞美罗江涛，造型蓝龄等组成创作团队。

赣剧是一个有着600多年历史的剧种，犹如一瓶陈年佳酿、历久弥香。而汤显祖的作品博大精深，早已成为戏剧艺术的珍品。习近平总书记指出要对传统文化进行创造性转化和创造性发展，这为新时期的文艺工作指明了方向。江西省赣剧院将赣剧与汤显祖的戏曲进行结合、转化，创排了《邯郸记 · 召还》，不仅体现出对汤显祖的尊重和纪念，也是彰显地方文化多样性、弘扬中华优秀传统文化的方式，是文化自信的重要体现。

邯鄲記·召還

小戏曲《邯郸记·召还》是对社会现象的深刻揭露、对人性的细致洞察和对人生价值的深邃思考。通过舞台展现，有力推动了赣剧艺术的传承和发展，进而以赣剧艺术为载体弘扬优秀传统文化，体现文化价值，彰显社会意义。

小戏曲《邯郸记·召还》共演出 68 场，总观众人数约 5 万人次，所有演出均为公益性演出，同时已开展进校园、下乡村、进景区等公益性活动。参与“喜迎二十大 奋进新征程”“我们的中国梦 文化进万家”“高雅艺术进校园”等系列文艺主题活动。

该项目坚持将“精品意识”贯穿工作始终，狠抓剧目质量。一是精益求精，确保精品质量。一部精品力作的诞生，绝非一朝一夕之功，必须经过多次打磨，反复锤炼。在作品打造过程中，项目团队精益求精，从细微之处入手，在每个细节上下功夫，确保演出质量，力求给观众带来最美的享受。二是群众欢迎，精品剧目受热捧。赣剧是江西代表性的地方剧种，它根植于民间，服务于百姓。江西省赣剧院一直秉承着“面向群众，艺术为民”的理念，用赣剧艺术为百姓幸福加码，受到各地群众的热烈欢迎和喜爱。

独幕剧《装满星星的花园》

项目主体：陕西艺术职业学院

项目负责人：何鸿雁

独幕剧《装满星星的花园》是由陕西艺术职业学院何鸿雁团队主创，儿童剧作家、制作人李华编剧，邀请了北京儿童艺术剧院青年导演薛森予导演执导的一部关注儿童心理，尤其是性格内向或者有表达障碍孩子心理的儿童剧。何鸿雁是词曲创作人、陕西艺术职业学院学前教育学院副院长、陕西省级学前教育专业教师教学创新团队成员。她为作品专门创作的儿童歌曲，起到了画龙点睛的作用。学前教育专业的教师团队和学生作为学龄前儿童教育事业的工作者和未来事业的接力者，也是本剧的主演及参与者。

独幕剧《装满星星的花园》是一部关注儿童心理成长的舞台独幕剧，分四个章节，以自闭儿童心理特点和心理转变发展为主线，以“小主人”身边的玩具伙伴为着眼点，通过他们之间发生的事情，以及心理的变化，推动整个故事发展。整部剧旨在展现自闭、内向儿童的心灵世界，呼吁社会对他们给予更多的爱和帮助。项目实施依托学院丰富的教学资源和儿童心理研究优势，在幼师中遴选儿童剧表演的优秀人才，全剧原创歌曲6首，舞蹈3支，舞蹈均采用儿童教育要求的舞

蹈动作，便于后期推广及舞蹈教学，传承经典文化血脉。通过音乐再创作、儿童歌舞编创、专家讲座、汇报演出、线上线下论坛等形式，基本构成了以“儿童剧”为核心的艺术教学、艺术研究、艺术创作与艺术实践互为支撑的多样体系。

独幕剧《装满星星的花园》在项目实施过程中，总计投入资金 30 万元，其中国家艺术基金资助 10 万元，陕西啧啧文化传媒企业投入 20 万元，项目负责人何鸿雁自筹经费 10 万元用于儿童心理、特殊儿童教育的相关工作建设，包含本剧进社区和其他社会公益活动。

独幕剧《装满星星的花园》共演出 10 场，总观众人数约 4000 人次（含线上观众人数），2022 年市场票房收益约 5.3 万元。2023 年受邀演出排期 6 次。该项目参加陕西省青少年“爱挑战”比赛活动，荣获儿童剧类一等奖。深受陕西媒体的关注，陕西省电视台公共频道、陕西文艺栏目等多家媒体及微信公众号累计报道 11 次。

该项目注重加强与国家艺术基金管理中心及学院的沟通，本着求真务实的态度，坚持高标准实施，在了解扶持政策、争取学院支持、推动项目进度、提高项目影响力、高质量结项等方面带好头、把好关。同时，以学科专业建设为龙头，以人才培养为中心，持续进行大量的艺术教育与创作的探索和实践，以发挥好儿童剧创作作品传播思想文化内涵、育人化人的作用。

群舞《谷雨》

项目主体：中央民族大学

项目负责人：崔月梅

群舞《谷雨》由中央民族大学舞蹈学院副院长、教授、硕士研究生导师崔月梅老师与舞蹈学院编导教研室副主任、副教授、硕士研究生导师苏娅菲老师主创。作曲秦洪宇，主演李芝燕、王艺霏，服装崔晓东、赵宇楠，灯光胡俊东合作完成。

该项目以当代审美理念对朝鲜族传统文化中“谷雨”时节的生活场景进行了全新的视觉诠释，创新了民俗小鼓舞的呈现方式，将小鼓与鼓棒意象化为劳动工具与秧苗，描绘出一幅唯美动人的民俗画卷，生动地刻画了朝鲜族少女清新、含蓄、朴素、优雅的民族精神气韵。

群舞《谷雨》共演出3场，线下观众人数约1500人，线上观众人数约81万人。先后获得第5届亚洲艺术节新加坡总决赛表演金奖、第9届华北五省市舞蹈大赛一等奖。该项目被《人民日报》、光明网、《中国青年报》、文旅中国、中央民族大学、中国文艺网、《中国艺术报》、CSSAUK、网易新闻、《北京日报》、“舞蹈中国”微信公众号等媒体报道10余次。以节气为章，以舞蹈作序，“网络中国节”栏目推出“舞动的节气”系列采访，以专业舞者近年所创的传统节气舞蹈，展现其背后蕴含的中华

优秀传统文化，以及当代青年文艺工作者的精神风貌。中央民族大学舞蹈学院《谷雨》便是该系列的首期作品。

群舞《谷雨》是传统民族舞蹈对创新文化表达形式的探索，也是介于传统文化与当代审美之间富有启发性的表达，舞动中显露出中华民族的文化底蕴和文化自信。从《谷雨》的创作可以看出新时代的民族舞蹈创作应符合中华优秀传统文化观念，为民族民间舞蹈传统形态找到更多新的精神内核，挖掘中华民族命运与共的共同记忆，在传承和发展中延续“共同体美学”，塑造心怀家国的“共同体经历”，挖掘新时代生活下的“共同体精神”，从个体叙事到群体叙事再到共同体叙事，以文艺实践之力助力文化建设。

合唱《那里，永恒的中国》

项目主体：华南师范大学

项目负责人：苏严惠

合唱《那里，永恒的中国》是由华南师范大学苏严惠与华南师范大学合唱团主创，委约青年作曲家夏炎彬原创，男中音歌唱家李遥主演，以诗人戴望舒爱国主题的现代诗歌为脚本，塑造诗人不屈的英雄性格，是献礼中国共产党成立100周年的合唱精品。主创团队特邀多年在美国纽约大都会歌剧院工作的歌唱家邓韵担任导演、宋玉龙担任舞美与服装设计。指挥苏严惠是广东省南粤优秀教师，“爱岗敬业、教书育人”模范共产党员，国家一流课程主持人。

合唱《那里，永恒的中国》选取爱国诗人戴望舒的12首现代诗为蓝本，以“旧事”“寻梦”“永恒的中国”三个乐章刻画戴望舒从小我情怀走向家国大爱的人生历程，从个人生活的不幸到对将会诞生“永恒的中国”的摇篮——中国共产党领导下的解放区的憧憬和坚定信念。

诗剧以合唱的形式品味中国近现代诗的精神内涵与品质，表现时代中的“我”与

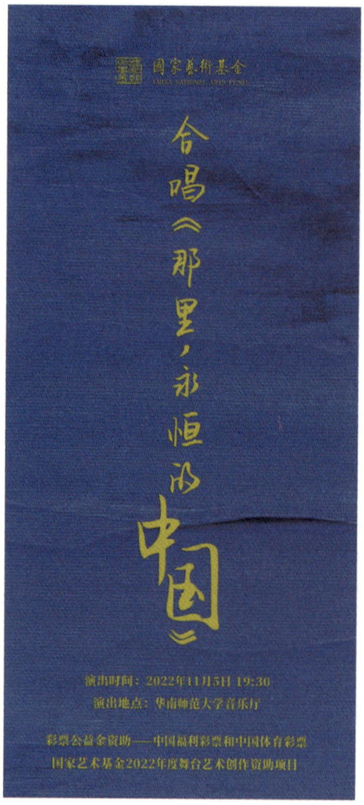

“国”。华南师范大学合唱团对合唱诗剧的演绎探索，是目前中国合唱表演新形式的良好开端,颠覆了传统合唱团多以音乐会形式为主的表演,开拓了合唱剧化的表演方向。

合唱《那里，永恒的中国》共演出 7 场，线下观众人数约 8000 人次，线上观众人数约 1300 人次。节选作品《我用残损的手掌》获广东省第 15 届“百歌颂中华”歌咏活动总决赛合唱类金奖、第 17 届广东大学生“喜迎二十大”校园合唱大赛合唱项目专业组一等奖，并被“晚安华师”“小虫合唱”“广州大剧院”“哔哩哔哩”等媒体报道近 10 次。

该项目实施过程中，有序推进，积极排演。对演唱、表演精益求精，以确保人物特征、音乐形象生动鲜活，凸显表演张力与戏剧性，现场演绎人物与背景交融，增强了现场舞台的沉浸式体验，增强了作品的艺术感染力。主演团队无论是对人物塑造，还是情绪表达都进行了精致打磨，突出音色对比和音乐的戏剧张力，充分表达了音乐与诗歌的诗性美。作品以“突破首演的水平”为目标，通过多元化学习方式，分声部训练专项提升，同时，重视音乐结构的整体性把握，带领歌者熟读诗词，揣摩音乐语言的音响造型，力求把作品的时代特征、人物情感、精神品质重点表现出来。

重奏曲《唢古呐今》

项目主体：天津音乐学院

项目负责人：王展展

重奏曲《唢古呐今》是由青年唢呐演奏家、天津音乐学院副教授王展展及其所创同名唢呐重奏组合“唢古呐今”委约创作并首演，由中央民族乐团驻团作曲赵泽明博士为首的“唢古呐今”组合量身打造而成。

该组合由天津音乐学院民乐系吹打教研室优秀学生组成，在使用多支唢呐组成的固定编制基础上，有着多种灵活的组合方式。致力于继承和推广传统吹打乐模式，并在此基础上探索唢呐重奏形式的更多可能性。

重奏曲《唢古呐今》创作至今已历经了近 5 年的打磨与实践。其音乐素材采用了中亚古人类文明发源地区的曲调，结合多种音乐元素创作而成，配合气势磅礴的唢呐与锣鼓，借组合之名，“唢”古“呐”今。

当下民族管弦乐团中，唢呐声部的编制按照高、中、低、次中等音域已趋于成型，而“重奏组合”这一音乐形式的创作与演出尚未成体系、成系统、成群落、成标准。该重奏曲项目的出现，不仅对当前专业音乐院校唢呐教学发展有一定的创新和启示作用，对培养符合当下及未来市场需求的人才、提升唢呐重奏艺术作品内容与当代舞台呈现和审美特征的适应性，也提供了一个新的思路。

重奏曲《唢古呐今》共演出 10 场。其参与 2023 年白玉兰国际音乐节音乐盛典并获得“2023 白玉兰国际音乐节国乐竞演大赛”专业重奏组一等奖第一名，入围国家级奖项第 7 届全国青少年民族乐器教育教学成果展示活动小型民族乐器组合展演。自首演以来，被媒体报道 9 次。2023 年，《唢古呐今》在“津·彩纷呈”中国乐器专场音乐会中，新华网、津云客户端、市委宣传部“你好天津”抖音和视频号、“天津音乐学院”视频号同步直播，直播在线观看人数超 100 万人次。

该项目在演出中有着多种版本的改编和提升，在专业化的和声织体中融入传统曲目《百鸟朝凤》《大笛绞》，充分体现传统与当代艺术形式的结合，为人民大众带来了全新的审美体验。

中国连环画百年艺术展

项目主体：神州共享（北京）技术有限公司

项目负责人：马晓轩

“中国连环画百年艺术展”项目由人民美术出版社《连环画报》原编审赵隆义担任策展人，由神州共享（北京）技术有限公司完成项目的学术论证和策展思路梳理，并提供翔实的历史资料作为项目学术论证材料。同时徐里、庞邦本、韩书力等 20 余位顾问专家也对连环画的发展脉络和艺术历史进行梳理与提炼，对展览的内容策划和资源筹备提供学术指导建议。

“中国连环画百年艺术展”展览名称由著名连环画艺术家 99 岁的黎鲁老先生亲

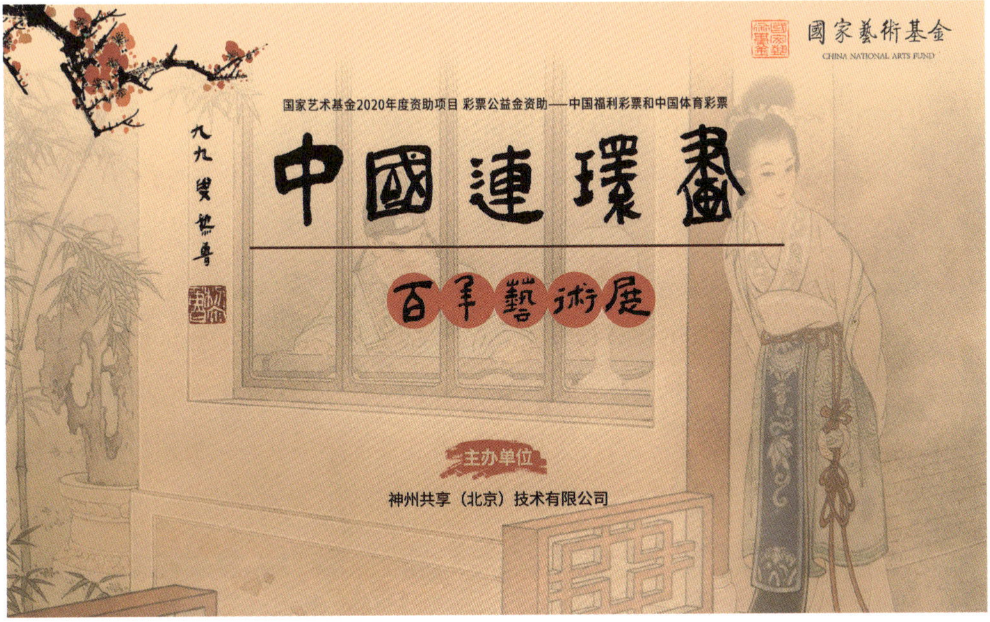

笔题写。展览旨在全面建成小康社会和中国共产党建党 100 周年的时代机遇下，更好地展示连环画的百年发展脉络以及艺术影响力，弘扬中华优秀传统文化，振奋民族精神，推动中华优秀传统文化创造性转化和创新性发展。

连环画历史悠久，汉朝的画像石已是连环画的萌芽，而真正以“连环画”来命名则是在民国时期，连环画经历了产生、发展、繁荣、鼎盛到数字化转型的发展历程，是历史的见证、时代的缩影，也是社会进步的生动体现。展览面向中西部地区，深入基层、服务群众。通过展出连环画原稿、数字连环画阅读、百位连环画画家口述史展播、现场活动等虚实结合互动性强的展览形式，有层次有深度地展现连环画的艺术特色和文学价值，树立国人文化自信。

“中国连环画百年艺术展”共展出 4 场，均为公益性展出，总观众人数约 5000 人次，数字展览的总浏览量 3 万余次。该项目被媒体报道 31 次，包括电视报道 4 次、网络媒体 27 次。其中被中央级、国家级媒体，例如光明网、中华网、中国网、央广网、“学习强国”扬州学习平台、中国教育电视台等网络媒体报道 7 次。

项目实施经验总结：本项目是国内首个聚焦连环画百年艺术发展史的专题性展览，展览细致梳理了连环画艺术发展的百年脉络以及连环画艺术的深远影响力。不同于其他静态展览，“中国连环画百年艺术展”由文献展陈、“民国及新中国获奖作品展”和“连环画经典作品原稿展”、《中国连环画百年艺术——口述史展播》纪录片展播、数字全景展览、数字连环画阅读平台、“艺术讲座 + 活动（互动）+ 绘画体验（临摹和现场创作）”六大部分组成，是一次融文献展与手稿实物展为一体、融传统展览与纪录片视频发布为一体、融线下展览与线上传播为一体、融有限时间的展览举办和永久时间的数字网站阅读与服务为一体的全内容、跨媒体、跨时空的永不落幕的大型主题展览。

中国儿童艺术剧院优秀儿童剧巡演

项目主体：中国儿童艺术剧院

项目负责人：王进

中国儿童艺术剧院（CNTC）是文化和旅游部直属的国家艺术院团，成立于1956年，肩负着国家儿童戏剧的继承、发展与创新的责任，发挥着国家艺术剧院的代表作用、示范作用和导向作用，培养了几代从事儿童戏剧的艺术家和艺术骨干，并多次荣获国内外各种艺术大奖。剧院几十年来创作并演出了近200部古今中外的优秀戏剧作品，演出足迹遍布祖国大江南北，并先后赴世界五大洲30多个国家和地区进行交流演出，赢得了广泛的赞誉。

为深入学习宣传贯彻党的十九大精神，响应中宣部、文化和旅游部关于开展“深入生活、扎根人民”主题实践活动的号召，用实际行动贯彻习近平总书记在文艺工作

座谈会和第十次文代会上的讲话精神，2021 年 10 月 27 日至 2022 年 9 月 4 日，“中国儿艺”秉承“一切为了孩子”的理念，以实际行动诠释使命担当，坚持高品质、低票价、公益性原则，通过“中国儿艺优秀儿童剧巡演”项目，共有 7 部优秀儿童剧走进河北、山东、湖北、四川、江苏、浙江 6 省份的 7 座城市，49 场演出惠及 3 万多名基层少年儿童，被媒体报道 80 余次，演出票房收益 280 余万元。将党和国家对少年儿童的关怀送到多个城市观众们的身边，特别是少数民族、困难群体孩子们的身边，让基层的孩子们也能享有更多更优的公共文化服务，为基层孩子们的童年增添一抹光彩，在他们幼小的心灵里种下艺术的种子，留下美好的童年回忆，引导他们扣好人生第一粒扣子。

话剧《立秋》巡演

项目主体： 山西省话剧院有限责任公司

项目负责人： 张凯

话剧《立秋》由一级导演、中国青年艺术剧院原艺术总监、中国戏剧家协会常务理事陈颙与中国国家话剧院副院长、一级导演查明哲联合担任导演，山西大学文学院戏剧影视系主任姚宝瑄与天津市文化和旅游局剧本创作室一级编辑卫中联合担任编剧，一级舞美设计师毛金刚担任舞美设计，中国国家话剧院国家一级灯光设计卢卫东担任灯光设计。

话剧《立秋》取材于中国近代商业金融业的发源地——山西平遥票号，旨在用中国人的话语讲解、诠释中国最早的商业经营理念——“勤奋、敬业、谨慎、诚信”，剧中丰德票号祖祖辈辈传承的祖训“天地生人，有一人应有一人之业；人生在世，生一日当尽一日之勤”在当今社会同样具有深刻的现实意义。

话剧《立秋》全国巡演，将一部已连续演出 800 场的精品剧目再次奉献给观众，积极承担起“举旗帜、聚民心、育新人、兴文化、展形象”的使命任务，发挥了经典

中国故事明德引领风尚、以文化人、以文育人、以文培元的社会作用。

话剧《立秋》巡演同样激励着更多文艺院团不忘艺术初心、牢记为人民服务的使命，用心用情用功抒写人民、描绘人民、歌唱人民，让更多的人近距离体会和了解晋商精神，了解山西，了解中国，弘我中华民族之气，扬我华夏文明之名。

项目巡演共演出 18 场，总观众人数约 6300 人次，市场票房收益约 157 万元。该项目在实施期间得到主流媒体的关注和报道，其中 CCTV—3 综艺频道、《人民日报》、《中国文艺报》、文旅中国等主流媒体先后报道 37 次，项目实施的传播影响力得到进一步提升。

唐十八陵雕塑艺术网络平台

项目主体：西安理工大学

项目负责人：张辉

“唐十八陵雕塑艺术网络平台”由西安理工大学艺术与设计学院副院长张辉教授主持，联合中国艺术考古所所长周晓陆教授，陕西省考古研究院研究员张建林教授，陕西省文物保护院赵强院长、韩建武副院长、甄刚主任以及陕西师范大学王双怀教授等专家共同组成专家组。

唐十八陵文化遗迹原址尚存500余座大型石雕，是矗立在旷野上珍贵的文化遗产，目前多数正面临酸雨侵蚀、盗贼扰掠、农用耕地的危险，加之位置偏僻难以保护，有的已经到了濒危，甚至消亡的境地。现急需运用现代科技手段进行完整的数据库建设，并通过多种新媒介方式，向全世界传播中国文化，推动文化旅游产业的发展。“唐十八陵雕塑艺术网络平台”通过数字化传播赋予唐陵雕塑艺术“新生命”，响应习近平总书记“让文物活起来”的重要讲话精神，为弘扬传统文化遗产找到了一条最佳途径。该平台利用新媒体技术吸引观众主动接受唐陵雕塑艺术，增强了传播方式的时代性；为群众打造了一个沉浸式体验唐文化的空间，能更好地传播中国传统文化。

该项目于2023年4月6日在土耳其萨班哲大学美术馆举办国际级展览，展出本平台艺术作品。于2023年7月23日，参加由中国文化遗产研究院主办的“长子文物旅游高质量发展研讨会”，相关人员做主题演讲并展出本平台作品。

该项目以打造唐陵系列摄影作品为切入点推出文化衍生品；设计制作“宝相花香插设计”“床头灯及钥匙链设计”“唐陵立体手工书”“石雕纹样设计”“乾陵神道衍生品”“宝相花纹样设计”“唐仕女头饰设计”“唐陵祥瑞表情包”等文创产品78款；设计制作“唐昭陵虚拟漫游”“唐乾陵虚拟漫游”虚拟漫游2款，《梦回大唐换装游戏》《大唐帝陵》《唐恭陵影像游戏》交互游戏3款；同时项目联合7位艺术家创作300余幅国画、油画、摄影等艺术作品，推动取得更好的经济效益。

该项目立项以来先后获得了2021年度陕西高等学校人文社会科学研究优秀成果

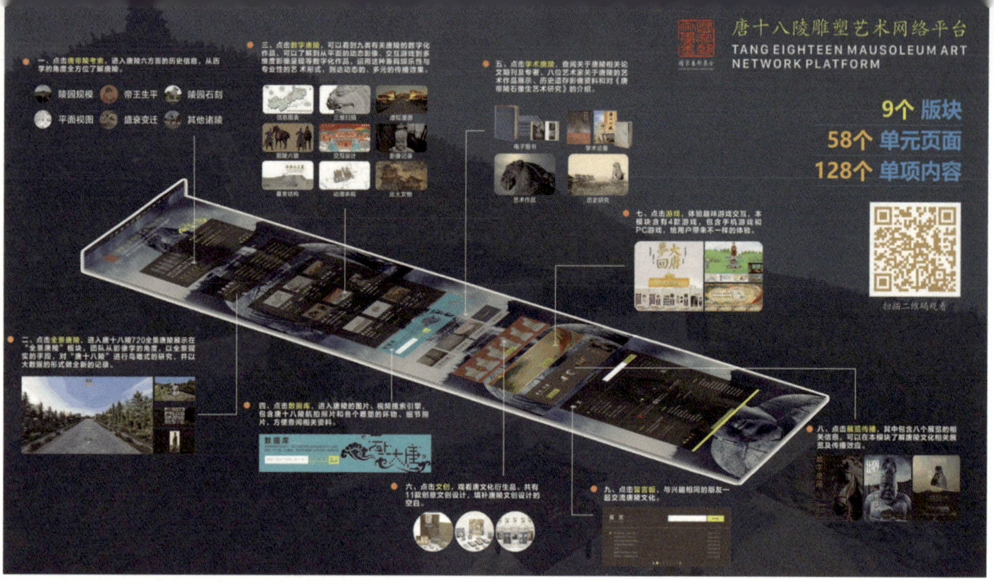

奖、2022 年陕西省第十五次哲学社会科学优秀成果奖二等奖、2023 年全国数字创意教学技能大赛二等奖、2023 年中国好创意（第十七届）暨全国数字艺术设计大赛一等奖 2 项、获批 2023 年国家社会科学基金后期资助项目“唐帝陵石像生艺术研究”、荣登 AR in China（增强现实中国）“元宇宙创新教育应用示范榜单”、获 2023 年第九届中国国际“互联网 +”大学生创新创业大赛陕西赛区省级金奖冠军。

该项目被媒体报道 100 次，其中包括中国网、文旅中国、《中国文物报》、“学习强国”学习平台、《人民日报》、《中国日报》以及中国文化传媒网等中央级媒体。

项目实施经验总结：学院研究与文物保护并举，自 2015 年至今，西安理工大学联合陕西省文物保护研究院，坚持多年来对唐帝陵文化进行梳理、统计、分析、研究。将田野调查与实验室方法相结合，全方位考察并查阅文献报告，进行实验分析、钩沉索隐，并对帝陵的石雕艺术、礼仪文化、审美观念等进行互证研究。将艺术实践与数字科技的有机融合，在综合运用美术学、考古学的基础上，综合应用计算机科学技术。在人工智能大数据背景之下，用 AR、VR、MR 等多种方式呈现及传播。

吕剧《大河开凌》巡演

项目主体：山东省吕剧院

项目负责人：隋福润

吕剧《大河开凌》由滨州市艺术创作研究所一级编剧王新生、山东省文史馆研究馆员陈鹏共同担任编剧；河南省艺术研究院一级导演李利宏担任导演；山东省吕剧院一级作曲栾胜利担任作曲配器；北京人民艺术剧院三级舞美设计刘鹏担任舞美设计；山东省吕剧院一级演员盖勇、李肖江、刘风雪、王淑芝，二级演员彭莉媛、查涛担任主演。

吕剧《大河开凌》是一部向信仰致敬的作品。作为一部聚焦“初心”的文艺作品，该项目旨在围绕“庆祝中国共产党成立 100 周年”这一主题，配合“不忘初心、牢记使命”主题教育活动，不断增强人民群众对党的信任和信心。

项目主体与中演演出院线合作，重点区域在北京、山东、河北、山西、河南等地区开展多场次巡回演出，以实际行动践行文艺为广大人民群众服务的理念，扩大以吕剧为代表的齐鲁文化影响力。

项目巡演共演出 13 场，总观众人数约 9000 人次，市场票房收益约 70 万元。入选文化和旅游部“庆祝中国共产党成立 100 周年舞台艺术精品创作工程”、“百年百部”创作计划重点扶持作品以及省文化和旅游厅“百年征程、时代华章”庆祝中国共产党成立 100 周年山东省优秀展演剧目。

该项目被媒体报道 17 次，其中，主流媒体中国文化传媒网于 2023 年 4 月 10 日报道：《吕剧〈大河开凌〉传承黄河文化，致敬平凡英雄》。央视频于 2023 年 4 月 12 日报道：《大型革命历史题材吕剧〈大河开凌〉亮相北京全国地方戏演出中心》。文旅中国分别于 2023 年 4 月 7 日、9 日、13 日报道：《国家艺术基金资助项目吕剧〈大河开凌〉全国巡演启动》《传承黄河文化，致敬平凡英雄》《沿黄河溯流而上，吕剧〈大河开凌〉赴山西太原巡演》。

项目实施经验总结：借助优势资源，实现互惠共赢。山东省吕剧院与中演演出院线发展有限责任公司签订合作协议，充分发挥院线的资源优势，为全国巡演提供剧场保障。通过深度合作、精细策划，将《大河开凌》全国巡演努力做成影响大、覆盖地区广、社会效益和经济效益佳的剧目巡演项目。

滑稽戏《陈奂生的吃饭问题》巡演

项目主体：江苏常州市滑稽剧团

项目负责人：张怡

滑稽戏《陈奂生的吃饭问题》由原总政话剧团团长、一级编剧王宏与常州市文化艺术研究所青年编剧张军联合担任编剧，由原总政歌剧团一级导演胡宗琪担任导演，一级演员张怡饰演“陈奂生”一角，一级演员周蕾饰演“傻妹”一角。

全剧“以人写事”，以巧妙的喜剧结构、丰沛的情感，讲述了改革开放40年来发生在“漏斗户”陈奂生和他三个孩子在各个重要历史时期围绕土地、粮食、吃饭等一系列令人啼笑皆非却又令人动容的故事，以一个小人物的人生历程反映了改革开放以来中国农村的变化，是中国历史和中国进程的缩影。

滑稽戏《陈奂生的吃饭问题》取自高晓声创作的小说主人公形象“陈奂生”，该剧既是对原小说的继承和创新，延续了陈奂生的性格逻辑和人物特征，又赋予了经典文学人物形象崭新思考和全新创作。

项目巡演共演出31场，总观影人数约16000人次，市场票房收益约72万元。该剧入选“中国共产党成立100周年舞台精品创作工程”重点扶持作品、国家艺术基金设立10周年主题活动、北京人民艺术剧院建院70周年邀请展剧目，入选江苏省新时代现实题材舞台艺术作品巡演，参加江苏省新时代舞台艺术优秀剧目巡演暨基层文艺院团优秀剧目展演，2023年紫金文化艺术节优秀剧目展演。

该剧先后获得2018年“紫金文化艺术节”优秀剧目奖、2019年第15届中宣部精神文明建设“五个一工程”奖、文化和旅游部2019年全国舞台艺术重点创作剧目、2019年第16届中国戏剧节开幕大戏及优秀剧目奖、2019年第10届江苏省精神文明建设“五个一工程”奖、2019年江苏省舞台艺术精品创作扶持工程扶持剧目、2020年第3届华语戏剧盛典年度最佳剧目等一系列奖项，以及2023年第31届上海白玉兰戏剧表演奖男主角奖（张怡）。被媒体报道82次，其中包括中央级媒体新华网、《中国文化报》以及中国艺术研究院话剧研究所。

项目实施经验总结：一是剧目传播与剧种文化传播并行交融。以滑稽戏《陈奂生的吃饭问题》剧目演出为切入口，在演出过程中向观众介绍滑稽戏这一剧种的发源、流变，让观众了解滑稽戏的前世今生和来龙去脉。二是丰富多元的现场展示、讲解让受众全面了解剧种文化。在演出过程中，结合“现场讲解”“即兴表演”等形式表演经典的“独角戏”（常州小热昏），让观众生动、丰富、全面地了解滑稽戏。三是与高校社团密切合作，争取落地常态化传播。在巡演过程中，依托大学校园的学生剧社，通过举行滑稽戏讲座、小品表演指导、移植排练经典滑稽戏剧目等形式联合开发滑稽戏表演工作坊，和高校剧社一起来承担滑稽戏表演工作坊的表演和培训任务。

杂技剧《化 · 蝶》巡演

项目主体：广州市杂技艺术剧院有限责任公司

项目负责人：吴正丹

杂技剧《化·蝶》由一级导演赵明担任总导演，“肩上芭蕾”创始人、一级演员吴正丹及魏葆华领衔主演，携手一级编剧喻荣军、一级舞美设计师秦立运、作曲祁岩峰、服装造型设计李锐丁、视觉设计杨骞、灯光设计刘凤恕及秦念锋、执行导演王圳冰及刘迎宏潜心创作、倾力打造，通过多元艺术语言讲述《梁山伯与祝英台》这一凄美浪漫的中国故事，以现代手法重塑经典绝唱。

杂技剧《化·蝶》是致敬中国传统审美的当代舞台之作。该剧以《梁祝》经典作为故事基线，以梁祝化蝶作为爱情象征，把蝴蝶生长过程与梁祝生死爱恋相结合，表现生命从孕育、抗争到破茧而出、自由飞翔的过程，多层次多角度讲述化蝶的故事，阐述生命的意义，全剧写意、空灵而浪漫，剧中对肩上芭蕾画龙点睛般的运用，更是烘托出“生死相随，皆缘和你永远徘徊缠绵”及“旷世蝶恋，只为在你肩头片刻停留”的独特艺术效果。

该剧挖掘传统文化精髓，进行创造性转化和创新性发展，通过杂技、舞蹈、戏剧等多元艺术语言讲述中国故事，打破传统杂技晚会只注重技巧难度的单一模式，以现代化、国际化的舞台美学艺术刻画流传千年的民间故事，具有纯粹的艺术表达、极致的戏剧张力，弘扬中国文化中的包容、中和、简约之美，进而增加青年观众的文化自信。

杂技剧《化·蝶》委托上海对外文化交流有限公司作为巡演代理，于2023年1—5月赴全国各地巡演29场，市场票房收益约306万元。该剧荣获第17届中国文化艺术政府奖“文华表演奖”、第11届全国杂技展演优秀剧目奖、第31届白玉兰戏剧表演艺术奖主角奖、2022年度广东省第12届精神文明建设“五个一工程”奖等奖项。

杂技剧《化·蝶》获国家艺术基金资助后，新华社、《人民日报》等中央级媒体报道共23篇，新华社单篇报道浏览量近200万人次。

项目实施经验总结：在演出营销方面，对内积极寻求政府资金支持，争取重大演

出项目机会，对外拓宽演出渠道、谋求演出经纪协助，扩大巡演范围、增加演出活动；宣传推广方面，运用线上线下联合推广模式，在网络平台以短视频吸引关注，开展进校园、观众探班等趣味互动，提高剧目关注度，积攒“路人粉”，演后重视剧目评价及观众反馈，倡导观众在各平台发布观后感和观演记录，营造大量“自来水”效果；在观众转化方面，积极开展观众互动活动并建立粉丝群，将普通观众转化为剧目粉丝，不定期开展线上互动、优惠福利等，增强粉丝黏性，尽可能为日后演出和宣传积累、扩大固定观众群体；在团队管理方面，巡演期间，分门别类设立工作小组，严格化、细致化实行人员管理、舞台管理、安全管理等，要求演职员持续以最优状态面对每一次排练、每一场演出，高标准、高质量、高要求地打造训练有素、配合默契的专业演出团队，努力为观众呈现完美的演出效果。

民族管弦乐《大河之北》巡演

项目主体：河北省歌舞剧院演艺有限公司

项目负责人：白立军

民族管弦乐《大河之北》由中国音乐家协会副主席、作曲家张千一担任作曲，王甫建、张列、拓鹏、张伟、马帅分别担任指挥，由河北省歌舞剧院民族乐团演奏。河北省歌舞剧院民族乐团成立于 1960 年，是河北省唯一国有全编制民族乐团。近年创作了民族管弦乐《大河之北》《团结就是力量》《燃情大河北》《雄安》等一批原创作品，其中民族管弦乐《大河之北》获国家艺术基金 2018 年大型舞台剧创作项目资助、2022 年传播交流推广项目资助；民族管弦乐《雄安》获国家艺术基金 2023 年大型舞台剧创作项目资助。文化和旅游部授予其“全国民族器乐展演优秀民族乐团”称号。

民族管弦乐《大河之北》是以流淌于燕赵的历史文化、革命文化和社会主义先进文化为主体，倾心打造的一台民族管弦乐作品。该作品音乐具有浓郁的河北

特色，演奏中使用的管子、唢呐、笛子等也是广泛流行于河北的民间代表性乐器。

项目巡演共演出 17 场，总观众人数约 8500 人次，市场票房收益约 90 万元。该项目被《河北日报》、河北新闻网、《杭州日报》、《济南日报》、《舟山日报》、《安徽日报》等媒体报道 10 余次。

项目实施经验总结：一是弘扬优秀传统文化，促进院团交流互鉴。此次巡演是一次传播、弘扬优秀传统文化的具体行动。在大运河沿线省市（北京、天津、山东、河南、安徽、江苏、浙江等）实施巡演活动，一方面吸纳运河的深厚历史文化底蕴，另一方面与当地民族乐团开展创作演出交流、联合演出，实现了以演出为契机，促进专业院团之间相互学习、探寻新时代文艺精品创作之路。二是激“活”民族音乐，让民乐在观众中“火”起来。巡演过程中通过组织专家和民乐爱好者参加线下沙龙、线上音乐论坛等活动，将优秀的民族音乐艺术推送给更多观众，让民乐走向全国，使艺术保持旺盛的生命力，常演常新。

昆剧《李清照》《长生殿》巡演

项目主体：北方昆曲剧院

项目负责人：曹颖

昆剧《李清照》由一级编剧郭启宏担任编剧，一级导演沈斌担任导演，一级作曲周雪华担任唱腔设计，一级舞美艾淑云担任造型设计，一级演员张静娴担任艺术指导，一级演员、“梅花表演奖”获得者顾卫英担任主演。《长生殿》由一级演员、“梅花表演奖”获得者魏春荣、邵峥担任主演。

昆剧《李清照》和《长生殿》是北方昆曲剧院创排的优秀剧目代表作，两戏皆以“古不陈旧，新不离本”为原则，体现出浓郁的北昆特色。昆剧《李清照》立足当代，以全新视角对李清照进行人物刻画。该剧以李清照中晚年的命运与婚姻为线索，展现了李清照率真果决、光明磊落、敢爱敢恨的性格，体现了李清照的家国情怀与才华智慧。

北方昆曲剧院牵手聚橙院线，聚焦全国演出市场，为传播传统艺术开拓演出阵地，

让昆曲艺术走进千家万户，提升当地人民文化生活水平，为推动社会主义文化繁荣兴盛作出积极贡献。该项目先后在北京、乌兰浩特、石家庄、南阳、郑州、晋城等地以 18 场浸润人心的国粹盛宴奉献全国观众，增强文化活力，促进文化发展，以实际行动奏响新时代传统文化传承发展的华彩乐章。

《李清照》原为 2016 年度国家艺术基金资助创排剧目，已完成演出 30 余场。《长生殿》作为北方昆曲剧院极具代表性的传统演出经典剧目，已演出 58 场，市场票房收益约 134 万元。

该项目在实施过程中被媒体报道 35 次，其中包括中央级媒体新华网、《中国文化报》等。

项目实施经验总结：一是在巡演过程中，成立临时党支部。在巡演途中，临时党支部充分发挥战斗堡垒作用，带领全体党员同志发挥先锋模范作用，为巡演工作提供强有力的政治保障。二是在巡演途中，充分发挥“一棵菜”精神。在时间紧、任务重的巡演过程中，展现出高度的纪律性和组织性，全体演职人员上下一心、精诚协作，台前幕后互帮互助，有条不紊地完成各项演出任务。三是在巡演过程中，与当地院团交流共建。在与当地院团的艺术交流活动中，秉承兼容并包、广收博取的鲜明立场，了解地方文化特色，不断充实、丰富自身的“技”与“艺”。

文化和旅游产业经营管理人才培养

项目主体： 山东财经大学

项目负责人： 刘军

新时期新环境下文化和旅游产业高质量发展对经营管理者提出了更高要求。本项目依托山东财经大学学科优势，充分发挥特色化、精英化、系统化培养理念，以行业专家为依托组建师资团队，打造理论与实践有机结合的课程体系，科学遴选、严格管理参训学员，注重理论学习和实践能力培养，使学员理论素养、专业技能和实践操作均得到较大提升。

本项目共邀请54位文旅产业经营管理方面的专家学者、政府官员和企业家授课。来自高校和研究机构的专家24位，如中共中央党校（国家行政学院）高宏存教授、中国艺术研究院艺术学研究所李修建所长等；来自文旅相关协会、文旅企业经营管理一线的专家27位，如中国旅游协会副会长王德刚教授、北京世纪唐人文旅发展股份有限公司张晓军董事长等；相关政府主管部门专家3位。

项目分集中授课、交流与采风、创作与实践三个环节。总培训时长60天360课时。集中授课的课程分为三大模块：一是文旅产业发展的指导方针、宏观形势与政策、基本素养类课程；二是文旅产业经营管理的基本知识与技能；三是文旅产业多业态的发展态势与管理创新。采风考察观摩的地点包括山东省美术馆、山东博物馆、济南百花洲历史文化街区、山东汇泉艺术活化乡村示范区、孟良崮战役纪念馆、曲阜尼山圣境、台儿庄古城景区、杭州国际博览中心等。

学员结合培训课程学习和个人实际工作，撰写了文旅产业经营管理方面的结业论文，并通过结业答辩。结业论文将结集为《文化和旅游产业发展的理论与实践》出版。同时，由项目组主要成员完成的著作《文旅融合高质量发展人才培养研究》也将出版。

该项目学员曾子容获得2023年湖南省常德市劳动模范称号；学员柏洪获得2023年江西省高校图书馆先进工作者称号；学员贾小琳晋升教授，并完成陕西省高校教改课题“‘博物馆+乡村手工艺’文创设计人才培养体系与模式的实践探索”，发表论文《近三十年来我国文化遗产研究的知识图谱分析》。

项目被媒体宣传报道共44次，其中大众网、齐鲁网等8家网络媒体主要报道了开班仪式；国家艺术基金微信公众号报道1次，主要介绍了项目实施的经验；自媒体报道32次，主要报道了每次课程的授课教师和课程内容；地方自媒体报道2次，主要报道项目学员采风考察情况。

该项目实施过程中一是高度重视项目实施质量，树立严格标准，组建专家委员会进行评价和把关，确保标准的全面落实；二是构建项目实施的组织保障，强化责任，明确分工，并采用多种方式及时沟通，查漏补缺，协调合作；三是完善项目实施的制度保障，建章立制，强化管理，用制度建设规范学员行为，明确教师责任，保证培养质量；四是优化项目流程，实施精细管理，每个项目环节都规定了工作时间和工作质量，保证了各项工作的稳步推进。

原生民歌演唱人才培养

项目主体：文化和旅游部民族民间文艺发展中心

项目负责人：兰静

项目邀请来自中国艺术研究院、中央音乐学院、浙江师范大学、上海音乐学院等学术机构和高等院校以及中国歌剧舞剧院、浙江交响乐团等专业表演机构的27位正高级专家从民歌演唱理论基础、技艺技巧、舞台表演等多方面，为来自全国各地的30名学员开展教学实践和辅导。培训旨在加强原生民歌传承，通过此次培训，拓宽学员艺术视野，加强艺术实践能力，焕发创新思维，推进中华优秀传统文化创造性转化和创新性发展。

为了达到良好的培训效果，中心精心策划课程，并邀请全国民歌研究领域的专家齐聚金华授课，先后特邀了项阳、郭克俭、萧梅等27位专家开展集中授课，从不同角度和领域分析研究原生民歌在当代的发展。这些专家来自中国歌剧舞剧院、中国艺术研究院、中国音乐学院、中央音乐学院、文化和旅游部民族民间文艺发展中心等

14 家全国专业院校和专业机构。

在课程设置上文化和旅游部民族民间文艺发展中心基于多年举办“中国原生民歌节”的经验，邀请民歌演唱选手进行调研和研讨，根据当前原生民歌演唱人才面临的各种挑战，设置了集中授课、分组教学、采风创作、排练创编 4 个板块的培训计划。项目集中授课 28 天 224 课时，采风等环节 5 天 40 课时，创作、实践等环节 27 天 216 课时，项目总培训时长 60 天 480 课时。

项目成果包括在浙江师范大学音乐厅的汇报演出 1 场，30 首原生民歌录音（干声），300 名观众现场免费观看。该项目被中国新闻网、文化和旅游部、中国网、中国青年网等媒体报道共计 54 次，网络媒体报道共计 29 篇。

本次原生民歌人才培养经过 60 天的培训，取得了较好的效果。合作院校、授课教师、参训学员共同关注此类培训的可持续性问题。目前，文化和旅游部民族民间文艺发展中心已有“中国原生民歌节”品牌活动，未来将推动人才培训和作品展演统筹策划，形成双数年办学、单数年办会的模式，挖掘培养更多优秀学员送上国家级展示平台，形成原生民歌创作和演唱的人才梯队。

跨文化艺术管理人才培养

项目主体：北京大学

项目负责人：林一

北京大学艺术学院依托自身的教学与科研优势，联合国内外优质资源，致力于提升我国文化艺术管理学科发展水平和文化艺术管理人才的培养质量。项目培养对象为国内文化艺术机构在职中级以上骨干管理人员 40 人，以高端讲座、国际艺术管理工作坊、深度研讨等形式，理论与实践并重、实用性与专业性兼具、线上与线下结合，全面提高艺术管理人才的跨文化理论素养、运营能力、创新能力和沟通能力，把握全球市场发展机遇。

项目师资力量会聚国内外学者与专家，包括北京大学等高校教授，文化艺术领域名师大家，文化和旅游部资深文化外交专家，国家级文化艺术机构、国际知名艺术机构管理者，世界文化艺术管理学术领域知名学者等。

课程从“跨文化艺术战略管理”“文化艺术战略营销”“国际文化艺术项目运营管理”“国际文化艺术管理前沿问题研究”“艺术的数字转型和元宇宙构建”“高端艺术人才跨文化沟通国际工作坊”6 个模块展开。

在成果方面，项目学员撰写论文 38 篇。由项目负责人林一教授作词、业内专家联合作曲，创作了“班歌”《宣言》，由项目学员自编、自导、自演的舞台剧《宣言》完成首演。该剧以项目的真实故事为创作素材，以项目教师和学员为人物原型，以创作班歌为核心事件，讲述了学员们在此次培训中汲取知识力量、冲破困惑迷茫、传承文化外交精神、追寻青春梦想的故事。班歌《宣言》在央视频等各大媒体播出，并被文化和旅游部文化外交官赴任前培训采用。学员们积极申请各类课题项目和荣誉奖项等。中央电视台央视频、《中国艺术报》、《中国文化报》、《光明日报》、《中国教育报》等对项目开班、名师授课、深度调研、学习研讨、前沿论坛以及创作成果等进行了报道。

该项目课程设置特色突出，内容涵盖经典与前沿，理论与实践并重，创新成果特色突出，充分体现出项目独特的定位与特色。

戏曲评论人才培养

项目主体：江苏省文化艺术研究院

项目负责人：张超

项目理论和实践紧密结合，围绕"理论授课""剧目观摩""剧目研讨""剧团考察""评论写作"5个层面展开。授课内容涵盖戏曲理论、戏曲编剧、戏曲导演、戏剧表演、舞美灯光、文艺政策、评论写作等。同时，项目注重实践，在实施过程中，观摩戏剧演出17场，参观剧团3个。

项目师资团队邀请了汪人元、朱恒夫、刘平、刘祯、王廷信、王馗、谢柏樑、向云驹等多位全国戏曲理论和文艺评论家，授课专家背景涵盖戏曲史论、戏曲音乐、戏曲舞台美术、戏曲美学等多个方向；另请张弘、罗周、孔爱萍、施夏明、李卓群、卢川、李春荣等编导演艺术家共同授课。

此次培训理论授课安排在第13届中国艺术节、2022年戏曲百戏（昆山）盛典举办期间，共进行32次专题理论授课，涉及5个方向，包括文艺政策和形势解读，古代戏曲理论的阐释，现当代戏曲发展现状的解读，戏曲评论话语体系的建构，戏曲音乐、编、导、演、舞美的理论与实践经验分享等。

项目理论授课期间，学员完成近400篇短评；实践阶段，完成评论31篇；结集出版《戏曲评论的理论与实践》。项目结束后，在《艺术百家》《四川戏剧》等期刊上发表文章28篇；在《中国艺术报》、凤凰网、微信公众号等发表长评29篇，短评25篇。

学员中，获田汉戏剧奖4人次，获第3届四川文华奖评论奖等其他奖项6人次，入围第8届"啄木鸟"杯中国文艺评论终评长评名单2人次。

该项目被《中国艺术报》、中国文艺评论网等媒体报道7次。《中国艺术报》、中国文艺评论网、新华网等中央级媒体分别对本项目开班情况做了详细报道。

该项目在开班之前做好充分调研与周密设计，选择在全国各大戏剧节举办期间开

发扬"八女"英烈精神、全团齐心协力、精心打造新创越剧"乌衣巷"再创新

班，艺术研究类和艺术实践类教师共同授课。将理论授课、剧目观摩、剧目研讨与写作等各类课程相结合，并对培训班课程和研讨过程全程记录，及时整理并刊发教师授课主要内容与学员短评。

长三角民营文艺表演团体传统戏曲表演人才培养

项目主体：浙江艺术职业学院

项目负责人：谢青

本项目着眼于民营文艺表演团体的改革发展，通过高水平的人才继续培养，发挥示范引领作用，为推动民营文艺表演团体改革创新、转型升级、健康发展，提升民营剧团与现代市场结合的意识，助力民营剧团发挥满足人民群众日益增长的美好生活需求发挥作用。

项目邀请了行业内专家 38 名，理论类专家有中国戏剧家协会原分党组成员、秘书长崔伟，中国文艺评论家协会原副主席毛时安，《中国戏剧》主编罗松，南京大学教授吕效平，浙江大学教授胡志毅等。实践类专家有导演杨小青、中国戏剧奖·梅花表演奖获得者张志红等。

项目课程设置分为三个阶段。第一阶段以理论课程为主，邀请崔伟、毛时安、罗松、胡志毅等学者授课。第二阶段为实践课程，邀请导演杨小青、中国戏剧奖·梅花表演奖获得者张志红等业内专家授课，剧种涵盖昆曲、越剧、婺剧、黄梅戏、桐乡花鼓戏、杭剧等。第三阶段学员回到原剧团进行学习剧目的汇报演出，并撰写学习期间

的心得体会。

在成果方面，学员举办汇报演出 1 场；撰写 20 篇个人心得并结集成册。项目成员胡卫花在“2023 浙江省第十五届戏剧节”获优秀表演奖（婺剧《千鹤女人》中饰演张春兰）。项目成员徐云丹在 2022 年 12 月举办的“纪念徐玉兰先生百年诞辰——越剧徐派民间精英邀请赛”中获得“成人组亚军”。

本项目的宣传报道近 10 篇，结项展演会采用线上线下同步，线上直播收看人数共计 1 万人次。项目相关的媒体宣传、报道的辐射量超过 2 万人次。

在社会效益方面，一是该项目注重呼应社会需求，发挥所长。近年来，长三角民营戏曲剧团快速发展，但是人才储备不足、运营管理不够规范等问题也比较突出，人才提升需求强烈。浙江艺术职业学院是长三角最具实力的戏曲教育机构之一，可以发挥自身所长，服务社会。二是该项目呼应学员需求，因材施教实施项目。长三角民营剧团的演员大多长于唱，短于形体、把子、身段等。针对学生的长处和弱点，有的放矢，加大薄弱环节课程设置，补齐短板。三是该项目呼应时代需求，增设拓展项目教学。随着自媒体时代、营销时代的到来，演员仅掌握舞台上的唱念做打是远远不够的，本项目设置了“短视频时代的自媒体”等课程，教会学员运用现代自媒体技术，提高自我宣传能力，扩大自身影响。

东北地区珍稀濒危剧种音乐人才培养

项目主体：吉林艺术学院

项目负责人：张洪涛

“东北地区珍稀濒危剧种音乐人才培养”项目以吉林省的黄龙戏、新城戏、唱剧，辽宁省的辽南戏、海城喇叭戏，黑龙江省的龙江剧以及内蒙古自治区的漫瀚剧 7 个濒危剧种为切入点，立足东北戏曲文化传统，依托吉林艺术学院专业优势和教学资源，对接戏曲院团在剧目生产创作、传习上的需求，挖掘培养一批包括作曲、配器、合成制作、演奏在内的优秀青年音乐人才，创新濒危剧种音乐人才的培养模式，逐步缓解东北地区濒危剧种面临的音乐人才短缺、断档等困境，以传承助创新，激发濒危剧种的内生动力。

该项目把提升濒危剧种音乐人才专业水平作为首要任务，邀请了 19 位来自文化和旅游部民间文艺发展中心、中国艺术研究院、中国戏曲学院、中国音乐家协会、沈阳音乐学院、吉林艺术学院、东北师范大学等机构或院校的专家、学者，通过集中授课、创作交流等方式开展了 25 门专题课程。

在课程设置上，第一阶段以集中培训为主。按照通识课程、实践课程、拓展课程三个方面开展，其中包括“稀有剧种当代发展观察”“满族新城戏的音乐创作”“吉剧音乐结构分析与写作”“北方戏曲音乐结构分析与写作”“东北地域文化田野考察”“东北故事”等。第二阶段为观摩课程、交流研讨及创作阶段。在项目组统一组织下，保质保量有序开展。学员们按照项目要求认真观摩艺术作品、积极开展交流研讨并进行自主创作，及时与教师沟通，对创作作品反复推敲、打磨和提升。

培训结束后，项目组整理了专家授课讲义共计 56 万余字汇总成册，学员们创作了 15 首戏曲音乐曲谱、8 首原创戏曲歌曲、6 篇专业论文共计 3 万余字及 1 场汇报演出。

该项目学员李洪旭在培训期间为辽宁铁岭秧歌戏《不了情》作曲，荣获“辽宁省文华音乐奖”，并受邀参加第 11 届中国曲艺节节目展演；2023 年 3 月编曲京剧《格桑花开》荣获辽宁省第 16 届精神文明建设“五个一工程”奖优秀作品奖。学员赵洲

移植并创作（作曲、配器）满族新城戏折子戏《打金砖》荣获吉林戏剧节演员大赛一等奖；学员高巍荣获吉林省中青年戏曲大赛表演三等奖；学员李春雁在京剧《杨靖宇》中担任主奏，此剧获第十七届中国文化艺术政府奖“文华表演奖”。

该项目曾被华人头条、腾讯网、搜狐网、《中国旅游报》等媒体报道 10 余次，中央级媒体报道 7 次。其中，《中国旅游报》在 2023 年 5 月 31 日以《以提升传承经典　用热爱守护初心》为题进行了报道；今日头条在 2023 年 5 月 31 日以《以提升传承经典　用热爱守护初心》为题进行了报道；中国网在 2023 年 5 月 31 日以《以提升传承经典　用热爱守护初心》为题进行了报道。

该项目的实施一是通过搭建学术交流平台，创新濒危剧种音乐人才培养模式，实现濒危剧种自身的“造血功能”，缓解东北濒危剧种在传承发展中面临的人才匮乏、传承断层等困境；二是通过专业性、高层次的音乐人才培养提升濒危剧种音乐创作水平，推动专业作曲与戏曲音乐创作的互通、互融；三是将戏曲艺术融入高校美育工作，为高校艺术教育服务地方文化事业、推动地方文化事业建设做出积极探索。

全国京剧武戏人才培养

项目主体：国家京剧院

项目负责人：成爱国

该项目以武生、武旦、武丑、武花脸等行当为主，邀请李光、李丽、刘习中、任凤坡、荀皓等在编、排、导、演上有着丰富经验的艺术家向学员授课。培养班以剧目带动人才培养，制定全面、专业的教学课程，以《大闹天宫·御马篇》《虹桥赠珠》《起步问探》《白水滩》等剧为主要教授内容，围绕京剧武生、武旦、武丑、武花脸等行当特点，采取以剧目为依托，以基本功和武戏技巧组合为基础，以技巧展示和剧目表演为成果展示的人才培训模式。

《大闹天宫·御马监》武生组学员由国家级非遗传承人、京剧表演艺术家李光老师授课，《虹桥赠珠》武旦组学员由京剧表演艺术家李丽、荀皓两位老师授课，《白水滩》武花脸组学员由京剧表演艺术家任凤坡老师授课（已故），《起步问探》武丑组学员由京剧表演艺术家刘习中老师授课。

项目课程分为三个阶段：第一阶段集中培训为期 35 天。第二阶段实践课及网络课培训为期 25 天，包括实践课程、网络理论课程、撰写学习心得等，让学员充分领悟第一阶段的教学重点。第三阶段结业汇报演出，2023 年 4 月 1 日在梅兰芳大剧院以线上线下相结合的方式进行。

项目在《中国京剧》杂志总第 305 期发表 5 篇文章，《中外文化交流》2022 年第 12 期发表文章 1 篇。项目实施期间被《人民日报》、新华社、中国新闻社、文旅中国、《光明日报》等媒体报道共计 16 篇。

项目实施过程中参与项目的 5 位艺术家平均年龄 82 岁，为此项目组专门选派 12 名优秀中青年演员配合主教老师担任助教，2 名优秀青年演员担任陪练。通过老艺术家们的指导和讲解，让表演经验丰富的助教老师为学员示范高难度动作和技巧。在集中培训中老艺术家不仅向学员传授了专业技能，助教老师也学到了老艺术家们的教学方法，既培训了一批武戏学员，又培养了一批武戏教师，一举两得。

民族声乐人才培养

项目主体：中央音乐学院

项目负责人：黄华丽

项目以“坚定文化自信为主导，唱响新时代的华美乐章、弘扬中华优秀传统文化”为特色，以培养新时代的民族声乐领军人才为目的，明确文艺要为人民服务的宗旨，树立正确的思想观、人生观，立德树人，力图培养新时代德艺双馨的艺术人才。同时立足当下，打造融通中外的新概念、新范畴、新表述；面向未来，构建充分体现中国风格、中国特色和中国气派的中国民族声乐模式。

项目特别邀请了著名的声乐教育家、歌唱家、作曲家和音乐理论家为学员授课，师资力量雄厚，如一级演员、中央音乐学院教授、项目负责人黄华丽；歌剧编剧、导演、歌唱家、声乐教育家王景彬；中国人民解放军军乐团原团长、指挥家于海等。此外，还邀请阎维文、王士魁、方琼等国内歌唱家，张伯瑜、马秋华等音乐教育家，孟勇、李昕等作曲家共同为学员授课。

该项目通过课堂教学、翻转课堂、口传心授、舞台实践、理论研讨等方式，通过艺术理论和艺术实践两大板块的培训活动，实现全方位体系化教学。通过交流学习和采风实践演出，提升民族声乐演唱专业在文化领域的影响力。让学员开阔视野，促进民族声乐专业的繁荣发展。

本项目的培训成果以两场音乐会展现学员的学习成果，分别是在中央音乐学院演奏厅举办的《红楼梦》经典曲目音乐会，观众100余人；北京老舍剧场的综合音乐会，观众达260余人。同时，项目学员庄云龙于2023年8月获得文化和旅游部新时代领军人才称号；学员庄云龙、彭俊午、刘皓月、司岩、李传龙、李雨洋于2023年10月入围第14届中国音乐“金钟奖”，其中，庄云龙获得金奖。

项目实施过程中曾被《音乐周刊》、《人民日报》、北京电视台等媒体报道18次，其中，中央电视台《音乐周刊》、《人民日报》等媒体对项目开班进行报道。

国家藝術基金
中央音樂學院
国家艺术基金2022年度艺术人才培训资助项目
民族声乐人才培养
结业音乐会

该项目注重体系化教育，在聘请本单位本领域专家进行授课的同时，还诚邀全国各地专家加盟，构成了由艺术理论、音乐创作、声乐演唱和舞台艺术实践四方面专家构成的培训师资队伍，保障了项目实施质量。同时，理论与实践相结合的方法也值得推广。

乌兰牧骑蒙古族舞蹈表演、创作人才培养

项目主体：内蒙古艺术学院

项目负责人：侯守智

该项目按照“重点面向基层的原则、覆盖面尽量大的原则、有利于扩大蒙古族舞蹈在全国的影响和传播的原则”对符合基本报名条件的150多人进行选拔，最终确定招收36名学员入学。授课专家秉持以学员为中心的理念，按照国家艺术基金管理中心“注重艺术经验的直接传授，注重提升专业技能、拓宽艺术视野和培养创新能力”的要求，因材施教，使学员能够在较短时间内提高对舞蹈艺术的感悟能力和表演、创作能力。项目的实施产生了良好的社会效益，为乌兰牧骑等基层文艺团体培养了一批蒙古族舞蹈表演、创作人才，缓解了基层文艺团体舞蹈专业人才队伍建设存在的问题，促进了蒙古族舞蹈艺术在新时代的创造性转化、创新性发展，也为乌兰牧骑等基层文艺团体的人才培养和队伍建设厘清了思路，提供了经验。

项目师资由中国舞蹈家协会原副主席斯琴塔日哈，中国舞蹈家协会原副主席、吉林省舞蹈家协会主席王小燕，中国舞蹈家协会副主席赵明、黄豆豆、赵林平，北京舞蹈学院万素教授、张文海教授，内蒙古艺术学院赵海忠教授、李树榕教授、张永胜教授，项目负责人侯守智，青年舞蹈家柴拉干，内蒙古师范大学张瑞军教授，内蒙古舞蹈家协会主席何燕敏，舞蹈理论家王景志，服装设计师郑志宽，一级编导赵小津，一级舞台美术设计师谷峰等24位专家组成。

项目课程由专业实践课、专业基础课、理论课、采风课、创作课五个板块构成。专业实践课程包含“蒙古族舞风格课”“蒙古族舞技能训练课”“民族民间舞课”等，由12位教师授课；专业基础课程由11个专题、14场讲座构成；理论课由4场专题讲座构成；采风课由2个板块构成，包括“民族民间舞及相关艺术素材的收集、生活体验”“采风成果汇报及点评”；创作课由专家及内蒙古艺术学院的舞蹈专业教师对学员进行创作指导，引导学员修改作品。

学习期间，学员创作舞蹈作品16件，举办汇报演出1场。同时，学员徐小平、

白小龙创作并表演的舞蹈《马铃儿摇响幸福歌》荣获第 14 届中国舞蹈“荷花奖”民族民间舞一等奖；学员乌云嘎娃创作的《新时代挤奶员》参加了 2022 年全国民族民间舞创作作品会演（华北片区）内蒙古专场演出；学员乌力吉参演的舞蹈《傲雪圣莲》获 2022 年度甘肃省艺术创作扶持工程立项。

《人民日报》新媒体平台、新华网客户端、中国新闻网、“学习强国”、今日头条等中央媒体，新华网内蒙古频道等多家官方媒体对项目的开办和结业进行了报道。《国家彩票》2022 年 11 月刊文化版发表项目相关评论文章《彩票力量武装草原上的“文艺轻骑兵”》，国家艺术基金微信公众号同时转载。相关推送与报道文章共计 75 余篇，辐射人群达 3 万余人。

全国各地的基层文艺团体都对高水平的蒙古族舞蹈创作、表演人才有迫切需求，项目依托内蒙古艺术学院在蒙古族舞蹈人才培养的雄厚积淀，面向全国基层文艺团体和艺术院校招收培养兼具创作和表演能力的民族民间舞蹈人才，不仅能够打造一批蒙古族舞蹈精品，加强蒙古族舞蹈的影响力、辐射力和带动力，而且可以促进优秀民族艺术的创造性转化、创新性发展，进而为传承和弘扬中华优秀传统文化、建设文化强国、铸牢中华民族共同体意识奠定思想认识基础。

美术创作资助项目

复兴号角·丝路情（中国画）

项目主体 / 项目负责人：黄杰

黄杰，吉林省桦甸市文化馆专职画家、副教授，中国美术家协会会员、中国工笔画学会会员、吉林省美术家协会会员、中国民主促进会会员、吉林市美术家协会副主席、吉林市开明画院副院长。代表作《云端踏·国庆日》《田野的风》《复兴号角·丝路情》《游戏的发明》入选第十三届全国美展、第七届全国院展优秀晋京作品，参加上海市“中华创世神话文艺创作与文化工程”，作品被中华艺术宫展出收藏。

中国画《复兴号角·丝路情》是一部表现家国情怀的主题性创作文艺作品，是表现丝绸之路上少数民族爱党爱国的题材。中华民族的伟大复兴，是全国各族人民的共同愿望和宏伟愿景。该作品以云南哈尼族青年为主要表现对象，采用人物雕塑群像的造型手段，在画面中展现中国人民为中华民族伟大复兴共同奋斗的决心，以及歌颂新时代、赞美新生活的爱国情怀。

该作品采用意向的人物造型方法，以及自由多元的重彩画创作手法，使作品具备丰富的画面语言，从而呈现出较强的视觉表现力，但又不过多追求富丽堂皇、炫彩流金，力争彰显厚重、质朴、雄浑的艺术风格。作品朴素的表现手法，与哈尼族的人物形象、民族性格相契合，完美地体现了该民族质朴善良、勤劳勇敢的传统素养和人文精神。

该项目创作构思来源于 2018 年在云南的写生采风，创作者参加了西双版纳州勐海地区嘎汤帕节，不同支系的哈尼族同胞在勐海的民族广场会聚一堂。其间，哈尼族的小伙子和姑娘们在节目的间隙互相交流、拍照留念，创作者有幸抓拍了一组吹牛角号的合影镜头。当这些年轻人无意识地形成这样的组合时，创作者即在心中产生了强

烈的创作冲动。艺术从生活中来，到群众中去，只有用激情拥抱生活，寻觅生活中感人的内容、情节和细节，艺术地再现人们的理想、信念和希望，才能创作出打动人心的作品。

创作过程中，创作者在学习培训时得到了中国国家画院诸位专家教授的指导，明确了作品的创作方向与思路。通过壁画培训学习，创作者在技法上有了新的认识。结合来自各方面的专家的建议，创作者利用工笔重彩的多种技术手段，较好地完成了作品的创作。

城市梦（油画）

项目主体 / 项目负责人：张杰

张杰，四川美术学院副院长、二级教授，教育部美术教育指导委员会委员、中国美术家协会油画艺术委员会委员、中国美术家协会重大题材艺术委员会委员、中国油画学会理事、享受国务院政府特殊津贴专家、重庆美术家协会副主席、重庆美术家协会油画艺术委员会主任；重庆市学术技术带头人、重庆英才计划创新领军人才、重庆市突出贡献中青年专家，重庆市宣传文化系统“五个一批”人才。其许多作品在国内外美术馆举办个展和参加重要学术性展览，并被中国美术馆等国家级美术馆、博物馆正式收藏。主要从事油画艺术创作研究、美术思维训练研究、艺术教育人才培养体系研究、艺术院校教育教学管理研究等。

油画《城市梦》聚焦城市化进程中的迁移人口，描绘城市化进程中，规模庞大又平凡微小的农民工群体在建设城市、构成并见证城市化的过程。“城市梦”是“中国梦”不可分割的一部分，该作品用油画的方式再现“进城者”怀揣梦想与期待追逐城

市梦想的时代篇章。作品旨在表现他们用勤劳与坚韧投身到建设城市的浪潮中，努力在当代社会发展的画卷中通过油画创作留下他们的历史身影和重要形象。

该项目将“进城者”的形象放进典型场景中进行刻画，弥补当代美术创作中的缺失。同时，通过刻画“进城者”的典型群像，展现和讴歌城市化进程中充满生机的中国当代现实图景和城市风貌。作品对“进城者”面对城市冲击与困惑给予了充分展示，唤起社会对“进城者”的人本关怀。

昙曜造窟（油画）

项目主体 / 项目负责人：续鹤贤

续鹤贤，中国美术家协会会员，代表作《空中救援》获得中国百家金陵画展（金奖）、《为天下太平》入选全军美展中国美术馆收藏、《新疆和平解放——1949.12.18 新疆迪化》入展“建党 100 周年大型美术创作工程”中国党史展览馆陈列 、《中国兵——为天下安宁》入选全军美展。

油画创作《昙曜造窟》艺术质量较高，绘画程序层次繁复，吸收和尝试了很多古典和现代艺术的材料技术和艺术表现语言，运用传统现实主义油画的表现手法，以浑厚的色彩和遒劲精到的笔触再现了 1000 多年前北魏昙曜主持开凿石窟的宏大场面。在视觉空间表现上跨越千年，画面通篇有可触摸的岩石肌理质感，使观者在观赏中身临其境，与千年前的巨人有了直面的交流和崇敬的机遇。

持至诚心　游学证道——王阳明和他的弟子（油画）

项目主体 / 项目负责人：张文惠

张文惠，河北环境工程学院副教授，河北画院研究员、北京当代中国写意油画研究院研究员，中国艺术研究院中国油画院课题组成员、中国美术家协会会员。作品曾获第三届全国青年美展优秀奖、第十一届全国美展获奖提名等奖项。

油画《持至诚心　游学证道——王阳明和他的弟子》描绘了王阳明与弟子游学于自然山川（会稽山）谈学论道的场景。江浙地区是阳明学派的发源地，王阳明性好山水，曾筑室阳明洞并由此而得名。与传统书院式的教育有所不同，王阳明授学的独特之处是“游学”，希望借助幽美的自然环境来净化世俗之心，使讲学取得更好的效果。该作品以王阳明及弟子徐爱等门人“游学”的典型史实为素材塑造了坚忍、内省、思辨的一代哲人风骨，颂扬了古代

先贤不断追求真理、探索人生的至诚至真的信念持守。在创作中吸收了中国传统绘画元素，灰色系的微差色彩既是对文人雅致的意境追求，也有助于书写性的笔触表现。画面疏朗的构图、云淡风轻的背景天空自然流露出中国传统绘画的审美意趣，这种绘画语言有力地契合了主题的表达。作品通过对这一主题创造性的视觉转换，引发人们对为人类社会思想史留下宝贵财富的圣哲先贤的敬慕之情以及对传统文化的持续关注和热爱。

圣哲先贤历史人物题材的绘画创作，由于取材的年代久远，往往只能通过一些文字著录和有限的绘画遗存来获取素材，画家要经过艰苦而复杂的搜集、整理、酝酿和构思过程，有了“底气”之后才能逐步完成视觉形象的艺术呈现。油画《持至诚心　游学证道——王阳明和他的弟子》的创作是在大量阅读史籍的基础上，确定以王阳明学术生涯中最具特色的“游学”为素材进行构思，并通过深入考察其游学的历史足迹进一步充实素材，经过反复论证确立创作的总体方向，作品以独特的视角表达先贤在追求学术过程中的至诚、求真的治学精神。

冬捕汉子（油画）

项目主体 / 项目负责人：张阳

张阳，铁岭油画院画家、二级美术师；中国美术家协会会员、辽宁省油画艺术委员会委员、辽宁省美术家协会理事、辽宁省青年美术家协会理事、铁岭市美术家协会副主席。

2020 年获得国家艺术基金美术创作资助项目、2018 年获得国家艺术基金青年创作人才资助项目；2023 年获中国百家金陵收藏作品奖、2022 年作品入选第七届全国青年美术作品展、2019 年作品入选第十三届全国美术作品展、2021 年作品入选第五届全国油画作品展、2015 年作品获 2015 吴冠中艺术馆全国油画作品展优秀作品奖、2013 年作品获 2013 年全国油画作品展优秀作品奖。

油画《冬捕汉子》以东北渔民冬捕为主题进行创作，画面中几个饱经风霜的汉子，不辞辛劳、互相帮助地捕捞大鱼，他们中有的专注劳作，有的看向远方，有的脸上洋溢着快乐和喜悦，展现了冬捕汉子在深冬时节不畏寒冷捕鱼的丰收场面。作品采用写实的表现手法，巧妙地将色彩、明暗、线条、肌理、笔触、光感、空间等多项元素有机结合，兼具自由的笔触和具象的造型，突出画面的冲击力，强调中国写意精神与西方传统油画的融合。表现了东北传统的冬捕活动场面和冬捕汉子的劳动精神，以及他们对未来美好生活充满希望和憧憬。

油画《冬捕汉子》是艺术家冬捕系列绘画作品的延续和新的探索。其创作经历了多次、多地的实地考察采风，不同人物形象和感人场景的素材收集，以了解更多“冬捕”的历史文化与风土人情。艺术家选择冬捕汉子们一起拉网捕鱼的丰收场景，构图上运用点线面、黑白灰、松与紧的布置调度处理。造型上运用相对写实的手法，强调人物形象的坚实厚重与内心表达。画面中强调色彩与肌理的运用、笔触与意境的表达、突出油画写意精神。

该作品不仅启发了艺术家对于油画的主题、构图、技法等问题的再审视，也激发了艺术家对于现实主义题材油画的再认识与创作热情。艺术创作需经常深入生活，加强对生活的阅读能力，发掘现实世界中的生动视角，并且从中提炼出有感染力的绘画主题。同时提升个人修养，创作出有思想深度、有视觉表现力的绘画作品。

苗山魂（油画）

项目主体 / 项目负责人：赵嘉陵

赵嘉陵，中国美术家协会会员，职业画家，曾任贵州省美术家协会理事、贵州省油画艺术委员会副秘书长、贵州画院特聘画师、国家民族画院特聘画家。曾参加第八届、第九届、第十届、第十二届、第十三届全国美术作品展暨第三届全国壁画展，并于2013年在贵阳美术馆举办了“守望——赵嘉陵现实主义（写实）油画展”。

油画《苗山魂》是一幅看似真实、实为纯虚构的，有着强烈艺术真实感的现实主义写实作品。它取材于贵州黔东南苗族一年之中各个地方、各个时期有代表性的民俗文化活动，并将它们整合在同一时间、同一个空间的画面当

中，用绘画这种形式重构以更完美表达和呈现画面。作品采用类似壁画的构成形式，条幅一字展开，让所有想表现的文化元素不被遮挡地完全展示于画面上。

魂即精神，任何一个民族都会有他们自己的精神崇拜和图腾。苗族同胞一年中的各种节日，无一例外地都在表达他们对祖先、对自然、对大地的敬仰。该作品意在用绘画的形式将这种精神内涵定格在画布上。

贵州黔东南地区是艺术家从事主题创作的源泉地——在这片土地上采风收集创作素材长达20多年，表现这里人文现象的作品之多、范围之广、作品尺寸之大，在贵州省内画家中名列前茅。由于长期创作苗族题材的缘故，总有一个念头萦绕脑海，那就是用苗族文化这个题材，创作一幅结构宏大，具有重大意义的大尺幅作品。艺术家将20多年采风收集的素材从头到尾做了一次全面的梳理，从中找出那些最具代表性的人物、场景。于是，《苗山魂》的构想就此诞生了。主题绘画创作的源泉一定是生活，要有第一手的生活资料，源于生活，感受生活，才能高于生活，不然作品就没有生命力。

古彝新象（油画）

项目主体 / 项目负责人：魏义

魏义，广东技术师范大学美术学院副教授、硕士研究生导师，中国美术家协会会员。作品曾入选第五届全国青年美术作品展并获奖、第六届全国青年美术作品展、2020·中国百家金陵油画展、第四届全国壁画作品展、第十三届全国美术作品展油画展、第十三届全国美术作品展壁画展等。

油画《古彝新象》，以描绘当代彝族人民的生存状态为主题。画面中的六个人物，并不是某些具体的彝族人的形象，而是时空中彝族人的整体形象。在作品中，彝族女人的命运通过阴沉的背景、色彩的物性、画面的秩序在此永恒地定格。女人生存的不同阶段隐于色彩和线条之中的同时，又伟岸亲切地呈现在我们面前。黄昏的太阳隐匿在昏暗的天空中，太阳的本质又通过照亮山峰与大地在此得以显现，天空的阴沉通过隐匿而遮蔽自身，还原了天空本身。大地吸纳万物将其归隐于其中，通过接纳光、人与物的坚实而呈现大地的本质。

近年来创作者做了诸多有关传统文化领域的研究，并形成了一系列的研究成果。以彝族文化为主题创作的油画《古彝新象》以期诠释古老民族在现代文明中的生存状态。

不同民族的生存方式积淀出不同的文化模式，生成不同的艺术样式。整个人类的艺术史，应是建立在各种文明、艺术观念和创作方法基础之上的。今天越来越多的东方学者和艺术实践者对整个人类的艺术史进行反省，寻找其区域文化的根脉，还原不同区域和民族的元文化的艺术逻辑。

创作者近几年创作的《彝家人》系列作品，区别于以往西方的视角，回到东方区域民族的根脉之中，从东方传统中汲取营养，以东方的视角思考人与世界的关系，试图对东方传统的艺术语言进行重新构建，在西方视角下已“终结”的艺术境域中开辟另一个思考的维度。

时代新景——都市蜜蜂（油画）

项目主体 / 项目负责人：刘亚安

刘亚安，一级美术师、中国美术家协会会员，河北省美术家协会第五届主席团副主席、河北省美术家协会美术创作学术委员会委员、唐山市美术家协会荣誉主席、中国国际书画研究会常务理事。作品先后入选第九、第十二、第十三届全国美展，中国百家金陵油画展，全国（大芬）中青年油画展，全军美展，北京国际美术双年展等国家级重大展览并获奖；多幅作品被国内外美术馆及藏家收藏。

油画《时代新景——都市蜜蜂》题材选自穿梭于都市大街小巷的外卖员，他们身着亮丽的黄色外套，像极了春天在田野里忙碌的小蜜蜂，成为我们这个时代一道亮丽的风景。一方面，外卖行业给人们带来了很多方便和快捷，随着互联网的日益发展，外卖行业作为互联网的产物也是时代的见证者；另一方面，外卖员工作十分忙碌和辛苦，所以把他们比喻为都市蜜蜂，正是因为他们身上也具有同蜜蜂一样的勤劳勇敢、无私奉献的品德。

画面采用长方形的构图，横向和纵向有序地结合，使画面主体富有流动性和节奏感。在色彩方面，黑色和黄色是画面的主体颜色，不仅画面的视觉效果强烈，而且更突出外卖小哥朝气蓬勃的精神面貌。表现手法以写实为主，融入当代的写意的表现手法，画面关系更为强烈，更有表现力，也使得这一生活化的场景更具有艺术性。

近年来，互联网大数据时代下人们生活的变化，是艺术家一直在思考和呈现的主题。互联网是看不到、摸不着的，但它带给人们的变化却是能切身感受到的，大街上随处可见的外卖员正是互联网改变人们生活的一个缩影。画面选择的是外卖公司每日例会结束之后，外卖员们准备开始一天工作的场景。中心主体选取了两个比较典型的外卖员形象，前面的外卖员已经骑上摩托车出发了，后面的外卖员则是整装待发。后面成群的外卖员也都在紧张地准备着，整个场景忙忙碌碌，却又有条不紊。这幅作品

的创作，前期通过深入大街小巷，观察形形色色的外卖员，也和不同的外卖员进行攀谈，了解他们的生活状态，因此收集了大量的资料和图片，希望能够由内而外了解这个群体，力图让作品更加生动有情感。

东海渔场鱼丰收（油画）

项目主体 / 项目负责人：陆琦

陆琦，杭州师范大学美术学院教授、硕士研究生导师，曾任美术学院专业负责人、院学术委员会主任；中国美术家协会会员、浙江省油画家协会学术委员会委员、浙江省国际美术交流协会副主席；作品曾入选第八、第九、第十、第十一届全国美展，获全国性奖项20余次；多次参加国家级、浙江省和上海市重大历史题材美术创作工程项目的大型创作；作品被中国国家博物馆、中国共产党历史展览馆、浙江省美术馆、浙江省展览馆和上海中华艺术宫收藏。

油画《东海渔场鱼丰收》高220cm、宽300cm，属于现实题材作品，通过三个层次的空间展示了具有地域特色的东海渔人、渔场。作品记录了中国东部沿海地区劳动人民追求美好生活的历史瞬间，表现了辛苦奋斗后终会迎来丰收的喜悦。

劳动是一个永恒的主题，是推动人类社会进步的根本力量。本项目通过表现渔民质朴勤劳的奋斗精神和渔场的富饶多产，把东海渔场的过去、现在和未来糅合在同一时空、画面中，使其具有历史永恒性和象征意味。

项目实施以最初创作草图为起点，融入壁画造型元素的渔民形象一直是创作者当前油画探索的主要方向。在项目构思的初期，创作者曾几次去到渔场、海岛深入观察和体验渔家生活，多次到浙江的舟山嵊泗列岛采风，恰逢渔场鱼丰收，全村男女老少都在岸边收鱼，会感觉到岸边的人物活动就像一个大舞台上的演员在演出——前面是渔村里的老少，远景是哺育他们的大海和渔船。在金黄色余晖的映衬下，古铜色肌肤与鲜艳的布衣构成画面饱满的色彩基调；远景为停泊于海港的渔船和逶迤远去的海岛，创造出画面的空间感与历史的纵深感。在形象的设计上，创作者进行了大胆的取舍，仅保留对象的基本轮廓线，并加以概括、变形、锤炼，力图充分发挥出线造型的威力，熔现实主义、壁画、敦煌艺术于一炉，创作出具有东方意味的写实油画语言。

礼赞大地（水彩粉画）

项目主体 / 项目负责人：陈流

陈流，彝族，现为中国美术学院绘画艺术学院教授、博士研究生导师，曾任云南艺术学院美术学院院长，二级教授。中国美术家协会水彩艺委会第四、第五届委员，云南省美术家协会副主席，国家“西部之光”项目中央美院访问学者。2006年、2013年两次荣获云南省文学艺术“四个一批”奖，2020年荣获享受国务院政府特殊津贴专家；2020年荣获云南“云岭文化名家”称号，2021年其工作室被评为云南省艺术名家工作室。绘画作品连续入选第九、第十、第十一、第十二、第十三届全国美展。国家级一流本科课程“水彩基础”负责人。出版作品集11部，理论著作1部，教材1部。

《礼赞大地》系列水彩创作的主题思想是通过作品展现云南不同区域具有代表性的地理人文，彰显云南在新时期的发展与繁荣。陈流长期扎根云南，形成了原生态与具象写实自然融合的艺术语言，《礼赞大地》系列不仅是艺术家个人情感的表达，更兼具社会发展、人文理念与时代主题和谐共荣的生态观念，通过对自然景象与人文生态的提炼，在现实生活中结合艺术创作，注重自然环境与时代风貌的创作，实现人文精神、生态观在时代中的重塑与情感互动。该作品描绘的是云南红土高原的广袤地域特征。云南特有的红色土壤，如满血复活的息壤，蕴藏着巨大的潜能。大地是万物之母，象征着胸怀的博大和旺盛的生命力。

该作品通过多季节多地域的田野调查，深入云南各地区，近距离感受云南劳动人民的生活实景，筛选出具备写生及再创作价值的景域进行大量的现场写生，如雨过天晴后更加艳丽耀眼夺目的红土地，最后回到画室再创作，梳理素材图片及现场写生作品，愈加彰显艺术创作必须来源于生活、扎根于生活，从显性到隐性、从现象到存在、从具象到抽象地展现大地与人类相生、相依、主宰和牺牲的关系。万物的生长和存在形式是生动鲜活的，是艺术家表现的末梢，通过作品具象的写意来表现中国大地磅礴广阔的气象。

大工匠·架长虹的人（水彩粉画）

项目主体 / 项目负责人：卫东风

卫东风，南京艺术学院教授、硕士研究生导师，中国美术家协会会员，中国建筑学会会员。获江苏省教育厅优秀硕士研究生导师奖、南京艺术学院刘海粟优秀教学奖。作品先后入选第十二届、第十三届全国美术作品展览，第十三届建军九十周年全军美术作品展览；获文旅部第十二届中国艺术节优秀美术作品奖。部分作品被国家奥委会、国家民委、金陵美术馆等收藏。

南京长江大桥被视为新中国成立后一项深具开创性的国家重大工程。为了迎接新中国成立70周年庆典，重拾“大桥记忆”是振奋人心的大事。南京长江大桥是见证中国崛起的精神之桥，是代表“中国制造”与“大国工匠”的经典之桥，也是体现“双百方针”和文化自信的艺术之桥，回望与搜索那个年代的大事件，“大桥记忆”尤显其重要意义。本作品以水彩画组画（5幅）形式，采取叙事性与象征性意向表现手法，选取了大桥建设时的代表性场景：誓师大会、桥墩抢险、桁架安装、三面红旗、大桥人等，象征性再现新中国成立后20世纪五六十年代那段艰苦创业岁月，深入探寻和表现大桥人独立自主、自力更生的“大桥精神”。组画作品力求表现出历史题材和工业题材厚重、力量感的艺术特色。

本组画作品从构思、初稿到再稿，从尝试连环画、插图到水彩画、粉画等画种表现形式，前后已过去了5年，是几年来的演绎、迁延与创作结晶。创作过程中，两次邀请专家展开讨论，最终依据专家建议，对作品进行了修改调整。主要表现在：以毛泽东主席的“一桥飞架南北，天堑变通途”为最终定稿确定基调；将原创意绘画的连续性叙事场景和散点式场景集中在“一座桥、一线牵”之中，突出南京长江大桥宏伟身姿，更好地展现中国人、中国梦及社会主义核心价值观；项目申报时作品总尺寸由150cm×400cm调整为150cm×500cm。作品加宽后的总体面貌使得桥体形象更符合长虹之美。

伟大的中国共产党万岁
伟大的领袖毛主席万岁

灯火阑珊依旧处 · 京杭运河积水潭港（版画）

项目主体 / 项目负责人：文中言

文中言，清华大学美术学院绘画系主任、教授、博士研究生导师，中国美术家协会版画艺术委员会委员，北京美术家协会理事，中央美术学院国际版画研究院副院长，中国国家画院专业委员会研究员，中国人民银行纪念币设计生产评审专家。

作品多次参加国内外重要展览并获奖。其中，2020 年获“京城之脊·一脉绵延——北京中轴线申遗主题创作作品展”优秀作品；2016 年获“创造理想——清华大学美术学院教师作品展”优秀奖；2015 年获第二十一届全国版画展优秀作品；2011 年获观澜国际版画双年展“国际版画奖”；2008 年获第三届全国青年美术作品展览优秀作品。作品被中国美术馆、国家大剧院、中央美术学院美术馆、德国路德维希博物馆等美术馆或文化机构收藏。

出版专著《2192 文子视觉日记》《言中绘事》《清华大学美术学院绘画系教师个案研究文中言》等。作品、文章刊发于《美术》《装饰》《美术研究》《清华美术》《中国版画》《中国美术》《版画》等刊物。

版画《灯火阑珊依旧处·京杭运河积水潭港》基于对京杭运河历史的梳理与研究，充分调研运河沿线的风土人情、地理面貌，政治、经济等方面的历史与现实。作品从历史角度为切入点，用艺术实现历史与现实的交融与对话。

作品总尺寸 200cm × 800cm，由三个基本元素构成：京杭运河终点万宁桥以西的什刹海完整的自然景观；构成现代都市城市霓虹灯等灯光景观的工业典型元素电子线路板；解放初期（1950）未被大规模改造前的北京市街区详图。三者在画面中层层叠压，形成若隐若现的网状交叠，是古代与现代、文化与科技、现实与虚幻交叠而成的网。作品采用全景式的视角来呈现什刹海夏季的夜色，以什刹海湖心岛为中心向两边展开，构图采取中国建筑传统的对称方式，充分表现什刹海天与地、局部斑斓灯光疏密变化与整体色块的统一关系。在画面艺术语言的运用方面，融合了手绘与版画丝网印制的表现手段，模糊了两者的界限，采用独特的艺术表现方式，形成浑然一体的画面效果。

该项目作品采用丝网版画艺术形式呈现京杭运河积水潭港，也是目前国内丝网版画主题创作方面尺幅最大的作品，体现了作者对版画思维方式下多元艺术表现的思考，力图拓宽丝网版画艺术表达与呈现的可能性与多样性。

阳光下的大桥浇筑工（版画）

项目主体 / 项目负责人：曹丹

曹丹，湖北美术学院教授、湖北美术学院党委常委、中国国家画院版画专业委员会委员、中国文化艺术发展促进会版画专业委员会委员、湖北美术家协会副主席。荣获湖北省第三批美术人才、湖北省文联中青年优秀文艺人才。获第十三届全国美术作品展览“金奖”暨第三届“中国美术奖”金奖、湖北省第十一届屈原文艺美术奖、第十三届全国美术作品展览获奖提名。作品参加第九届中国北京国际美术双年展、第十二届中国艺术节全国优秀美术作品展等国家级重要展览。获批国家艺术基金 2020 年度美术创作资助项目、中国文联 2020 年度青年文艺创作扶持计划资助项目，担任国家艺术基金 2023 年度艺术人才培训项目负责人。

版画《阳光下的大桥浇筑工》高 150cm、宽 120cm，描绘了长江流域湖北武汉段大桥建设工地上水泥浇筑工人的劳作场景。画面背景呈现出如火如荼的施工景象和渐趋成型的又一座长江大桥，展现了改革开放 40 年的发展历程，在新时代中国特色社会主义发展模式下，城市化进程所取得的巨大成效。作品通过版画媒介、造型手法与作品主题的结合，运用铜版画的糖水腐蚀所呈现出来的塑痕感与建筑工人积极乐观、自信豁达、勤劳憨厚的精神状态及体貌特征相契合，巧妙使用复杂蚀刻工序使版画语言得到更加精细化的呈现，加大了整个画面语言的力度和分量，大幅增强了大尺幅具象绘画作品的画面视觉张力。

该作品意义重在尝试版画与绘画的结合性实践创作，通过强调铜版画的自身特性、加大绘画的行动感来表现画面冲击力，以此还原出工人工作状态下的日常劳作感乃至泥浆包裹之下的生命力度。作为社会的观察者，艺术创作者应更加敏锐地回应新时代的社会生活特征，始终牢记“为人民塑像，为时代立碑”，积极寻求人民大众的共同价值观，并通过绘画作品传递出最纯粹、最感人的力量。

鸚鵡洲長江大橋

治水为民·禹德九州（雕塑）

项目主体 / 项目负责人：马天羽

马天羽，北京服装学院美术学院副院长、教授，中国美术家协会会员，北京美术家协会理事，中国国家画院研究员，中国文化产业促进会文化遗产保护委员会副会长，中国雕塑学会常务理事，中国工艺美术学会雕塑专业委员会副秘书长，北京美术家协会雕塑艺术委员会委员，敦煌研究院客座研究员，韩国诚信女子大学博士研究生导师，《雕塑》杂志编委等。曾获平山郁夫奖、2008 奥运景观雕塑国际大赛银奖、第十二届全国美展提名奖、第十九届北京市教学名师、北京市普通高等教育课程思政教学名师。

雕塑作品《治水为民·禹德九州》采用具象写实的雕塑艺术手法，塑造了一组大禹指挥民众疏通河道场景的圆雕，表现大禹总结前人的治水经验，改“围堵筑障”为“疏顺导滞”，把洪水引入疏通的河道、洼地和湖泊，汇通四海平息水患，明德美功攸同九州、光耀万代，为中华民族积淀了特别的精神财富、孕育出独特的民族气质。作品整体以具象的人物塑造和直线、斜线的人群构图组合来表现，气势恢宏，主次分明。在单体人物形象塑造上生动自然，人物形象众多但各富特色，虚实交融、张弛有度，具有感染力。

大禹治水精神是中华民族精神的重要源头和象征，将这一民族精神通过艺术的方式更加生动地展示和传播，充分增强人民的民族自豪感和文化自信，使我们的脊梁更挺拔、内心更强大，从而凝聚起中华儿女万众一心、团结奋斗的磅礴力量。

该项目从 2021 年 10 月获得立项后，作者即刻对自己前期的相关题材创作进行了复盘和整理，对已有的大禹艺术形象以及表现大禹治水的雕塑作品进行了梳理，并制订了考察和深化、创作和咨询、制作和存档三个阶段性的工作计划，逐一执行。创作期间受疫情影响，采用了线上线下相结合的方式咨询研讨，得到了中国社科院考古所、河南博物院、河南省美术家协会的夏文化专家和美术专家的大力支持和指导，不断探索和深化对雕塑形象的表现。

雕塑艺术创作不仅要在叙事内容和叙事方式上达到主客体的统一，更重要的是雕与塑的艺术语言锤炼和艺术张力的呈现，事实上对于视觉艺术而言，后者显得尤为重要。作者在创作过程中也遇到了艺术表现上的各种矛盾，反复尝试修改再尝试。作品完成后，对作品也进行了阶段性总结，对未来深化方向做了关于写实与写意的艺术表现问题、虚实与收放的塑造处理问题、材料转换再次深化问题的计划和设想，争取完成艺术语言上的一些突破。

同彩（漆画）

项目主体 / 项目负责人：张玉惠

张玉惠，厦门大学艺术学院美术系副主任、副教授、硕士研究生导师；中国美术家协会漆画艺术委员会委员、福建省美术家协会青年艺术委员会副主任、厦门市拔尖人才、中国文联第十一次全国代表大会代表。作品《织情叙意》《盛世花开》获第十二届、第十三届全国美术作品展暨“中国美术奖”金奖；作品入选第五、第六、第七届全国青年美术作品展，第七、第九届中国北京国际美术双年展。多件作品被中国美术馆等机构收藏。

漆画《同彩》以天然大漆为主要创作媒介，兼容漆粉、蛋壳、金箔、夏布等其他辅助材料，以红、金暖色调为主，巧妙运用色彩打破结构严谨的人物线型，用自由的泼洒表现手法营造生动的艺术气氛，表现蟳埔少年和海外友人共同演绎体验闽南沿海蟳埔渔女日常的劳作场景。画面以众多人物表现为主体，人物的布局繁中有序，打破现实客观的合理空间，通过主观的平面处理，人物和背景形成“你中有我，我中有你”的融合，突破漆画平面装饰语言，探索意象空间的表现在人物写实场景中的融合统一。

漆画《同彩》画面以众多人物为主体，人物与背景一气呵成的艺术整体效果是创作的难点，漆画的写意性效果需要经过多次酝酿和前期无数次的设想、试验，同时考验艺术家对漆的把握和对绘画性的大局观。

在创作期间，正值中国美术馆举办馆藏漆画作品展，其展出的 214 件漆画作品，诠释了中国漆画发展的艺术特征，在技法和绘画性方面给创作者带来了极大的思考和探索。该作品采用整体通罩，泼洒追求画面绘画性意象的表现，这个步骤对画面的整体性和生动效果起到非常大的作用，画面主体的塑造和漆层的效果制作是整个作品的核心部分，耗时最长，经过反复的打磨、堆填调整，力求达到最佳效果。

和平使者（中国画）

项目主体 / 项目负责人：张恺桐

张恺桐，2017 年 12 月毕业于中国人民解放军国防科技大学，获硕士学位。主要作品有《青春行》《少年志》《和平使者》等。其中，作品《青春行》《少年志》分别入选第十二届、第十三届全国美展，作品连续五年入选全军美展。

2019 年 4 月，于河北美术馆举办个展“青春纪行——张恺桐美术作品展”。2019 年 8 月，作品《使者》参加由文化和旅游部主办的“伟大历程　壮丽画卷——庆祝中华人民共和国成立 70 周年美术作品展”，并被中国美术馆收藏。美术作品多次发表于《解放军报》《军事文化研究》《解放军文艺》等刊物。

中国画《和平使者》展示了我国维和医疗队为当地小朋友做体检的场景，整幅画面主要由四部分组成，内容分别为：内科检查、测量身高体重、检查耳鼻喉、视力检查。结合非洲地域特征，画面中的陶罐、植被突出非洲特色，非洲居民服装的颜色主要采用红色与黄色等暖色进行处理，与中国军医白大衣的颜色形成鲜明的对比，烘托出热闹轻松的氛围，以此表达中国军队“军民鱼水情”的优良传统在非洲大地上落地生根，体现出我国时刻心系非洲地区人民的大国担当。

该作品在设计与构思阶段，创作者通过执行过维和任务的战友获得真实的资料图片，同时在互联网中获取信息强化学习与感受。在草图勾勒与设计阶段，创作者与老师们交流想法，寻求了指导，在二维空间创作、立意的准确表达与画面的合理性方面获得了新的感受。在草图色彩的设计阶段，创作者参考了大量的图片资料后，决定选取暖色调作为画面的基调，既符合非洲地区的客观条件，又传达出轻松愉快的氛围。

世界之焦（中国画）

项目主体 / 项目负责人：孙娟娟

孙娟娟（涓涓），中国美术家协会会员、中国工笔画学会理事、中国工笔画学会青年委员会委员、北京重彩画会理事、山东省工笔画学会理事，二级美术师。曾获“百家金陵”金奖、第十三届全国美展暨中国美术奖获奖提名等。作品《对话》被中国美术馆收藏，并被文化和旅游部推选为国际巡展作品。同时，作品获国家艺术基金美术项目资助，入选国家博物馆展陈项目。部分作品被中国美术馆、江苏省美术馆、中国艺术研究院、山东省美术馆等单位收藏。

中国画《世界之焦》选取了博物馆中不同国家、不同种族的人们争相观看代表中华文化源头的商代青铜器的情景。这个想法源于创作者每次去博物馆都会产生的一种穿越感：当凝结了华夏智慧的青铜器成为世人焦点的那一刻，它就成为世界文化的交流中枢。这既是现代和历史的对话，也是东方与西方的无界交流。那一刻的中国，世界瞩目！该作品将人物的动态进行多帧并置，利用形与形相加相减依次显现的视觉图像，让运动轨迹有节律地展现，呈现出眩晕晃动的延时感，表达出了第四维度的空间和时间，给观者一种全新的视觉体验。

该作品产生于一个机缘巧合，2019 年，创作者的作品《对话》获第十三届全国美术作品展获奖提名，在获得国家艺术基金立项后，创作者希望创作一幅姊妹篇。这对于创作者来说，相当于“一题两解”，难度很大，但非常具有挑战性。

怎样能画出和原画有很强的相似度，又截然不同的作品？立项后画稿全部被推翻，重新收集素材。色彩上，一改《对话》统一的冷灰调，在暖赭的人群中突出灰绿色衬布，柜中国宝改为近年来震惊世界的三星堆铜面像，用贴金银箔的手法做出错彩镂金的斑驳效果，成为画面的画眼。

表现手法方面，将之前探索出的透叠画法难度提高，将人与物的动态进行多帧并置，利用形与形相加相减依次显现的视觉图像，吸取了水彩画色彩处理的透明技法，与贴金银箔的斑驳效果形成对比。希望能在现实主义作品中，展现一种浪漫之美。

舞蹈编导《长安仕女》

项目主体 / 项目负责人：张杏

张杏，北京舞蹈学院中国古典舞系副教授、兰州歌舞剧院艺术总监、北京大学访问学者、北京高等学校优秀专业课主讲教师、北京舞蹈家协会会员。致力于中国汉唐古典舞创作实践、教育教学及理论研究。代表作《洛水佼人》《响屐舞》《长安仕女》《簪花仕女》等。曾担任国庆60周年群众游行编导，张艺谋导演首部大型驻场演出《无界·长安》作品导演。作品荣获中国舞蹈荷花奖“古典舞提名奖”，多次入选中华人民共和国文化和旅游部全国舞蹈展演优秀节目、中国舞蹈家协会第二届优秀作品集萃，获得北京舞蹈大赛、华北五省舞蹈大赛创作与指导一等奖。出版发表相关高校教材与研究文章。

云想衣裳花想容，春风拂槛露华浓……

画卷徐徐展开，盛世长安的仕女，绝代风华，盈盈而立。唐代女性独特的自信、力量在影像的交互中，通过镜头、景框重塑历史岁月里栩栩如生的画中人，释放出自然、健康、活泼的美，亦是大气、自如、绽放的美，形成古今跨时空的对话，接续传承文化的精髓，呈现大唐盛世的气象。

唐代是中国古代历史上的黄金时期，国力强大、经济繁荣，更为突出的是辉煌灿烂的文化艺术。作品以唐代为背景，运用中国汉唐古典舞语汇创作具有唐代风格的女子群舞。同时立足对传统舞蹈文化的当代传播，以舞释美，推进优秀传统文化创造性转化和创新性发展，多维运用舞蹈影像这一混合艺术形式促进创作成果的传播推广。

该项目立足在中华优秀传统文化中寻找源头活水，坚持守正创新理念，推动中华优秀传统文化同社会主义社会相适应。同时，作品也不断接受实践检验，积极参加各项专业展演赛事，在社会与业界取得了较好反响。

作品以“研”“创”两个层面进行创作。研：对文献资料、时代特征、文物形象、舞蹈资料进行收集整理，以相邻艺术印证，归纳总结激活方法。创：以理论为基础，进行舞蹈形象及舞姿激活运用。以理论检验实践，展现具有唐代独特舞蹈风格、时代特征与审美意蕴的作品。

最终成果以舞蹈影像呈现，以舞蹈影像提供独特视觉体验。通过互联网快速传播，大幅提升成果的传播推广，将成果运用最大化，让艺术作品真正为社会服务，引领大众对传统文化的关注。

研创理念和思路围绕在中国传统文化观照下，以遵循文化依据为主旨，通过文化艺术审美的共性考察，对珍贵的、具有历史文化和传统审美价值的舞蹈文化资源进行有效的传承与发扬，同时，为开发与激活唐代舞蹈和编创此类舞蹈作品提供思路与参考。

“扶贫攻坚”助推下的南疆美丽乡村建设影像调查

项目主体 / 项目负责人：张利军

张利军，新疆美术馆展览部主任、副研究员，从事展览策划、艺术创作与指导工作。策划“百年印记——新疆版画、雕塑作品展”入选 2022 年全国美术馆馆藏精品展出季活动目录，策划“赋彩润疆 2019 国家艺术基金青年艺术创作人才作品巡展（新疆站）”，执行策划“和美共生”第三届中国新疆国际艺术双年展等 40 余场展览。2019 年入选索尼青年摄影师发展计划，其作品被中国民族博物馆、辽宁美术馆、泥美术馆（中国乡村摄影艺术中心）等机构收藏。

“‘扶贫攻坚’助推下的南疆美丽乡村建设影像调查”采用纪实拍摄和新纪实编辑手段来呈现，拍摄和选取编辑的影像本着小切口的方式长时间地展现南疆乡村变化。在创作时，从个人视角出发，注重个人情感的表达。选取作品时，强调作品的象征性、符号性、隐喻性。图片编辑时，不再强调叙事性，结合碎片化的图片，弱化叙事形成整组作品。拍摄中对乡村以更客观、更宏观的视角来审视日常生活，平静地向观者诉说这个时期的面貌，通过镜头含蓄而内敛地传递对于南疆乡村的思考、对于乡村振兴的认识。

创作者 2014—2022 年一直在南疆乡村进行持续性拍摄，这个时期是国家持续不断出台“三农”政策的阶段，新疆各级力量全面落实国家对乡村的经济扶持政策，南疆乡村出现日新月异的变化，这种变化我们不能仅仅通过新闻图片进行短平快的书写，更需要长时间深入乡村体验、观察和记录。整组作品从拍摄到选取照片，再到最后编辑，强调艺术性和个人的主观意识及乡村振兴发展的内在逻辑，秉承艺术家的个人感受与思考，依托摄影的记录能力，为历史进行影像编目，对美丽乡村建设和乡村振兴、对时代进行视觉分析。

戏曲编剧《履冰行》

项目主体 / 项目负责人：刘才华

刘才华，青年编剧，中国戏曲学院硕士，上海戏剧学院编剧学理论博士研究生。文化和旅游部戏曲高级人才培养第四期编剧班学员。先后担任5项国家艺术基金剧目项目主创。编剧作品《六弦情缘》（合作）获得第十六届中国戏剧节优秀剧目、第五届少数民族文艺会演金奖。另有编剧作品先后参加南锣鼓巷戏剧节、黄河戏剧节、繁星小剧场艺术节，获黄河戏剧节银奖、校园戏剧大赛二等奖等奖项。

上海天蟾逸夫舞台是海派京剧史上绕不开的地方，百年间，多少剧坛大师在这里登场，而天蟾逸夫舞台旁边有一处不为人知的所在，那就是上海中共地下机关旧址。1927年大革命失败，中国共产党党组织被迫潜入地下开展活动，谁能想到，在旧上海最热闹的剧场旁，这边锣鼓震天、热闹非常；另一边思想碰撞、灵魂激荡，为国家探索出路与未来。这种独特的地理关系已经构成了极强的戏剧张力。

《履冰行》以上海地下党员熊瑾瑜与京剧艺人周长声相遇、相知、相护、相救为线索，周长声对熊瑾瑜的3次保护，从被动到主动，从思想上的懵懂到觉醒的嬗变，使他成长为一名立志改变国家前途的文艺战士。理想不灭、信仰不倒。那些在混沌世道中为新中国的出路而奉献、牺牲，发出小小微光的每个普通人，都是无名的英雄，值得被我们铭记与怀念。我们生活在蓝天下，也绝不能忘记那些身处黑暗向光明履冰而行的人。

戏曲编剧《履冰行》的创作过程与创作者认知升华的过程相伴而生。为了更好地完成这部作品，编剧走访了上海、重庆、武汉、长沙等革命重地，在上海图书馆与网络文献平台查阅大量文献资料，为剧本的细节描摹与人物刻画提供了坚实的基础。剧本撰写过程中听取陆军、颜全毅、温丹等专家的意见，反复修改日臻完善。三稿初定后，又请戏剧表演专业演员进行剧本朗读，针对剧本舞台性上的缺失，进行修改提升后最后定稿。

戏曲编剧《大英雄》

项目主体 / 项目负责人：周津菁

周津菁，重庆市文化和旅游研究院艺术研究中心主任，研究员，青年编剧。中国文艺评论家协会会员，中国戏剧家协会会员，重庆市文艺评论家协会副主席，重庆市戏剧家协会理事。创作《聂小倩与宁采臣》《平叛招亲》《连木》等多部戏剧。获国家艺术基金青年艺术创作人才项目、重庆市文艺创作资助项目 3 次、中国上海国际艺术节“扶持青年艺术家计划”资助、中国文联青年文艺创作扶持计划资助、乌镇戏剧节青年竞演单元前 12 强等。作品获得中国少数民族戏剧会演优秀改编剧目奖、重庆艺术奖、重庆青年戏剧演出季优秀编剧奖等。

《大英雄》讲述了中国新民主主义革命时期，下川东的一个普通父亲在英雄儿子的影响下成长为英雄的故事：这位被封建文化塑造，怀揣“英雄胆”的父亲培养了一位革命英雄儿子，又在儿子的影响下，经受和体悟革命历史风暴。在残酷的现实面前，他逐渐褪去了狭隘、自私、软弱的个性，理解了儿子的奋斗和牺牲，终于走向了彻底抗争的道路，找到了“有价值”的人生。这个作品把笔触伸入英雄身后的家庭，讨论革命英雄的奉献和牺牲为家庭带来的沉重苦难、觉醒与抗争，展示了蕴藏于中国文化土壤中的抗争精神，歌颂了中国人民坚忍、顽强的生存意志和“胸怀大义”“为天下计”的宝贵思想品质。

戏曲编剧《大英雄》采用了“先戏剧而后戏曲”的创作方式。“戏剧”的建构抛开“虚妄创造”，按照戏曲线性的基本结构法来展开。为使全剧在结构设计、情节铺排、人物形象等基本创作步骤上走得更扎实，结合从前的创作经验，如果戏曲剧本还未讲好故事，即建立优质的结构“骨相”，而过早进入唱词打磨的阶段，或许会影响写作效率。因为川剧唱词对词格、辞藻、韵律、形式等方面要求多，需要较长时间打磨，写一稿需完成二三十支唱段写作，写完后经专家讨论，往往会发现戏剧结构或故事需要大调整，重新调过戏剧结构，这几十支唱段就又需要重新调整写作了，这种调整写作并非“炼字炼句”的精深打磨，而是长期处于唱词的草创阶段。戏曲编剧《大英雄》尝试了“先戏剧后戏曲”的创作方式，以期获得“走得扎实”“提高效率”“成果优质”的效果。

戏曲编剧《蓝尚质》

项目主体 / 项目负责人：栾波

栾波，山西艺术职业学院讲师、三级编剧，中国戏曲学院戏曲文学系硕士，文化和旅游部戏曲艺术人才培养高级研修班编剧班学员，中国戏剧家协会会员。独立创作《拾女婿》等大中小型各类剧本 20 余部，《蓝尚质》等 10 余部作品获得国家级、省级专业奖项，青春版豫剧《必正与妙常》等多部作品被搬上舞台。曾出版《山西戏曲舞台形态》《地方戏曲》等多部著作，参与完成的课程建设项目获国家级在线精品课程、教研教改项目获山西省教学成果奖一等奖。

《蓝尚质》以山西寿阳历史文化名人、廉政典范、明代万历年间山西寿阳县令蓝尚质在任职期间的“教织”事件为核心，依据《寿阳县志》《蓝公教织记》《蓝公教织歌》中的史料记载等素材进行剧本创作，讲述蓝尚质在任期间为改变寿阳百姓冬季没有御寒棉衣的窘境而大力“教织”，重点展现了蓝尚质“毁家为民谋万室”的博大胸襟以及力促“教织”、一心为民、清廉有为的清官廉吏形象，还塑造了蓝尚质为官、为人、为子、为夫多重身份下的复杂性格。同时，剧本也是一部充满戏曲本体韵味和新时代艺术创作精神的作品，表达了作者对于历史、优秀传统文化以及人性本真的现实观照与深入思考，展现了作者作为新时代文艺创作者的文化自信与使命担当。

编剧为创作《蓝尚质》多次赴山西寿阳采风，详细查阅当地历史文献，近距离观摩《蓝公教织记》《蓝公教织歌》碑刻原件及拓本、蓝尚质“教织”的织布机等实物，走访了解当地纺织历史文化。丰富的采风活动，为剧本创作提供了翔实的素材。

《蓝尚质》的创作得到了剧作家曲润海先生的关注，提供了真知灼见。同时，也得到了第十四届全国政协委员、中国戏剧奖·梅花表演奖获得者、一级导演苗洁教授的大力支持，从导演角度助力剧本加工提升。

通过《蓝尚质》剧本创作，作者对于曲润海先生所倡导的“戏不是史，戏不违史”“正说无戏，戏说无妨，瞎说无益，胡说有害”的新编历史故事剧创作理念有了更深入的体会，也更加理解了罗怀臻先生在昆剧《班昭》中写的“最难耐的是寂寞，最难抛的是荣华。从来学问欺富贵，真文章在孤灯下”的深刻含义。

话剧编剧《百花头上》

项目主体 / 项目负责人：卢乙莹

卢乙莹，“90后”青年编剧，上海戏剧学院编剧学理论研究博士研究生在读。先后有小戏《厨房》获国家文化部艺术司戏曲孵化项目资助，并获云南省剧目展演一等奖；小品《流动的哨所》在全国小戏小品展演节上获优秀剧目奖；剧本《盘莲》发表于《艺海》；话剧《姐姐的守护者》获上海市大学生文创作品展示季戏剧类一等奖第一名；话剧《告别薇安》在浦东大戏院、成都繁星戏剧村上演；小剧场戏剧《当一颗牙爱上了牙医的大门牙》入选北京国际青年戏剧节剧本朗读单元，并入选中国国家话剧院青年导演计划并受邀至济宁戏剧节演出；担任第一编剧的院线电影《潮》在浙江开机等。

《百花头上》取自晓庄青春十烈士郭凤韶的儿时画作《且向百花头上开》，画作为梅，傲雪而立。剧本以“梅”为主要意象，青春、热血、信仰是本次创作构思的三个关键词，剧本共四幕：“逆向而生”“含苞待放”“迎风怒绽”“清香长存”。作品讲述了年仅19岁的凤韶为坚持心中的爱与信念，最终选择临危受难的短暂恢宏的一生，“且向百花头上开”，既是梅花盛开，也是少女凤韶个体成长的生命历程展示。

剧本以就义前的凤韶与母亲展开对话的心理时空为线索，在“我错了吗”的追问中，回溯了自己从临海老街走到晓庄、走向全国的革命历程，最终完成了对自己内心的回答，也完成了与家人的告别。全剧采用空灵诗意的单面镜像对话叙事，佐以青春热血的歌舞场面和诙谐幽默的世俗图景，场面流动自然，凸显烈士的真心、真性、真情。

项目《百花头上》在实施过程中，多次进行采风和素材收集。其中有两次实地采集体验颇为关键。第一次是2021年5月初到凤韶的家乡临海，临海紫阳老街保存完好的古建筑海上长城是戚继光抗倭的地方。而走在青石板路上，创作者顿悟这些角落都应曾有郭凤韶玩耍嬉戏的身影。一转身，感到那个叛逆灵动的女子就穿过石板路跑到身边来。于是确定了郭凤韶身上不同于典型江南女子的“软”，而具有海边抗倭名将一般桀骜“硬”面的人格。

第二次是初稿完成后，创作者再到南京晓庄采风。在进行考察的过程中，虽然材料中没有郭凤韶，却从中看到了那个小城女孩，通过晓庄的教育而迅速成长为一个心有崇高理想的独立、坚定的女青年的过程。凤韶在晓庄学习，在晓庄入党，在晓庄与叶刚盟定誓约，晓庄是她英勇人格形成的重要转折点，应该作为重点进行描摹。于是，在修改稿中，明确了晓庄生活以“浪漫、纯净、自由”为关键词来进行创作，增加了主角在晓庄校园与陶行知等师友的戏份。

专家评价一致认为该剧本干净、利落，选材从小人物出发将一个女孩的细腻心理与对革命从困惑到坚定的过程写得丰富、饱满，把握住了青春热血的整体气质。

音乐作曲《辉煌》

项目主体 / 项目负责人：李博

李博，上海音乐学院作曲指挥系副教授。曾获德国保罗·欣德米特作曲家大奖、日本武满彻国际作曲比赛二等奖、美国莫顿古德（ASCAP）青年作曲家比赛大奖、意大利鲁契亚诺·贝里奥国际作曲比赛荣誉奖、中国文化和旅游部第十五届全国音乐评选一等奖、国家大剧院青年作曲家计划第二名等。曾与国家大剧院管弦乐团、中国爱乐交响乐团、日本东京爱乐乐团等 10 余个乐团合作并演出作品。其作品被美国斯坦福大学、茱莉亚音乐学院、纽约大学、加拿大多伦多等的图书馆收录。

作品由打击乐独奏开始，以铓锣为主体分别引出四个打击乐协奏的不同响器。深沉浑厚的大锣和大磬携带着乐队的加入，剧烈震动着乐队的声场。紧接着是气势恢宏的主题和斩钉截铁的动力段落，意在表达百年之中无数感人的英雄事迹和中华儿女奋斗的决心和勇气。作品的中段是宁谧的慢板，随着乐队部分的抽离，马林巴独奏悄然出现，它不断的和声变化像是进入一种复杂的内心情景，这里的酸与苦不断交织，仿佛在回忆那些艰难的岁月。单簧管的“闯入”带领乐队走向温暖，几次木管声部的旋律交织后，把这种温暖传递给打击乐独奏声部。在慢板的最后，以颤音琴和钢片琴构成了对未来美好愿景的幻想，这一段慢板先苦后甜，也映衬了我党百年的心路历程。结尾在动力十足的打击乐独奏带领下，乐曲到达全曲的最高点，激烈的定音鼓独奏带领整个乐队，鼓舞人心。以宏大的音乐气魄作为全曲的尾声，为伟大祖国献礼！

该作品得到了中央音乐学院打击乐教授、博士研究生导师张景丽女士，以及北京箭丽打击乐公司赵建平先生的大力支持。在创作之初，就打击乐乐器法、演奏法等相关技术环节进行了充分的研讨与论证，并通过几个方面来论证该乐器的适用范围：音区范围——主体分为高、中、低三个部分，将众多打击乐器按音区分类；音色范围——

主体分为金属乐器、皮质乐器和木质乐器，这三种音质的打击乐器分别可承载多种音乐风格和音乐形象，如金属乐器由于其音色坚硬、发音干脆，适合演奏中强以上力度的音乐，皮质乐器的音量范围很大、音色饱满，适合演奏从极弱到极强力度的音乐，木质乐器的音量范围与皮质乐器相似，如马林巴、木琴等键盘类乐器还可以演奏旋律性较强的抒情段落。

文艺评论“新‘惑’新解
——新时代中国画创作现状、问题与对策研究”

项目主体 / 项目负责人：傅怡静

傅怡静，文学博士，副研究员，硕士研究生导师。中国文艺评论（中央美术学院）基地副主任，中央美术学院文艺评论研究中心执行主任。主要研究方向为中国美术史、文艺理论与批评、诗画关系等。主持国家社科基金艺术学项目“留学生与中国近现代美术”“百年中国美育史研究”、国家艺术基金“新时代中国画创作现状、问题与对策研究”。在《美术研究》《美术观察》《中国文化研究》等刊物发表学术论文 20 余篇，出版学术专著 1 本、编著 2 本。

该项目通过直面新时代中国画创作的具体问题，对新时代中国画发展 10 年历程进行审慎考察。在充分调查 10 年期间大量创作实践与系列展览的基础上做深入探究，重点考察新时代中国画发展的现象潮流、探索路径与问题困惑，以期建设性地开展中国画的文艺评论工作，形成一些创作共识、评价共识或审美共识。

项目成果《新时代中国画创作现状与趋势研究》发表于《美术》2023 年第 12 期。该文的研究意义在于：第一，从历史和文化情境审视新时代中国画的发展与现状，其不仅是中国画百年历史发展的时代产物，也是艺术家立足中国社会现实，从思想、观念、主题、语言和表达方面进行探索的产物，也有必要充分考察中国画在各历史阶段的思潮和论争，深入文艺创作现场，把中国画的历史性遗产与现代性反应统一起来；第二，以文艺评论作用于创作，走入美术现场观看新时代中国画创作的三种现象潮流，深入分析总结新时代中国画艺术家的三条探索路径，直面多维语境下中国画的发展困惑，发现一些基础性、前沿性、倾向性问题并探索解决路径。

中国画是根系深植于中华传统文化的独特艺术表现方式，创作经验历经千年承传，又走过 20 世纪的美术革命与自觉演进，在新世纪仍能焕发新机。笔者长期关注并研究中国画，“观潮”并总结新时代中国画创作现状、发展趋势，进而探索其创作困惑与发展瓶颈，尝试提出解惑路径。

项目研究过程中，首先想到“中国画”“水墨”概念的历史生成，并沿着这两条交叉脉络对新时代10年中国画创作进行研究。在充分调研考察“中国美术馆‘典藏活化’系列展”“第十三届中国艺术节全国优秀美术作品展”等大量中国画展览的基础上，结合近10年相关展览的数据统计，撰写了《新时代中国画创作批评研究综述》和《中国画展、水墨展及研讨会一览（2012—2022）》两份艺术档案，致力于探讨如何建构基于历史、现实和艺术发展规律之上的中国画评价标准，带着问题意识进入，并提出涉及艺术的生存能力、内在的优化能力、场外的适应能力三个方面的解“惑”思路，以期推进中国画的创作与批评。

文艺评论
“中国百年红色经典音乐作品专题评论（1921—2021）”

项目主体 / 项目负责人：肖艳平

肖艳平，中共党员，博士，硕士研究生导师，江西省宣传思想文化青年英才，江西省“金牌青年教师”，赣南师范大学“赣江英才”，江西省高水平本科教学团队负责人。现任赣南师范大学音乐学院副院长，兼任赣南民间区域文化艺术研究中心主任等职。近年来，主要从事客家音乐研究，先后在《中国音乐学》《中国音乐》《中国戏剧》《光明日报》等发表论文多篇；获得国家社科基金、国家艺术基金、教育部人文社科项目各1项，江西省社科规划等省级课题多项；出版《客家音乐百年文献综录·民间歌曲研究卷》《客家音乐田野考察的理论与实践》等，参与《中国节日志·春节》（江西卷）、《江西省志·客家志》等大型集成志书编撰。创作作品获世界客属第32届恳亲大会主题曲征集二等奖，江西省教学成果奖一等奖等。

该项目主要以宏观视角梳理自20世纪20年代以来在群众中广为流传的红色经典音乐作品，分析百年来中国红色音乐作曲家的创作思路与创作理念，深入探究其创作特点与文化精神。具体而言，包括以下几个方面：一是总结百年中国红色音乐作品在创作与音乐表演上的成就；二是通过分析典型作品，分析不同时代优秀作品的成功规律；三是通过文艺评论对百年来的红色音乐创作成就作进一步宣传；四是通过回顾历史作品，探索红色音乐创作应该努力的方向。

该项目主要对百年来红色经典音乐作品进行审视与评析，其特点是将历史与现实对接，将宏观与微观相结合，融美学与形态学方法于一体，项目将有助于推动红色音乐创作的发展，弘扬与传播中华正气与中国文化精神。

立项前已针对相关内容开展了5年多的学术研究。从2017年起，对新中国成立以来革命历史题材文艺创作的歌曲、歌剧、音乐剧、器乐曲、曲艺音乐等类型作了细致的文献梳理，并以时间为线索作了提要撰写。在项目立项后，这些成果经过系统性梳理、提炼与总结后，充实了结项成果。

尽管本项目以音乐作品为研究对象，但对历史的感知、文化精神的理解还需要依靠深入的学术考察。在实施过程中创作者先后前往江西省赣州市、瑞金市、南昌市、会昌县、于都县，福建省龙岩市，陕西省延安市、延川县梁家河村，北京市等地的革命历史遗址、博物馆、高等院校、科研院所开展专题性考察与创作背景的寻访。通过现场考察、专题访谈产生了许多新观点。

项目实施过程中首先对文稿作了全文通读与内容校对，对存在的细节问题作了再次修改，历时一个月左右。而后核对文献来源、字词、标点等方面的错漏问题，历时半个月。就细节问题再向上海音乐学院李诗原教授、沈阳音乐学院计晓华教授等专家咨询，根据专家建议，进一步完善后，完成该项目。

中国画《锦城》系列

项目主体 / 项目负责人：郑翔懿

郑翔懿，毕业于四川美术学院中国画与书法艺术学院，获硕士学位。中国美术家协会会员、中国工笔画学会会员、中国壁画学会会员、重庆市美术家协会会员、重庆市工笔画学会会员、成都市美术家协会会员。

《锦城》系列取材于巴渝地区的茶馆文化，茶馆里茶客形象表情构成的千姿百态、变化无穷，着装都极具画意，而且品茶的画面动静相宜，与中国文化审美和精神层面如出一辙。“坐茶馆”是巴蜀地区人民的一大爱好，也是巴蜀符号，茶馆成为巴蜀地区社会生活中不可缺少的一部分。作品运用传统工笔画和壁画技法结合的方式，描绘出一幅物阜民丰、兴旺繁荣的景象。

《锦城盛夏幽》以成都文殊坊的香园茶馆为背景，采用淡彩着色，人物以黄绿色调为主，体现夏天的清爽。《锦城春和煦》则是以武侯祠的红墙为背景，整体画面采用暖色调，也是为了表现冬去春来的暖意。《锦城秋知韵》则是以菱窠茶舍为背景，融入鸟笼的元素，对画面进行了分割，更具有形式感，在色彩上大量使用蓝灰色，背景和桌椅减小了反差，使画面更具整体性。《锦城初冬暖》以陈锦茶铺为背景，将川剧戏台与茶馆结合，众多的人物表现出热闹的氛围。

茶馆题材画面需要具有“浓郁的生活气息”“浓厚的民俗意味”“浓烈的地域特色”。为了更好地表现成都的茶馆文化，创作者先后到陈锦茶铺、菱窠茶舍、文殊坊香园、彭镇观音阁、鹤鸣茶馆等走访采风，选取了 4 个具有地标意义的茶馆进行创作。只有在茶馆里才能捕捉到生动鲜活的人物形象，画面中的每一个人物都是对茶馆里真实场景的还原和再现。

值得一提的是首幅作品《锦城盛夏幽》采用的是传统工笔画三矾九染的技法，这

种技法使画面稍显简单，但结合传统壁画中斑驳的视觉效果使画面颜色更厚重，画面更具有肌理感。

油画《百年侨乡》系列

项目主体 / 项目负责人：许丙屯

许丙屯，中国美术家协会会员、中国油画学会会员、广东省美术家协会会员、广东水彩画研究会会员、北京当代中国写意油画研究院创作员、李可染画院青年画院院聘艺术家。

部分代表作入选“大美边疆——第五届中国民族美术双年展”、“文脉传薪——2023 中国写意油画学派作品年展”、第五届“朝圣敦煌”全国美术作品展（中国美术家协会）、首届“时代中国”全国美术作品展并获入会资格、第八届全国中青年油画展并获入会资格等。

在《百年侨乡》系列作品中，侨圩是侨乡的代表性符号之一，也是象征繁荣意义的地理中心点。作品构图以平视取景，铺排物象，叠加推远的建筑借用中国山水画方式的高远法，让远景得到不同程度的弱化，带观者进入多元的观察视角。街道、建筑、行人、车架、杂货、遮阳棚等，在暗红色的基底与金色的光影中达成一种时间的叠化。画面强烈的肌理效果，更加凸显油画的厚重语言，让物象质感丰富。

《百年侨乡》系列创作并未对建筑进行深度细节的刻画，反而将其以半抽象的形式作为圩市的背景，以写意的笔触构筑出空间的纵深感、空间感，与前景中漫溢的烟火气一起，传递出历史深处复杂的、熟悉的、近身的、易逝的情绪，也凝结出侨乡的人文风貌与历史命运。用色彩表达思想情感，用笔触传达艺术气度，用视角通往空间构成，不仅抓住了侨乡的形，也抓住了侨乡的神。画面中色彩的冷与暖、明与暗、点线面等对比恰到好处，令侨乡文化在历史厚重和现实守望之间深度交融。

项目实施期间创作者曾多次去采风写生，深入研究具有代表性的梅家大院、白沙水中碉楼、水步斜碉楼、浮月村碉楼、赤坎古镇等。这些华侨建筑不畏百年风雨洗礼，风姿依旧骄傲屹立，已经成为知名的旅游景点。同时不断深入侨乡地区考察，了解真

实贴切的侨乡历史，体验风土人情，阅读介绍书籍，收集了大量的素材，为后续创作奠定了基础。

《百年侨乡》系列油画用彰显侨乡文化的美学价值，加强精神文明建设，引导大众对于本土文化以及精神世界的关注。深入了解“侨乡文化”的形成、发展、变迁和意义，以及通过作品传达具有历史辉煌的侨乡文化积淀并与现实生活进行比照。在调研、采风、写生和创作的过程中，扎根人民，深入感受生活，贯彻艺术源于生活高于生活的理念，坚守新时代艺术创作的使命担当。

油画《山河志——黄土情》

项目主体 / 项目负责人：张娱

张娱，毕业于西安美术学院油画系，获硕士学位，任教于西安美术学院油画系，副教授，中国美术家协会会员，陕西省美术家协会会员。主持完成国家艺术基金青年艺术创作人才资助项目、省级艺术基金青年人才创作项目。作品 18 次入选国家级展览，如第十届全国美展、第十一届全国美展、中国百家金陵油画展等，被中国油画学会、上海刚泰美术馆、北京凯晟美术馆、深圳美术馆、陕西省美术博物馆、西安美术学院美术馆等多家美术机构及私人藏家收藏。

《山河志——黄土情》系列作品，通过艺术创作者的澄怀味象，提炼黄土高原“形之势、势之态、态之美”，形成符号化的艺术形象，独创具有中国式“笔墨意趣”的油画表现主义语言，从审美的纯度、厚度与深度上，表现黄土地独特的、不可替代的、粗粝雄浑的厚重之美。此组作品以黄土高原为客体进行研究，旨在对民族本土文化地域性、独特性和传承性进行探究，也是对东方语境本土性、当下性和自主性的表达。

该组作品立足于本土语境下浑厚质朴的审美意趣和审美价值，以传统绘画书写性表达为滋养，表现黄土高原承载民族特色中的质拙之美，从“文化角度”和“民族文化符号”的绘画性解读和表述出发，探求本土文化与人文价值的内涵架构，探索当下绘画发展的“新”方向。

项目主体以探索绘画本体语言为缘起，着重以线、面结合的语言方式表现黄土高原传统民居的浑厚与质朴，发掘和重塑黄土高原当下社会生态的美学意义，进而呈现出富有新时代精神价值的油画作品。绘画表达侧重于黄土高原粗犷率性的直线与传统民居柔美的弧线的对比，强调节奏轻、重、缓、急、直、曲等变化，用具有书写意味的绘画语言提炼出“美”的符号。

诗言志、歌咏言、声依永、律和声。作为土生土长的本土艺术工作者,《山河志——黄土情》主题性创作，以国家重大主题创作和重大文化工程为向导，对黄土及民居进行缘物寄情的艺术创作与呈现，挖掘“黄土”现象所引发的新时代黄土高原文化，延续“高原厚土”的民族精神内质及历史文化中的文化价值。

油画《少数民族的中国梦——三部曲》

项目主体 / 项目负责人：周章科

周章科，毕业于俄罗斯列宾美术学院。西南林业大学艺术与设计学院教师，中国美术家协会会员，中国油画学会会员，云南省美术协会理事，云南省水彩艺术委员会委员，云南画院特聘青年画家，昆明市美术家协会副主席。作品入选中国美术家协会展览 22 次、云南省美术家协会展览 35 次。如第十三届全国美术作品展、第七届全国青年美术作品展、第九届北京国际双年展等；并荣获第十届“民族百花奖”中国各民族美术作品展油画银奖，第七届、第八届全国画院作品展油画晋京优秀作品，第八届云南省文学艺术奖（美术奖）铜奖。

《少数民族的中国梦——三部曲》以弘扬现实主义精神为宗旨，讴歌祖国和人民的幸福生活，彰显西南地区少数民族文化，反映新时代风采，具有独特的艺术价值。在全国“乡村振兴”战略背景和“同心共筑中国梦”语境下，运用拼贴平面的创作理念，按照“筑居”“安居”“乐居”的时空顺序和主题顺序，戏剧性地呈现出新时代云南世居少数民族的生活状态：“筑居”阶段民族团结一致为新时代筑路；“安居”阶段实现物质富足的安稳现代生活；“乐居”阶段人们奔向更高的精神追求。3 幅画的画面色调也很考究，筑居的黄色调、安居的红色调、乐居的紫色调，彰显了人们由辛勤工作努力逐梦到梦想的实现、由满足物质追求到丰富精神追求的不同生活阶段，形成了具有强烈魔幻现实风格的绘画语言，同时也呈现了当代云南民族题材绘画的新面貌，符合时代的审美需求。

创作者前期大量查阅关于云南题材的绘画资料和欧洲壁画的书籍资料，借鉴张择端、耶罗尼米斯·博斯、彼得·勃鲁盖尔及夏加尔的视点特点，将画面按照时间和空间特点进行大致划分，总体呈现一致的视觉感。这是一次用传统经典的表现手法来诠释和呈现少数民族经典的尝试。

在创作阶段前往与创作主题相关且有鲜明特色的地方深入考察调研，求同存异，收集的素材越丰富越好，比如：创作者走访调研了云南香格里拉、丽江、大理、普洱等少数民族居住地，对当地风土民情进行了考察与写生——针对当地独特的建筑形式、民俗风情等，进行图像和文字记录，收集素材并绘制一批草稿。考察后将采风照片及现场的写生作品进行整理调整来完善作品的创作。

油画《城市记忆——武汉二盛巷》

项目主体 / 项目负责人：彭苑

彭苑，现为中国美术学院博士研究生在读，江汉大学美术学院副教授，中国美术家协会会员。作品曾获第三届全国壁画大展大奖、第三届全国少数民族美术作品展铜奖、第十三届湖北省美术作品展金奖、第十届湖北省屈原文艺奖等。作品曾入选 2023 年湖北省文艺精品创作扶持资金项目，第十二、第十三届全国美术作品展，第六、第七（直送作品）届全国青年美术作品展，第九届北京国际美术双年展，第二、第三批湖北省美术人才培养工程，湖北省美术创作重点项目扶持工程等。

该项目在中国城市发展的视域中，以历史性的眼光从微观人文视角来品味其发展过程中取得的成果，即选择极具代表性的武汉老巷市井文化、街道、建筑为素材，同时将高低错落、新老并置的各种景物与弥漫着老武汉烟火气息的生活场景尽收其中，以便能更好品味城市的视觉肌理与人文情感。作品将细细品味后具有相同或相似特征的建筑或文化景观、群众等塑造成统一的视觉形象，也就是为他（它）们做一个“定势”，在剔除文化中许多变动不居的要素基础上，为公众留下一个关于武汉文化稳定、鲜明的印象。

项目的表现对象即艺术家生活多年的“第二故乡”，无论是在素材来源还是在情感体验上都具有先天的优势。在立项前的考察基础上，创作者又先后两次深入现场采风，以准确表现作品的视觉肌理与情感。在画面初定后，邀请了具有实施国家艺术基金项目经验的王晓明教授进行指导。在后续创作调整过程中，汲取了众多著名艺术家的宝贵意见，使得作品在整体节奏上有了新的提升。本项目在形式及叙事方式上是一次大胆的尝试与突破，多场景叙事在油画创作中并不多见，正是该项目的实施，在创作手法上提供了打磨出新、创作视角的机会，让作品在不失其多场景叙事方式的同时又浑然一体。

油画《城市建设者——平凡人的力量》

项目主体 / 项目负责人：孙超

孙超，2014 年毕业于清华大学美术学院，2019 年毕业于中央美术学院。现任教于云南艺术学院美术学院油画系。油画作品《脊梁》入选第十三届全国美展。

油画《城市建设者——平凡人的力量》旨在颂扬建筑工人在城市建设中作出的贡献，颂扬建筑工人身上坚毅、脚踏实地的精神品质。作品高 2m、长 9.5m，以开阔雄浑的纪念碑式的构图表现建筑工人工作时的场景。作品以脚手架、钢梁为主要元素构建画面的形式结构，情节呈现带有舞台感。在人物塑造上，建筑工人与建筑脚手架、钢筋融为一体，呈现出隐约的混凝土与钢铁质感，以此来表现建筑工人的坚毅。

创作者多次到建筑工地采风，在密密麻麻的脚手架中钻来钻去、爬上爬下。一方面获得了很多支撑创作需要的照片资料；另一方面也真切地感受到了建筑工人的艰辛。

创作过程中与专家进行多轮探讨，解决现有问题以及下一步绘制方向。在绘制进行到三分之一时，根据专家意见，重新梳理人物关系，使画面人物动态与环境的关系较之前有了明显改善，使之呈现较为理想的效果。

水彩粉画《工厂芳华》

项目主体 / 项目负责人：栾泓伟

栾泓伟，广西艺术学院美术学院水彩画系副主任，广西美术家协会水彩画艺术委员会副主任，漓江画派促进会理事，广西青年美术家协会理事，中国美术家协会水彩画艺术委员会 2022 年度提名画家。部分作品入选第十三届中国艺术节全国美术作品展、第三届全国小幅水彩画展并获入会资格、第七届世界军人运动会全国美术作品展、第十二届全国水彩·粉画作品展、第四届中国粉画展等，并被中国美术馆、莞城美术馆收藏。

本创作项目以水彩为媒介，运用绘画艺术的表现手法，表达后工业时代工厂作业的场景，以昆明钢铁老厂为创作

对象，用绘画语言表现20世纪80年代的昆明钢铁老厂的历史画面，讴歌祖国在工业进程中取得的辉煌成就，歌颂工人阶级在实现“中国梦”的道路上作出的伟大贡献。

工业题材是项目主体的主攻方向，创作者曾多次到昆明钢铁厂、南宁三菱老厂采风写生，深入研究中国工业的发展历史，收集整理了大量关于后工业时代的创作素材。此项目的创作以人文历史题材为创作视角，塑造昔日的工人作业车间，追忆中国后工业时代的工人筑梦精神。在创作表达上，以场景式空间构图为画面结构创作方式，笔法结合水彩渲染和叠加的艺术创作手段，在颜色的运用上以黄灰、红灰色调为主，结合铁粉和丙烯调和液作为辅助创作材料，营造厚重感和时代性的画面氛围。

作品的画面从色调的设计到技法的运用，再到对工业场景的描述，都达到了非常高的水平，看到作者的作品，也让大家深切感受到我们祖国的发展和繁荣来之不易。创作的选题也很好，具有学术的厚重性，画面整体气氛、物象的布局以及线的流动把握很到位。

摄影创作《九曲黄河　光耀中华》

项目主体 / 项目负责人：王生晖

王生晖，中国摄影家协会会员，白银市摄影家协会副主席。中国民族文化基金会首席摄影师，央视合作摄影师，美国《国家地理》合作摄影师，《人民日报》《星球研究所》等报纸、图片社合作摄影师。航拍黄河巨幅长卷摄影作品近万幅，足迹遍布黄河流域九省区。千幅黄河摄影作品在国内外专业媒体刊载登出，在国内外影赛中获奖，为传承和弘扬黄河文化作出积极贡献。

《九曲黄河　光耀中华》从黄河源头一直拍摄到黄河入海口，深入挖掘黄河文化蕴含的时代价值，用方寸镜头展现“万里黄河图”的多彩魅力。作品紧紧抓住黄河多曲弯的特点，以历史的黄河、人文的黄河的典型镜头，综合展示黄河全流域九曲十八弯的大写意景观。拍摄力求以浩瀚的篇幅、恣情的光影色彩、宽幅长卷的表现形式呈现黄河宏大、舞动、富有生命气息的时代特征，全景式展现九曲黄河龙腾盛世的动感和壮观磅礴、势不可当的雄浑气势。全流域全方位彰显中华儿女为实现伟大复兴的中国梦而百折不挠、顽强拼搏、勇往直前的宏大主题。

该项目把黄河九省分为上游、中游、下游三个部分，分段进行拍摄。拍摄黄河历

尽千辛万苦，创作者曾四次深入黄河源头无人区，六次穿越晋陕大峡谷，上百次翻越高山、穿越峡谷，在黄河的每个臂弯里都留下了探索的脚印。同时，请名家名师策划指导，力求把各门类艺术综合运用到摄影艺术中去。该项目的最大意义就在于拍好黄河，用摄影艺术手法绘制万里黄河景观图，向世人展示九曲黄河壮观磅礴、气势恢宏、意蕴幽远、震撼心灵的景观特征，进而实现弘扬黄河文化、阐释中华文明之拍摄愿景。

漆工艺创作《逐梦少年》

项目主体 / 项目负责人：刘元元

刘元元，黄山学院副教授。全国五一劳动奖章获得者、安徽省劳动竞赛先进个人暨省五一劳动奖章获得者、安徽省三八红旗手。长期以来致力于技能传承和创新教育研究与实践，为推动安徽省技能事业作出重要贡献。担任第46、第47届世界技能大赛油漆与装饰项目中国专家组组长。获国家发明专利、实用新型专利多项。个人作品多次获国家级、省级奖项，作品曾被中国工艺美术馆收藏。

少年强则国强，少年是国家民族的希望，该项目运用

漆艺语言形式的多样性来表现青少年的伟大逐梦行动。在创作技法上，结合磨漆的技法，表现中国青少年昂扬的精神风貌以及对未来梦想的憧憬。他们坚定理想信念，磨炼坚强意志，锻炼强健体魄，是为实现中华民族伟大复兴的中国梦时刻准备着的灵魂写照。该作品较好地弘扬民族精神和优秀传统文化，推动优秀传统漆工艺创造性转化和创新性发展，宣传并鼓励大家以新的眼光认识这一古老的大漆艺术以及伟大的中国梦。

创作者对徽文化以及徽州漆艺耳濡目染，多次走访漆艺工作室及高校相关专业，采风收集素材，了解寻找少年篮球队，以捕捉新一代青少年的精神风貌。通过观摩少年篮球比赛、记录和拍摄照片等方法，掌握第一手资料。通过对材料和工艺进行对比分析，对人物造型与漆艺装饰材料有较好的审美理解，对传统工艺与现代设计有较充足的认知，本着传承与创新的发展理念，为本次创作积累了丰富经验，具有较好的理论和现实意义。

陶瓷工艺创作《被隐藏的生命》

项目主体 / 项目负责人：吴建毅

吴建毅，中国美术学院陶艺专业硕士研究生，现任职四川美术学院陶艺专业教师。其作品曾先后获得第十二届全国美术展览提名奖、第十三届全国美术展览提名奖、2020 年首届中国白传统陶瓷艺术双年展金奖、第十一届中国陶瓷产品设计大赛金奖、庆祝建党 100 周年全国陶瓷艺术品征评一等奖、第七届重庆市美展一等奖、日本美浓国际陶艺竞赛荣誉奖。入选第二届全国工艺美术作品展、第三届中国当代陶瓷艺术大展等。

作品《被隐藏的生命》以山水为主题，将山水融入器物的创作。作品放弃了陶瓷传统的成型工艺，通过将泥片切割和反向拉坯成型创新性地结合，打破了器皿成型的传统方式，呈现器物造型的新样式和新形式。通过手作用于慢轮旋转中的泥料产生逆向摩擦力，随着摩擦力的大小和时间的推移，泥料的结构不断产生新变化，这种变化具有一定的不可预知性、时间性和生长性，使作品具有了生命力的特征。作品造型独特新颖，打破器皿固有的形式。作者试图在器物造型、材料和工艺技术上寻求突破与创新，其核心是对思想之美、造型之美、材料之美、手工之美和工艺之美的审美追求。

陶瓷艺术不仅是视觉的艺术，而且还包含人文思想、社会环境、材质、造型、空间、色彩、装饰和工艺等要素，这些是艺术创作和批评的重要方面。上千年来，陶瓷艺术的发展稳定前行，随着当代艺术观念的介入，陶艺创作逐渐以自由表达的姿态出现。该项目从新工艺出发进行实验性探索，融合新材料，创作新器形，试图打破器皿的界限。

当前器物创作仍面临着巨大的挑战，器物的创作常常受到“器”思想的牵制。古人提出“形而上者谓之道，形而下者谓之器”“君子不器”“以技入道”“道寓于器”等艺术思想，器物的价值和审美追求跨越了器物的本质，超越了物象的存在。因此，艺术创作更应该回归器物的本质，反思器物如何为器物，以器物之原来思考器物之所成。新材料、新工艺将给创作者们带来陶瓷创作全方位的重新思考，实验性的探索是打开器物本质的钥匙。

西洋乐器《对话——融贯“一带一路”国家手风琴原创及改编作品独奏协奏音乐会》

项目主体 / 项目负责人：吴雯怡

吴雯怡，先后毕业于上海音乐学院和德国代特莫尔德音乐学院，文化和旅游部表彰国际艺术比赛获奖人才，浙江音乐学院手风琴专业讲师、浙江省音乐家协会手风琴专业委员会副会长。曾获得第67届手风琴世界杯大赛“master”组第一名，瑞士第6届国际手风琴大赛艺术家组第一名等。

常年活跃在各大音乐节舞台上，并与中央芭蕾舞团交响乐团、杭州爱乐乐团、浙江交响乐团、亚洲爱乐乐团、宁波交响乐团等知名乐团合作巴扬协奏曲。演出足迹遍及国家大剧院、北京音乐厅、上海音乐厅等诸多剧院以及德国、俄罗斯等国家。2023年个人独奏专辑由中国唱片集团有限公司出版发行。

手风琴的红色基因与群众基础是其独特的优势，而巴扬是一件专业院校的现代乐器，过于年轻，尚未形成成熟的观众认知。《对话》通过一场既有艺术深度又雅俗共赏的音乐会，发扬巴扬的红色文化元素的同时，开拓它更为广阔的艺术表现力。同时，该项目通过几组东、西方国家的作品对话，既满足国内人民群众所求所需的精神力量，也加倍弘扬我们民族的文化自信。通过最后在对话中找到东、西方文化的共通点，并在共同追求方面进行融合，可望看到中国与世界更美好的未来。

巴扬作为传统手风琴革新而成的现代键盘乐器，音色丰富、音响丰满，是严肃音乐会里的便携独奏乐器，更是享有“可移动的管风琴”“一个人的交响乐”等美誉。《对话》上半场的独奏表演形式，力求全方面展现这件现代乐器的艺术表现力，选定了既有艺术高度又彰显演奏技巧、既具可听性又有学术性的6首原创以及改编作品。下半场是巴扬与弦乐四重奏、巴扬与电子管风琴协奏，作品有改编自经典的管弦乐队作品《天方夜谭》《悲情圆舞曲》，旧作新演，新颖独特。中、意两首巴扬协奏曲《北

疆南疆》与《拿波里幻想曲》，更是极致展现了巴扬的艺术表现力，也体现了巴扬与传统弦乐、电子管风琴极高的融合度。

在独奏的几首作品中，大部分是近 3 年来多次演出并获得较大认可的成熟作品，其中《g 小调幻想曲与赋格》《魔鬼圆舞曲》以及《音乐会练习曲 No.16》得到过俄罗斯巴扬大师、俄罗斯功勋艺术家尤里·希什金教授的多次指导。

巴扬与弦乐四重奏合作的两首作品改编自交响乐作品《天方夜谭》（Ⅱ & Ⅲ乐章）和《悲情圆舞曲》，特地请了作曲家蒋安庆创作改编，《悲情圆舞曲》由达捷改编。弦乐四重奏与中国交响乐团的四位演奏家合作完成，《天方夜谭》改编完成后，两次到北京进行细致的排练，作曲蒋安庆老师也亲临排练现场，共同对作品进行了深度的打磨。与电子管风琴协奏的两首协奏曲，得到了上海音乐学院朱磊教授的细心指导，使两件乐器融合得更和谐。

中国画《净土·彝韵》

何香凝，首都师范大学艺术学博士，中国美术家协会会员，北京工笔重彩画会会员，陕西省委宣传部百青人才，陕西师范大学美术学院教师，研究方向为工笔人物创作与理论研究。作品曾入选第十三届全国美展、第六届全国青年美展，并获中国百家金陵画展作品收藏奖、全国中国画作品展优秀奖等。美术作品、学术论文多次发表于《文艺研究》《美术》《中国书法》《中国国家博物馆馆刊》等期刊。

项目主体 / 项目负责人：何香凝

中国画《净土·彝韵》由十二幅彝族工笔肖像创作组成，作者从组画的逻辑层次、身份建构、语言探索三个维度发掘民族文化的独特魅力，注重不同彝族支系人物的形象特征、民族特质、精神意蕴的表达。该作品旨在通过当代彝族肖像创作弘扬少数民族传统文化，探索民族艺术形式语言，反映中华大地这片净土上彝族人民的新生活、新面貌，促进人们对彝族文化精神的深入解读，在提升民族文化自信的同时传播当代中国价值观念。在艺术语言上，探索西方古典绘画与中国工笔画艺术语言的连接点，并以彝族所崇尚的黑色为主色调，将银饰、纺织、民俗等非遗文化贯穿其中，并借由植物元素的融入强调人与自然的和谐生态，发掘作品背后的文化价值和审美价值。

在项目主体实施过程中作者曾多次前往四川美姑、昭觉、越西等凉山彝族自治州地区、云南彝族地区进行考察，深入了解当地的风土民情、银饰、纺织、民俗文化等，将创作初稿对应当地风俗文化进行整理研究，并根据采风素材修改、深入创作素描稿和色彩稿，以确保作品的严谨性。该作品创作得到许多专家的悉心指导与评价，专家评价该创作所表现的彝族人物有别于当下工笔画界的甜俗、样式化，而是富于个性，厚重、饱满、纯净，并肯定该作品的精神传达和意趣表现的深度。作者注重明确主题思想，梳理逻辑层次，深入考察，探索艺术语言，重视材料的选择，以及对人物精神气质的捕捉，这对于该作品的最终呈现起到至关重要的作用。

雕塑《生活乐章 · 候场》

项目主体 / 项目负责人：闫坤

闫坤，现工作于清华大学美术学院，中国雕塑学会会员、理事。作品曾入选第十三届全国美展、第七届全国青年美展、第九届全军美展、中国姿态·中国雕塑大展等展览，获中国文联第三届造型新人展银奖、第九届全军美展优秀奖、第29届日本泷富士美术奖等奖项。曾参与“一带一路”国际会议高峰论坛实景会标设计、中国共产党历史展览馆主题雕塑创作、中国国家博物馆公共雕塑规划等项目。

雕塑《生活乐章 · 候场》是《生活乐章》系列中的一个篇章。该系列雕塑是一组献给平凡生活的纪念碑，作品

以舞台视角切入主旋律题材创作，以音乐为线索把日常生活诗意化，通过挖掘日常生活的异质性，勾勒出“日常与伟大”的内在联系。作品站在青年立场进行表达，寄托了对青年人乘风破浪、未来可期的希冀。

艺术表现方面，首先，本作品采用具象写实的方式，追溯古希腊塑像的经典传统，追求一种实体的、厚重的艺术语言。其次，作品采用纪念碑式的构图，通过对单一结构形体进行多种方式的排列变换，形成疏密有序的画面布局。最后，作品注重崇高性与仪式感的建构与表达，通过提炼人物形体的抽象结构与基座的柱形空间来完成对主题的阐述与升华。

为解决人与作品分离的问题，作品在实施的过程中，尝试把传统泥塑与 3D 建模、扫描、打印等技术结合，从小稿推敲空间、大稿动态调整到道具设计等各个环节，都进行了数字化的调整与辅助；从泥塑材料选择到技术配合，摸索出了一套“泥塑—数字—泥塑”的创作方法。在美术领域，数字与数控并非最前沿的技术，关键在于开阔视野、优化资源、整合应用。本项目优化并替代了传统雕塑的工艺流程，这是从“有”到“新有”的革新；项目在实践过程中所累积的一系列经验，具有较强的操作性和推广意义。

附录

国家艺术基金年度大事记

国家艺术基金管理中心传达学习宣传文化工作系列会议精神

1月16日，国家艺术基金管理中心召开会议传达学习2023年全国宣传部长会议、全国文化和旅游厅局长会议、全国艺术创作工作会议精神，并就2023年工作安排开展了交流研讨。会议要求，要认真学习宣传贯彻党的二十大精神，全面落实文化和旅游部党组安排部署，坚持国家艺术基金的宗旨目标和工作原则，围绕创新资金来源、创新资助方式、创新监管方式和创新成果运用等工作重点破题，推动艺术基金“做强做大，提质增效”。

国家艺术基金管理中心开展2023年度结项验收工作

国家艺术基金管理中心分别于2月14日至17日、8月30日至31日、12月14日分三批次开展2023年度结项验收工作。三次验收工作共组织京内外艺术专家、项目管理专家等107人次，对“民族舞剧《只此青绿》”“话剧《大道》”等786项国家艺术基金资助项目进行结项验收，并围绕“如何运用国家艺术基金资助政策推动文艺高质量发展”“做强做大国家艺术基金，资助推出更多增强人民精神力量的优秀作品”等议题开展座谈交流。

国家艺术基金管理中心组织召开2023年度理事会第一次会议

3月3日，国家艺术基金理事会2023年度第一次会议召开。国家艺术基金理事会理事长雒树刚、文化和旅游部副部长卢映川出席会议并讲话，卢映川副部长主持会议。会议总结了国家艺术基金2022年度工作，对下一阶段工作作出部署。强调要深刻把握党的二十大提出的新时代文化建设的使命任务、基本原则和实现路径，牢牢把握当代文艺新的历史方位，进一步优化资助结构，加强成果运用，提高服务水平，更好地推动文艺事业繁荣发展、高质量发展。会议还审议通过了《国家艺术基金舞台艺术创作重大项目资助管理实施办法》《国家艺术基金（一般项目）2023年度资助项目名单》和《国家艺术基金（一般项目）2024年度资助项目申报指南》。国家艺术基金理事会理事，中央宣传部、财政部等单位有关负责同志参加会议。

国家艺术基金管理中心向社会公示 2023 年度拟资助项目名单，同步发布评审报告及 2024 年度资助项目申报指南

3 月 3 日，《国家艺术基金（一般项目）2023 年度资助项目名单》向社会公示，同时发布《国家艺术基金 2023 年度项目评审报告》。经组织专家评审、专家委员会复核和理事会审定，共确定资助项目 703 项，资助资金总额约 5.2 亿元，综合立项率约为 7.8%。《国家艺术基金（一般项目）2024 年度资助项目申报指南》同日向社会发布，新发布的申报指南按照项目类型分为舞台艺术创作、美术创作、传播交流推广、艺术人才培训和青年艺术创作人才 5 种，分别对资助对象、资助范围、资助方式和申报要求做了规定。申报指南突出强调了本年度的资助重点，进一步强化了政策引导作用。

国家艺术基金管理中心开展资助成果网络展演活动

3 月 3 日，“讴歌新时代”——学习宣传贯彻党的二十大精神国家艺术基金资助成果网络展演活动在国家艺术基金官方网站正式上线。此次活动，精选国家艺术基金资助的 150 部优秀大型舞台剧、300 位青年艺术家创作的 400 件（组）美术作品，按照主题、题材、艺术门类等开展 4 次剧目主题演播和 4 次美术作品专题展览。展演作品还将在国家艺术基金微信公众号、国家艺术基金手机客户端、“学习强国”、央视频和抖音等新媒体平台，通过图文、短视频的方式向观众展示。

国家艺术基金管理中心开展财务结项验收工作

2023 年，国家艺术基金管理中心分别于 3 月、9 月、12 月开展了 4 次财务结项验收工作，共组织京内外专家 29 人次，对国家艺术基金资助的“京剧《张謇》”“第十一届中国工笔画作品展”“全国京剧武戏人才培养”等 351 项大型舞台剧和作品、传播交流推广、艺术人才培训资助项目的经费使用管理情况进行财务验收。

国家艺术基金管理中心举办国家艺术基金资助项目申报实施培训班

3月21日，国家艺术基金资助项目申报实施培训班在中央文化和旅游管理干部学院正式开班。第十四届全国人大教育科学文化卫生委员会主任委员、国家艺术基金理事会理事长雒树刚出席开班仪式并为学员授课。培训班为期3天，是国家艺术基金管理中心学习贯彻落实党的二十大精神，进一步提高国家艺术基金资助管理工作水平，指导艺术机构、单位做好资助项目申报实施工作采取的具体措施。各省（自治区、直辖市）文化和旅游厅（局）相关处室，国家艺术基金委托管理机构，文化和旅游部直属艺术机构、单位，文化和旅游部共建院校，部分获得国家艺术基金2023年度资助项目机构、单位的相关负责同志约260人参加培训。

国家艺术基金管理中心举办文化和旅游部共建高校申报实施项目座谈会

3月22日，文化和旅游部共建高校申报实施国家艺术基金资助项目座谈会在中央文化和旅游管理干部学院举行。文化和旅游部科技教育司、国家艺术基金管理中心相关负责同志，16所共建高校相关工作负责同志参加座谈。座谈会是管理中心贯彻落实2023年文化和旅游部高校共建工作会议精神的具体措施。通过座谈听取了共建高校对艺术基金资助管理工作的意见建议和政策需求，为共建高校科研和创作部门负责同志讲解了国家艺术基金申报实施的相关政策。

国家艺术基金管理中心组织开展2024年度资助项目申报动员活动

4月至6月，国家艺术基金管理中心在包括香港、澳门在内的各个省（自治区、直辖市）组织开展了国家艺术基金2024年度资助项目申报动员活动。国家艺术基金管理中心领导班子和相关处室负责同志赴各地参加了集中培训，就资助政策、项目申报、实施监督、经费管理和成果运用等作了讲解，现场回答了申报项目过程中遇到的问题，并就提高申报项目质量等提出了意见建议。申报动员工作情况汇报获部领导肯定批示。

国家艺术基金管理中心组织赴上海调研高校项目资金申请和使用工作

3 月 29 日至 4 月 4 日，国家艺术基金管理中心组织人员赴上海市调研，实地走访上海戏剧学院、上海音乐学院、复旦大学、上海大学等高校，并召开工作座谈会，深入了解高校在国家艺术基金资助项目的资金申请、使用和管理情况，听取对改进加强国家艺术基金资助管理的意见建议。

国家艺术基金管理中心组织开展资助项目自主审计抽查及相关调研工作

2023 年，国家艺术基金管理中心分 9 批次分别赴江苏、上海、福建、山东、辽宁、四川、海南、河北以及在京内开展资助项目自主审计抽查及相关调研工作。对上海音乐学院、福建省梨园戏传承中心、青岛市话剧院有限公司、鲁迅美术学院、西南民族大学、西昌学院、海南省琼剧院、海南省民族歌舞团有限责任公司、河北心连心艺术团、中国女画家协会等多家项目主体承担的国家艺术基金资助项目开展现场审计，共抽检项目 18 项，抽检资金 2515 万元。同时，开展高校、基层院团使用管理国家艺术基金项目资金专题调研。

国家艺术基金管理中心开展 2023 年度资助项目签约工作

4 月至 5 月，国家艺术基金开展 2023 年度资助项目签约工作，共有 703 个项目完成签约工作，其中年度一般项目 685 项，一般（地区）项目 18 项。

国家艺术基金与新加坡国家艺术理事会签署谅解备忘录

4 月 1 日，在新加坡总理李显龙对我国进行正式访问之际，文化和旅游部党组成员、副部长卢映川与新加坡驻华大使吕德耀在北京续签了《中国国家艺术基金与新加坡国家艺术理事会谅解备忘录》。按照备忘录约定，双方将以促进中国和新加坡文化交流，加深艺术管理和资助方面的合作为目标，为两国艺术机构和艺术工作者合作开展作品创作、演出展览、学术研讨和能力提升等创造条件、提供支持。同时，还将通过互派工作人员、开展在职培训等方式促进双方之间的项目发展和工作交流。

国家艺术基金管理中心赴港澳特区开展工作

4 月 14 日至 21 日，应澳门中华文化联谊会和香港文联邀请，在文化和旅游部港澳台办的指导与协助下，国家艺术基金管理中心主任王明亮率团赴港澳两地访问，拜会了港澳特区政府相关部门和艺术机构，对港澳特区申报国家艺术基金 2024 年度资助项目政策进行宣讲，对已立项项目进行监督指导，并开展“讲好中国故事”讲座。管理中心与港澳特区政府对进一步深化合作达成共识，也为内地与港澳特区开展丰富的文化艺术活动搭建了桥梁。

国家艺术基金管理中心召开学习贯彻习近平新时代中国特色社会主义思想主题教育动员会

4 月 14 日，国家艺术基金管理中心召开学习贯彻习近平新时代中国特色社会主义思想主题教育动员会，深入学习领会习近平总书记重要讲话精神，贯彻落实文化和旅游部主题教育动员大会决策部署，对国家艺术基金管理中心主题教育进行动员安排。文化和旅游部主题教育第三巡回指导组出席指导。

国家艺术基金管理中心举办青年宣讲志愿服务活动

5 月 6 日，为推动学习贯彻习近平新时代中国特色社会主义思想主题教育走深走实，国家艺术基金管理中心面向部直属单位青年文艺工作者开展项目申报实施政策志愿宣讲服务。来自部 31 家直属单位近 400 名青年文艺工作者以线上和线下形式同步参与。

国家艺术基金管理中心组织开展“中国艺术新视界”展览活动

5月11日，“中国艺术新视界·与时代说——国家艺术基金青年艺术创作人才、艺术人才培训美术类成果运用作品巡展”在宜春美术馆开展。展览依托国家艺术基金历年资助的青年艺术创作人才和艺术人才培养项目积累的美术作品资源，共展出58位青年艺术工作者的77件（组）作品，涵盖了中国画、油画、版画、雕塑、综合材料、陶瓷、摄影、工艺美术、数字影像、VR交互等多种类型，展示青年艺术创作人才参与、见证、感受时代的艺术轨迹。

国家艺术基金管理中心开展2023年集中巡查工作

5月至9月，国家艺术基金管理中心组织专家7批35人次，先后赴黑龙江、吉林、河南、山西、山东、河北、江苏、上海、四川、新疆、广东、广西、宁夏、甘肃14个省（自治区、直辖市），对364项资助项目开展集中巡查监督。通过把专家请到一线，把政策送到基层，把问题及时化解，把调研融入工作，顺利完成了项目监督、意见反馈、实施培训、约谈整改、现场调研等各项工作。本次集中巡查，管理中心汇总整理了项目主体汇报情况和专家提出的意见建议，现场建立台账14册，涉及项目实施信息1100多条；实地走访了40家艺术机构和高校等单位，通过座谈交流等多种形式，形成调研思考20余条，优化监督制度2项，撰写了《国家艺术基金资助项目延期产生原因调研报告》，发挥了调查研究解决问题，改进工作的作用。

国家艺术基金管理中心、中国儿童艺术剧院、中央歌剧院、中央芭蕾舞团开展主题教育联学共建活动

6月6日，为持续推动学习贯彻习近平新时代中国特色社会主义思想主题教育走深走实、见行见效，文化和旅游部主题教育第三巡回指导组召集组织国家艺术基金管理中心、中国儿童艺术剧院、中央歌剧院、中央芭蕾舞团四家单位开展联学共建活动，集体学习习近平总书记在文化传承发展座谈会上的重要讲话精神，交流研讨学习体会。文化和旅游部直属机关党委常务副书记满宏卫出席并作总结讲话。

国家艺术基金管理中心发布
《国家艺术基金资助项目经费管理情况报告（2022 年度）》

6 月 29 日，国家艺术基金管理中心通过国家艺术基金官方门户网站和微信公众号面向社会公开发布《国家艺术基金资助项目经费管理情况报告（2022 年度）》，对上一年度使用中央专项彩票公益金规模、资助项目、执行情况和管理绩效等内容进行梳理，提出改进资助管理工作的意见建议，进一步提升资金使用效益。

国家艺术基金管理中心召开
“推动国家艺术基金高质量发展”专题座谈会

7 月 24 日，国家艺术基金管理中心召开“推动国家艺术基金高质量发展”专题座谈会。全国人大常委会委员、教科文卫委员会主任委员，国家艺术基金理事会理事长雒树刚出席会议并讲话，文化和旅游部党组成员、副部长卢映川主持会议。座谈会上，财政部科教和文化司副司长区利民，国家艺术基金理事会理事马秦临、明文军、冯双白、宋官林、雷喜宁，国家艺术基金专家委员会委员陈平、季国平，国家艺术基金管理中心主任王明亮做了交流发言。文化和旅游部、财政部相关司局有关负责同志，艺术基金理事会理事、专家委员会委员代表，国家艺术基金管理中心领导班子和各处室负责同志等参加座谈会。

国家艺术基金管理中心召开资助项目评审专家大会

7 月 24 日，国家艺术基金管理中心组织召开国家艺术基金 2024 年度资助项目评审专家大会，对项目评审工作做出安排部署，对专家进行了培训，提出了明确要求。要求承担评审工作任务的各省级文化和旅游行政部门、参加评审工作的专家，要以高度的政治责任感，站在对党对人民对艺术事业负责的高度，严把政治方向，保证艺术质量，突出资助重点，注意公益属性，严守纪律规范，做好组织工作，科学、专业、规范、公正地完成好资助项目评审任务。会议采用电视电话会议的形式，文化和旅游部、财政部、国家艺术基金理事会领导和相关部门负责同志，艺术基金理事会理事、专家委员会委员、专家库专家，各省（自治区、直辖市）文化和旅游厅（局）及艺术基金委托管理机构负责同志等分别在北京主会场和各地分会场参加了会议。

卢映川副部长会见新加坡国家艺术理事会理事长刘荣忠

7 月 24 日，卢映川副部长在文化和旅游部会见了来访的新加坡国家艺术理事会代表团。在听取了刘荣忠理事长关于新加坡国家艺术理事会的情况介绍后，卢映川指出，文化和旅游部高度重视中新两国文化艺术交流合作，2023 年 4 月在北京续签《中国国家艺术基金与新加坡国家艺术理事会谅解备忘录》，这是两国文化外交领域的一件大事，希望新加坡国家艺术理事会与中国国家艺术基金继续加深艺术管理和资助方面的合作，为两国艺术机构和艺术工作者共同开展作品创作、演出展览、学术研讨和能力提升等创造条件，继续为推动两国文艺事业全方位发展发挥积极的作用。文化和旅游部国际交流与合作局副局长彭玉斌、国家艺术基金管理中心主任王明亮、新加坡驻华使馆政务参赞林家毅参加会见。会见结束后，国家艺术基金管理中心与新加坡国家艺术理事会代表团就落实《谅解备忘录》等有关事宜开展了工作交流。

国家艺术基金管理中心在拉萨举行优秀资助成果展示活动

7 月 31 日，国家艺术基金管理中心与中共西藏自治区委员会宣传部、西藏自治区文化厅共同主办的国家艺术基金资助优秀剧目展播、“中国艺术新视界”——国家艺术基金资助摄影作品展览活动同时在西藏自治区群众艺术馆、拉萨介观艺术中心举行，这次活动为期两个月。活动期间展播 28 部国家艺术基金资助项目作品的高清视频，参展剧目多为曾获中宣部精神文明建设“五个一工程”奖优秀作品奖和中国文化艺术政府奖“文华奖”的作品，也有评剧《藏地彩虹》、河北梆子《六世班禅》、话剧《八廓街北院》、歌剧《尘埃落定》、舞剧《天路》等西藏题材作品。此外，还有 16 位青年文艺工作者的 91 件（组）摄影作品在活动期间展览，摄影作品艺术地再现了祖国的壮美山河、人民的幸福生活、深厚的中华文化，全面展示了中国式现代化的美好前景。

国家艺术基金管理中心组织召开优化美术创作项目资助方式座谈会

8 月 25 日，国家艺术基金管理中心召开优化美术创作项目资助方式座谈会，文化和旅游部艺术司、财政部科教和文化司、中国美术家协会、中国艺术研究院、中国美术馆、中国国家画院、清华大学、吉林大学、浙江美术馆的领导、专家和艺术家应邀参加。会议围绕国家艺术基金美术创作项目的工作目标、资助对象、资助重点、资助方式和成果运用等开展专题研讨，并就优化美术创作项目资助工作提出了指导意见和具体建议。

国家艺术基金管理中心参加文化和旅游部新闻发布会

8 月 31 日，国家艺术基金设立 10 周年新闻发布会召开。会议由文化和旅游部办公厅主办，管理中心承办。新闻发布会全面介绍了国家艺术基金设立 10 年来资助情况和管理经验，以及国家艺术基金设立 10 周年主题系列活动安排等。管理中心主任王明亮，西安美术学院院长朱尽晖，内蒙古自治区文化和旅游厅党组成员、内蒙古艺术剧院院长李莉，中国东方演艺集团一级编导周莉亚出席发布会并答记者问。会议由文化和旅游部新闻发言人、办公厅副主任张旭霞主持。多家新闻媒体记者参加发布会。

国家艺术基金管理中心举办国家艺术基金设立 10 周年优秀资助剧目会演活动

9 月 7 日，国家艺术基金设立 10 周年优秀资助剧目会演活动开幕式在中央歌剧院剧场举行。全国人大常委会委员、教科文卫委员会主任委员、国家艺术基金理事会理事长雒树刚出席并致辞，文化和旅游部党组成员、副部长，国家艺术基金理事会副理事长、秘书长卢映川主持。中央宣传部、教育部、财政部、国家统计局、中国文联和河南省委、省人大等部门领导及相关单位负责同志出席。开幕活动后，演出了河南豫剧院创作的豫剧《焦裕禄》。此次优秀剧目会演于 9 月 7 日至 11 月 4 日在北京市、江苏省和四川省举行，参加会演剧目 15 部，除在省会城市演出外，还将在南通市、宜宾市等基层演出。

国家艺术基金管理中心开设“国家艺术基金艺术讲堂”

2023年9月，国家艺术基金管理中心开设“国家艺术基金艺术讲堂”。邀请著名导演黄定山在文化和旅游部南区作题为“中国民族歌剧的当代性与多样化”的首场专题讲座。10月至12月，相继邀请中国文学艺术界联合会副主席、中国杂技家协会主席、国家艺术基金专家委员会委员边发吉，中国舞蹈家协会主席冯双白，分别作题为“杂技艺术的力与美”“当代爆款舞剧作品成功要素分析”的专题讲座。全国人大常委会委员、教科文卫委员会主任委员，国家艺术基金理事会理事长雒树刚；文化和旅游部党组成员、副部长，国家艺术基金理事会副理事长、秘书长卢映川出席相关活动。文化和旅游部党组第四巡视组，文化和旅游部相关司局和直属单位、共建高校和部分在京艺术机构、单位负责同志、文艺工作者代表参加活动。活动产生积极反响，取得良好效果。

国家艺术基金管理中心开展2024年度资助项目专家评审工作

9月21日至10月27日，国家艺术基金管理中心继2024年度资助项目专家评审的网络评审阶段工作之后，又组织开展了2024年度资助项目专家评审的会议评审阶段工作，共有518位专家通过分头审阅申报材料、视频会议集中讨论、独立提出评审意见的方式对1338个参评项目开展了会议评审。其中，214个大型舞台剧和作品创作项目、193个传播交流推广项目和194个艺术人才培训项目的申报机构、单位，通过网络视频进行了答辩。针对港澳特区申报2024年度资助项目，管理中心组织了集中会议评审。

评审期间，国家艺术基金管理中心遴选《中国文化报》《文艺报》《光明日报》的4位资深媒体人担任评审监督专家，组成第三方对项目复评工作进行全程监督。

国家艺术基金管理中心参加全国演艺博览会

9月26日至10月1日，国家艺术基金管理中心参加全国演艺博览会，从“出精品，攀‘高峰’”“满足人民文化需求，增强人民精神力量”“增强中华文明传播力、影响力”“培育造就规模宏大的文艺人才队伍”“支持青年文艺工作者挑大梁、当主角”5 个方面，展出和推荐国家艺术基金各类资助项目 31 个、青年文艺工作者 9 位，以及国家艺术基金线上演播活动视频 7 个，资助项目选编、作品集、评论集等 10 余种出版物。展会期间，还专门设置了国家艺术基金咨询台，由管理中心工作人员现场解答相关政策问题。

国家艺术基金管理中心与国家体育总局体育彩票管理中心合作制作公益彩票

10 月，结合国家艺术基金设立 10 周年主题系列活动宣传工作，国家艺术基金管理中心与国家体育总局体育彩票管理中心合作制作了主题为“艺彩中华”的即开型公益彩票，助力公益事业发展。管理中心从 10 年来的优秀资助成果中，遴选出 9 部同时荣获中宣部精神文明建设“五个一工程”奖优秀作品奖和中国文化艺术政府奖“文华大奖”的剧目，以剧照作为彩票票面。公益彩票在全国范围内发行。

《金色十年——我和国家艺术基金》文集出版

10 月，国家艺术基金设立 10 周年纪念集《金色十年——我和国家艺术基金》一书出版。该书收录了国家艺术基金理事会理事、专家委员会委员、艺术机构单位负责人、资助项目主创人员、青年艺术创作人才、艺术人才培训项目学员等 90 人围绕“我和国家艺术基金”主题撰写的文稿，全书共 28.8 万字。

国家艺术基金管理中心配合文化和旅游部财务司开展项目审计工作

2023 年，国家艺术基金管理中心配合财务司分 5 批次分别赴青海、广西、贵州、江苏、辽宁对西宁艺术剧院有限公司、广西壮族自治区戏剧院、百色市民族文化传承中心、贵州省花灯剧院有限责任公司、扬州市歌舞剧院有限公司、扬州大学、辽宁芭蕾舞团等项目主体承担的 8 个国家艺术基金资助项目开展现场审计，审计金额共计 1687 万元。

国家艺术基金管理中心与澳门文化界联合总会开展交流活动

11 月 3 日，澳门文化界联合总会访京团一行 15 人到访国家艺术基金管理中心，双方就国家艺术基金资助澳门特区项目申报实施情况进行了交流座谈。自 2021 年开始，国家艺术基金面向港澳特区全面开放，受理项目申报，组织专家评审，给予立项资助。

国家艺术基金管理中心举办国家艺术基金设立 10 周年资助成果展

11 月 3 日至 12 月 13 日，国家艺术基金设立 10 周年资助成果展在中国工艺美术馆（中国非物质文化遗产馆）举办。国家艺术基金理事会理事长雒树刚出席开幕式并讲话，文化和旅游部副部长、国家艺术基金理事会副理事长、秘书长卢映川主持开幕式。展览以展示国家艺术基金优秀资助成果为主题，分为舞台艺术创作资助项目、传播交流推广资助项目、艺术人才培训资助项目、青年艺术创作人才资助项目、美术创作资助项目 5 个部分，通过文字、图片、视频和美术作品等载体，全面展示国家艺术基金在新时代艺术事业发展中发挥的重要作用。

国家艺术基金管理中心参加广西艺术基金成立大会

12 月 8 日，广西艺术基金成立大会在广西南宁召开。全国人大常委会委员、全国人大教科文卫委主任委员、国家艺术基金理事会理事长雒树刚出席大会开幕式，为广西艺术基金揭牌并为第一届理事会理事长颁发聘书。

国家艺术基金管理中心召开推动国家艺术基金高质量发展座谈会

12 月 22 日，国家艺术基金管理中心在京召开推动国家艺术基金高质量发展座谈会。中央宣传部副部长、文化和旅游部党组书记孙业礼出席会议并讲话，全国人大常委会委员、教科文卫委员会主任委员、国家艺术基金理事会理事长雒树刚主持会议。中央宣传部、文化和旅游部、中国文学艺术界联合会、中国作家协会和国家艺术基金理事会领导出席会议。

会议充分肯定了国家艺术基金设立以来，在围绕中心、服务大局，科学管理、规范运行、立足主责、做强主业等方面取得的成绩，为推动文艺事业繁荣发展作出的贡献。会议提出，实现国家艺术基金高质量发展要深入学习贯彻习近平文化思想，要强化精品意识，要助力人才成长，要坚守中华文化立场，要持续推动改革，要坚持和加强党的领导。

中央宣传部、文化和旅游部、财政部、教育部、中国文学艺术界联合会、中国作家协会相关司局和直属单位、艺术家协会负责同志，国家艺术基金理事会理事、专家委员会委员代表，各省（自治区、直辖市）文化和旅游厅（局）领导同志和艺术基金委托管理机构负责同志，文化和旅游部共建高校负责同志，部分获得过国家艺术基金资助的机构、单位负责同志和青年文艺工作者代表参加了会议。

国家艺术基金管理中心举行“为人民绽放”国家艺术基金设立10周年优秀小型节目展演

2023年12月31日和2024年1月1日，“为人民绽放”国家艺术基金设立10周年优秀小型节目展演在中央歌剧院举行。国家艺术基金管理中心从国家艺术基金2014—2023年度资助的舞台艺术创作项目和青年艺术创作人才项目中，精选了一批书写伟大时代、讴歌奋斗人生、刻画最美人物的歌曲、器乐、舞蹈、戏曲、木偶、皮影、杂技节目。演出以“文艺的百花园永远为人民绽放”为主题，让人民群众共享发展成果。展演同时通过文化和旅游部官网、新华网、抖音、爱奇艺等网络媒体直播。

国家艺术基金管理中心开展2023年度国家艺术基金资助项目第三方绩效评价工作

12月，为进一步加强预算绩效管理，强化项目监督管理，提高资助资金使用效益，按照年初预算业务，国家艺术基金管理中心委托北京金凯伟业咨询有限公司完成2023年度国家艺术基金资助项目第三方绩效评价工作。北京金凯伟业咨询有限公司抽取了10个2020—2022年度大型舞台剧和作品创作、艺术人才培训、传播交流推广项目开展绩效评价，覆盖河南、福建、四川、重庆、江苏多地，涉及资助资金1288万元。

2014—2023年度资助项目数据统计

分项目类型资助项目情况（2014—2023 年度）

项目类型	申报项目数量（个）	资助项目数量（个）	资助资金（亿元）
总计	**71454**	**7121**	**55.77**
（一）一般项目	**71449**	**7116**	**55.52**
舞台艺术创作	24896	2517	29.66
大型舞台剧和作品创作	9852	1234	27.75
小型剧（节）目和作品创作	15044	1283	1.91
美术创作	6700	484	0.38
传播交流推广	9312	1161	14.95
国内		1007	12.72
国外		154	2.23
艺术人才培训	9235	922	7.72
青年艺术创作人才	21306	2032	2.81
（二）重大项目	**5**	**5**	**0.25**

分年度资助项目情况（2014—2023 年度）

资助年度	申报项目数量（个）	资助项目数量（个）	资助金额（亿元）
总计	**71454**	**7121**	**55.77**
2014 年	4256	393	4.02
2015 年	4402	719	7.38
2016 年	7248	964	7.34
2017 年	7128	1011	7.55
2018 年	6952	958	7.68
2019 年	9296	1117	7.94
2020 年	11917	610	3.53
2021 年	255	15	0.29
2022 年	10978	626	4.59
2023 年	9022	708	5.45

分项目主体性质资助项目情况（2014—2023 年度）

项目主体性质	资助项目数量（个）	资助金额（亿元）
总计	**7121**	**55.77**
（一）机构、单位	**4605**	**52.58**
按项目主体所属系统分		
文化系统	3090	41.58
教育系统	1463	10.41
其他系统	52	0.59
按项目主体经济类型分		
事业单位	2978	30.64
国有企业	1082	15.82
私营企业	316	3.84
社会团体	130	1.24
民办非企业	99	1.04
（二）个人	**2516**	**3.19**
文化系统	641	0.87
教育系统	1723	2.13
其他系统	48	0.05
无工作单位的自由职业者	104	0.14

分地区资助项目情况（2014—2023 年度）

地区	资助项目数量（个）	资助金额（亿元）
总　计	**7121**	**55.77**
北　京	1374	11.87
天　津	141	1.00
河　北	212	1.60
山　西	235	2.34
内蒙古	189	1.83
辽　宁	236	1.55
吉　林	282	2.03
黑龙江	116	0.95
上　海	364	3.15
江　苏	403	3.04
浙　江	362	2.32
安　徽	190	1.29
福　建	149	1.39
江　西	131	0.99
山　东	316	1.95
河　南	218	1.68
湖　北	249	1.72
湖　南	214	1.54
广　东	228	1.64
广　西	219	1.15
海　南	25	0.34
重　庆	165	1.08
四　川	232	1.75
贵　州	76	0.56
云　南	168	1.08
西　藏	40	0.53
陕　西	223	1.61
甘　肃	85	0.83
青　海	34	0.51
宁　夏	60	0.64
新　疆	145	1.59
香　港	19	0.09
澳　门	21	0.14

分艺术门类资助大型舞台剧和作品创作项目情况（2014—2023 年度）

艺术门类	资助项目数量（个）	资助金额（万元）
总计	**1234**	**277467.80**
（一）戏剧类	**997**	**246713.90**
戏曲	453	100570.80
话剧	139	30177.00
舞剧	130	45694.00
音乐剧（歌舞剧）	90	32509.00
儿童剧	85	9451.10
歌剧	73	26284.00
小剧场戏剧	27	2028.00
（二）音乐类	**107**	**11922.50**
交响乐	59	6487.50
民族管弦乐	48	5435.00
（三）曲艺类	**64**	**12584.00**
杂技剧	39	10836.00
木偶剧	12	1070.00
曲艺（长篇、中篇）	8	369.00
皮影戏	5	309.00
（四）跨界融合作品	**66**	**6247.40**

分年度资助大型舞台剧和作品创作项目情况（2014—2023 年度）

资助年度	资助项目数量（个）	资助金额（万元）
总计	**1234**	**277467.80**
2014 年	81	21000.00
2015 年	190	39820.00
2016 年	152	35750.00
2017 年	144	33354.00
2018 年	175	41104.00
2019 年	151	34410.00
2020 年	103	17916.00
2021 年	15	2954.00
2022 年	101	24719.00
2023 年	122	26440.80

分地区资助大型舞台剧和作品创作项目情况（2014—2023年度）

地区	资助项目数量（个）	资助金额（万元）
总 计	**1234**	**277467.80**
北 京	177	41074.40
天 津	18	4005.00
河 北	45	9981.00
山 西	64	14182.00
内蒙古	43	11694.00
辽 宁	33	8438.00
吉 林	36	7961.00
黑龙江	24	5428.00
上 海	89	17886.60
江 苏	83	17140.00
浙 江	53	10317.00
安 徽	32	7070.00
福 建	37	8847.80
江 西	20	4686.00
山 东	48	10057.00
河 南	41	8637.00
湖 北	40	8816.00
湖 南	50	10274.00
广 东	37	9055.00
广 西	27	6050.00
海 南	11	2800.00
重 庆	24	5579.00
四 川	41	10397.00
贵 州	13	2931.00
云 南	21	5036.00
西 藏	8	2079.00
陕 西	39	8026.00
甘 肃	15	3850.00
青 海	12	3011.00
宁 夏	14	3385.00
新 疆	34	7934.00
香 港	2	220.00
澳 门	3	620.00

分项目主体性质资助大型舞台剧和作品创作项目情况（2014—2023年度）

项目主体性质	资助项目数量（个）	资助金额（万元）
总计	**1234**	**277467.80**
（一）按项目主体所属系统分		
文化系统	1115	253221.80
教育系统	106	21466.00
其他系统	13	2780.00
（二）按项目主体经济类型分		
事业单位	674	151036.40
国有企业	458	104762.40
私营企业	80	16949.00
社会团体	6	1280.00
民办非企业	16	3440.00

分艺术门类资助小型剧（节）目和作品创作项目情况（2014—2023年度）

艺术门类	资助项目数量（个）	资助金额（万元）
总计	**1234**	**277467.80**
（一）戏剧类	**317**	**5927.20**
小戏曲	223	4229.30
独幕剧	39	700.00
小舞剧	35	648.90
小歌剧	18	329.00
小话剧	2	20.00
（二）音乐类	**461**	**5546.90**
歌曲	250	2534.30
合唱	54	756.60
独奏曲	36	510.00
重奏曲	32	445.00
民乐小合奏	37	550.00
室内乐	48	711.00
单乐章管弦乐	4	40.00
（三）舞蹈类	**302**	**5278.50**
群舞	251	4648.10
三人舞	2	25.00
双人舞	19	200.00
单人舞	12	120.40
（四）曲艺类	**218**	**2665.00**
曲艺中篇	18	285.00
曲艺短篇	84	840.00
小品	56	570.00
杂技	33	495.00
木偶小剧	18	340.00
皮影小戏	7	105.00
魔术	2	30.00
（五）跨界融合节目	**3**	**30.00**

分艺术门类资助小型剧（节）目和作品创作项目情况（2014—2023年度）

资助年度	资助项目数量（个）	资助金额（万元）
总计	**1283**	**19162.6**
2014年	99	1831.7
2015年	113	1900
2016年	158	2430
2017年	198	3095
2018年	180	2795
2019年	235	3500
2020年	106	1675
2021年	92	917
2022年	102	1018.9
2023年	122	26440.80

分项目主体性质资助小型剧（节）目和作品创作项目情况（2014-2023年度）

项目主体性质	资助项目数量（个）	资助金额（万元）
总计	**1283**	**19162.60**
（一）按项目主体所属系统分		
文化系统	795	11916.40
教育系统	472	7001.20
其他系统	16	245.00
（二）按项目主体经济类型分		
事业单位	893	13353.00
国有企业	263	4065.00
私营企业	73	1025.00
社会团体	32	354.60
民办非企业	22	365.00

分艺术门类资助小型剧（节）目和作品创作项目情况（2014—2023年度）

地区	资助项目数量（个）	资助金额（万元）
总　计	**1283**	**19162.60**
北　京	173	2485.00
天　津	12	155.00
河　北	39	615.00
山　西	58	915.50
内蒙古	55	791.40
辽　宁	59	785.00
吉　林	41	595.00
黑龙江	10	130.00
上　海	52	800.00
江　苏	89	1290.00
浙　江	91	1320.00
安　徽	55	905.00
福　建	17	270.00
江　西	24	370.00
山　东	81	1315.00
河　南	25	389.00
湖　北	54	760.30
湖　南	54	845.00
广　东	39	608.90
广　西	59	900.00
海　南	2	30.00
重　庆	19	275.00
四　川	62	927.00
贵　州	6	100.00
云　南	34	514.30
西　藏	6	105.00
陕　西	19	260.00
甘　肃	7	110.00
青　海	3	50.00
宁　夏	14	220.00
新　疆	17	256.60
香　港	3	30.00
澳　门	4	39.60

分艺术门类资助美术创作项目情况（2014—2023 年度）

艺术门类	资助项目数量（个）	资助金额（万元）
总计	**484**	**3827.65**
中国画	182	1402.95
油画	156	1230.70
雕塑	49	385.80
版画	35	270.00
水彩（粉）画	34	265.00
漆画	13	124.80
书法	9	88.40
篆刻	6	60.00

分年度资助美术创作项目情况（2014—2023 年度）

资助年度	资助项目数量（个）	资助金额（万元）
总计	**484**	**3827.65**
2016 年	188	940.00
2020 年	81	810.00
2022 年	104	999.00
2023 年	111	1078.65

分项目主体性质资助美术创作项目情况（2014—2023 年度）

项目主体性质	资助项目数量（个）	资助金额（万元）
总计	**484**	**3827.65**
文化系统	358	2893.10
教育系统	98	739.90
其他系统	28	194.65

分地区资助美术创作项目情况（2014—2023 年度）

地区	资助项目数量（个）	资助金额（万元）
总　计	**484**	**3827.65**
北　京	53	441.00
天　津	12	108.20
河　北	27	178.00
山　西	5	40.00
内蒙古	12	94.00
辽　宁	19	139.50
吉　林	26	194.40
黑龙江	11	90.00
上　海	11	89.00
江　苏	25	218.20
浙　江	19	163.50
安　徽	19	151.30
福　建	14	124.80
江　西	4	24.65
山　东	31	259.50
河　南	21	178.30
湖　北	19	165.00
湖　南	22	163.70
广　东	21	152.70
广　西	23	144.00
海　南	2	20.00
重　庆	18	140.00
四　川	9	75.00
贵　州	9	85.00
云　南	6	50.00
西　藏	27	199.00
陕　西	4	35.00
甘　肃	3	15.00
青　海	8	50.00
宁　夏	2	18.90
新　疆	2	20.00
香　港	5	50.00
澳　门	6	50.89

分艺术门类资助传播交流推广项目情况（2014—2023 年度）

艺术门类	资助项目数量（个）	资助金额（万元）
总计	**1161**	**149498.10**
（一）舞台艺术作品演出	**536**	**84072.60**
国外	69	11824.00
国内	467	72248.60
（二）美术作品展示	**286**	**29009.50**
国外	39	5010.00
国内	247	23999.50
（三）工艺美术作品展示	**145**	**14727.00**
国外	34	4137.00
国内	111	10590.00
（四）书法作品展示	**36**	**3422.00**
国外	8	762.00
国内	28	2660.00
（五）摄影作品展示	**45**	**4238.00**
国外	3	405.00
国内	42	3833.00
（六）运用互联网、新媒体开展的演播活动	**113**	**14029.00**
国外	1	150.00
国内	112	13879.00

分艺术门类资助传播交流推广项目情况（2014—2023 年度）

资助年度	资助项目数量（个）	资助金额（万元）
总计	**1161**	**149498.10**
2014 年	79	12923.00
2015 年	106	18373.00
2016 年	146	23126.00
2017 年	181	22042.00
2018 年	180	20182.00
2019 年	173	23305.00
2020 年	83	8230.00
2021 年	94	9198.00
2022 年	119	12119.10
2023 年	122	26440.80

分地区资助传播交流推广项目情况（2014—2023 年度）

地区	资助项目数量（个）	资助金额（万元）
总　计	**1161**	**149498.10**
北　京	341	48025.00
天　津	22	3255.00
河　北	28	2919.00
山　西	41	5612.00
内蒙古	23	3224.00
辽　宁	25	2807.00
吉　林	45	5995.00
黑龙江	17	2140.00
上　海	63	7959.00
江　苏	61	6778.00
浙　江	58	6220.00
安　徽	20	2582.00
福　建	22	2438.00
江　西	20	2025.00
山　东	36	4082.50
河　南	35	4173.00
湖　北	29	3725.00
湖　南	13	1939.00
广　东	36	3667.00
广　西	11	1674.00
海　南	1	100.00
重　庆	22	2507.00
四　川	16	1900.00
贵　州	12	1572.00
云　南	24	2580.00
西　藏	15	2665.00
陕　西	38	4690.00
甘　肃	21	2749.00
青　海	9	1132.00
宁　夏	17	2401.60
新　疆	33	5348.00
香　港	4	360.00
澳　门	3	254.00

分项目主体性质资助传播交流推广项目情况（2014—2023 年度）

项目主体性质	资助项目数量（个）	资助金额（万元）
总计	**1161**	**149498.10**
（一）按项目主体所属系统分		
文化系统	845	118048.10
教育系统	295	28685.00
其他系统	21	2765.00
（二）按项目主体经济类型分		
事业单位	648	79462.50
国有企业	284	41494.60
私营企业	136	17507.00
社会团体	56	6924.00
民办非企业	37	4110.00

分艺术门类资助艺术人才培训项目情况（2014—2023 年度）

艺术门类	资助项目数量（个）	资助金额（万元）
总计	**922**	**77198.10**
（一）舞台艺术	**380**	**32659.00**
创作人才	30	2844.00
经营管理人才	34	3045.40
理论评论人才	319	24997.00
（二）工艺美术	**291**	**22797.00**
创作人才	18	1450.00
经营管理人才	10	750.00
理论评论人才	133	11651.70
（三）美术	**123**	**10681.00**
创作人才	7	690.70
经营管理人才	3	280.00
理论评论人才	14	1021.00
（四）摄影	**14**	**1021.00**
创作人才	12	980.00
（五）书法	**10**	**762.00**
创作人才	2	218.00
理论评论人才	3	30.00

分年度资助艺术人才培训项目情况（2014—2023 年度）

资助年度	资助项目数量（个）	资助金额（万元）
总计	**922**	**77198.10**
2014 年	41	3734.00
2015 年	98	10680.00
2016 年	98	7938.00
2017 年	140	11841.00
2018 年	133	8460.00
2019 年	165	12030.00
2020 年	70	4086.00
2021 年	76	8483.00
2022 年	101	9946.10
2023 年	122	26440.80

分地区资助艺术人才培训项目情况（2014—2023 年度）

地区	资助项目数量（个）	资助金额（万元）
总　计	**922**	**77198.10**
北　京	206	19773.70
天　津	21	1739.00
河　北	24	1595.00
山　西	23	1996.00
内蒙古	19	1960.00
辽　宁	28	2344.00
吉　林	47	3748.00
黑龙江	12	1042.00
上　海	41	3264.40
江　苏	43	3635.00
浙　江	44	3873.00
安　徽	22	1626.00
福　建	22	1728.00
江　西	24	2253.00
山　东	31	2504.00
河　南	30	2450.00
湖　北	36	2811.00
湖　南	20	1457.00
广　东	21	1513.00
广　西	20	1570.00
海　南	6	407.00
重　庆	23	1461.00
四　川	46	3349.00
贵　州	8	549.00
云　南	26	1911.00
西　藏	3	275.00
陕　西	28	1911.00
甘　肃	14	1252.00
青　海	8	913.00
宁　夏	3	240.00
新　疆	17	1429.00
香　港	3	232.00
澳　门	3	387.00

分项目主体性质资助艺术人才培训项目情况（2014—2023年度）

项目主体性质	资助项目数量（个）	资助金额（万元）
总计	**922**	**77198.10**
（一）按项目主体所属系统分		
文化系统	589	46434.40
教育系统	331	30613.70
其他系统	2	150.00
（二）按项目主体经济类型分		
事业单位	759	60501.10
国有企业	76	7480.00
私营企业	27	2932.00
社会团体	36	3829.00
民办非企业	24	2456.00

分艺术门类资助青年艺术创作人才项目情况（2014—2023 年度）

艺术门类	资助项目数量（个）	资助金额（万元）
总计	**2032**	**28084.49**
（一）戏剧编剧、曲本作者	**206**	**3648.00**
（二）音乐作曲	**169**	**1679.10**
（三）舞蹈、舞剧编导	**143**	**1629.90**
（四）舞台艺术表演	**121**	**1924.00**
（五）美术、书法、摄影创作	**1000**	**13708.69**
中国画	263	2549.80
油画	281	5004.09
版画	84	1177.30
雕塑	106	1935.50
摄影	115	1584.30
书法、篆刻	90	877.40
水彩（粉）画	61	580.30
（六）工艺美术创作	**362**	**5187.80**
（七）舞台艺术、美术、书法、摄影和工艺美术文艺评论	**31**	**307.00**

分年度资助青年艺术创作人才项目情况（2014—2023 年度）

资助年度	资助项目数量（个）	资助金额（万元）
总计	**2032**	**28084.49**
2014 年	93	728.80
2015 年	212	2980.00
2016 年	222	3235.00
2017 年	348	5150.00
2018 年	290	4280.00
2019 年	393	6115.00
2020 年	167	2600.00
2021 年	159	1557.00
2022 年	148	1438.69
2023 年	122	26440.80

分地区资助青年艺术创作人才项目情况（2014—2023年度）

地区	资助项目数量（个）	资助金额（万元）
总 计	**2032**	**28084.49**
北 京	422	5853.50
天 津	56	766.00
河 北	49	665.80
山 西	44	660.00
内蒙古	37	513.50
辽 宁	72	999.40
吉 林	86	1276.50
黑龙江	42	623.00
上 海	108	1534.20
江 苏	102	1385.80
浙 江	97	1338.00
安 徽	42	594.00
福 建	37	538.50
江 西	39	523.00
山 东	89	1243.70
河 南	66	936.50
湖 北	71	930.50
湖 南	55	752.90
广 东	73	949.90
广 西	79	1124.00
海 南	3	30.00
重 庆	59	843.00
四 川	58	793.00
贵 州	28	368.00
云 南	57	754.50
西 藏	8	130.00
陕 西	72	997.50
甘 肃	24	297.40
青 海	2	30.00
宁 夏	9	113.00
新 疆	35	418.50
香 港	5	50.00
澳 门	6	50.89

分项目主体性质资助青年艺术创作人才项目情况（2014—2023 年度）

项目主体性质	资助项目数量（个）	资助金额（万元）
总计	**2032**	**28084.49**
文化系统	1365	18415.09
教育系统	543	7910.60
其他系统	124	1758.80

2023 年度资助项目名单

2023 年度大型舞台剧和作品创作资助项目

序号	项目名称	项目主体	所在地区
1	昆剧《汉宫秋》	北方昆曲剧院	北京
2	京剧《纳土归宋》	国家京剧院	北京
3	黄梅戏《七夕传奇》	中国戏曲学院	北京
4	河北梆子《瓦桥关》	河北省河北梆子剧院演艺有限公司	河北
5	河北梆子《山韵》	石家庄市河北梆子剧团	河北
6	上党梆子《母子情怨》	晋城市上党梆子剧院有限公司	山西
7	临县道情《大河清清》	吕梁市文化艺术中心（临县道情研究中心）	山西
8	晋剧《金谷飘香》	山西省晋剧院	山西
9	京剧《萧燕燕》	山西省京剧院（山西省京剧艺术研究院）	山西
10	漫瀚剧《都贵玛》	包头市艺术剧院	内蒙古
11	吉剧《积德泉》	吉林省戏曲剧院	吉林
12	满族新城戏《高风元辅范文程》	松原市满族新城戏传承保护中心	吉林
13	越剧《好八连》	上海越剧艺术传习所（上海越剧院）	上海
14	丹剧《凤先生》	丹阳市丹剧艺术发展有限公司	江苏
15	昆剧《蝴蝶梦》	江苏省演艺集团有限公司	江苏
16	锡剧《涓生之路》	无锡市锡剧院有限责任公司	江苏
17	淮剧《宋公堤》	盐城市淮剧团	江苏
18	越剧《风雨故园》	绍兴越剧艺术发展有限公司	浙江
19	黄梅戏《倾宁夫人》	安徽再芬黄梅文化艺术股份有限公司	安徽
20	闽剧《情缘安泰河》	福建省实验闽剧院	福建
21	越剧《万婴之母》	福建尹派越剧艺术传承保护中心（福建芳华越剧院）	福建
22	闽剧《门槛记》	福清市侨乡闽剧团	福建
23	高甲戏《阿旺的幸福生活》	泉州市高甲戏传承中心	福建

（续表）

序号	项目名称	项目主体	所在地区
24	赣剧《红楼梦》	江西省赣剧院	江西
25	山东梆子《小镇牛事》	菏泽市地方戏曲传承研究院	山东
26	京剧《南旺闸——大运河复活五百年祭》	山东省京剧院	山东
27	五音戏《青山作证》	淄博市五音戏艺术传承保护中心（淄博市五音戏剧院）	山东
28	越调《华佗》	河南省越调艺术保护传承中心	河南
29	豫剧《张良》	河南豫剧院	河南
30	黄梅戏《舞衣裳》	湖北省戏曲艺术剧院有限责任公司	湖北
31	汉剧《夫人城》	武汉汉剧院	湖北
32	巴陵戏《共饮一江水》	岳阳市巴陵戏传承研究院	湖南
33	湘剧《夫人如见》	长沙市湘剧保护传承中心	湖南
34	粤剧《文成公主》	广州粤剧院有限公司	广东
35	琼剧《路博德》	海南省琼剧院	海南
36	彩调剧《木匠哥的钢琴梦》	广西壮族自治区戏剧院	广西
37	川剧《花自飘零水自流》	成都市川剧研究院	四川
38	秦腔《无字碑》	西安三意社有限公司	陕西
39	秦腔《攒劲女人》	宁夏演艺集团秦腔剧院有限公司	宁夏
40	话剧《俗世奇人》	北京巨龙世纪文化艺术有限公司	北京
41	话剧《温暖的味道》	中国煤矿文工团	北京
42	话剧《太平码头》	天津音乐学院	天津
43	话剧《寻找“王成”》	沈阳话剧影业传媒集团有限公司	辽宁
44	话剧《坦先生》	哈尔滨话剧院	黑龙江
45	话剧《宝兴里》	上海滑稽剧团有限公司	上海
46	话剧《红高粱家族》	江苏大剧院运营管理有限公司	江苏

（续表）

序号	项目名称	项目主体	所在地区
47	话剧《西迁》	江苏省演艺集团有限公司	江苏
48	话剧《同袍》	绍兴市演出有限公司	浙江
49	话剧《炉火照天地》	安徽省话剧院	安徽
50	话剧《樱桃红了》	青岛市话剧院有限公司	山东
51	话剧《屈原》	湖北长江人民艺术剧院有限责任公司	湖北
52	话剧《狂澜》	武汉人民艺术剧院有限责任公司	湖北
53	话剧《赤水河上的密电码》	四川天赐泸州文化产业发展有限责任公司	四川
54	话剧《老西藏》	西藏自治区话剧团	西藏
55	话剧《绝密使命》	西安仲夏梦艺术文化传播有限公司	陕西
56	话剧《昆仑之子》	新疆艺术学院	新疆
57	歌剧《唱响南泥湾》	中国歌剧舞剧院	北京
58	歌剧《奋斗》	中央歌剧院	北京
59	歌剧《邓世昌》	辽宁歌剧院（辽宁交响乐团）	辽宁
60	歌剧《桃花扇》	江苏省演艺集团有限公司	江苏
61	歌剧《先行者》	深圳歌剧舞剧院有限公司	广东
62	歌剧《唐家湾侨批》	珠海演艺集团有限责任公司	广东
63	歌剧《青春铸剑 221》	青海省演艺集团有限责任公司	青海
64	舞剧《只此东坡》	中国东方演艺集团有限公司	北京
65	舞剧《红楼梦》	中央芭蕾舞团	北京
66	舞剧《剧院魅影》	上海芭蕾舞团	上海
67	舞剧《壮丽的云》	苏州芭蕾舞团有限公司	江苏
68	舞剧《白蛇传》	广州芭蕾文化艺术有限公司	广东
69	舞剧《锦绣如歌》	文山壮族苗族自治州民族文化工作团	云南

（续表）

序号	项目名称	项目主体	所在地区
70	舞剧《飞将李广》	甘肃省歌舞剧院有限责任公司	甘肃
71	舞剧《张骞》	新疆艺术剧院歌舞团	新疆
72	音乐剧《江姐》	北京电影学院	北京
73	音乐剧《理想之城》	北京演艺集团有限责任公司	北京
74	歌舞剧《幸福的金火车》	中国铁路文工团有限公司	北京
75	歌舞剧《我的家乡》	内蒙古乌拉特中旗乌兰牧骑	内蒙古
76	音乐剧《对鸟》	浙江歌舞剧院有限公司	浙江
77	音乐剧《瑞金往事》	江西省歌舞剧院有限责任公司	江西
78	音乐剧《孝·感天地》	湖北省歌剧舞剧院有限责任公司	湖北
79	音乐剧《悬崖索玛》	贵州省歌舞剧院有限责任公司	贵州
80	歌舞剧《杨岭村的故事》	宁夏宁红演艺集团有限公司	宁夏
81	音乐剧《活界碑》	新疆生产建设兵团歌舞剧团	新疆生产建设兵团
82	儿童剧《锛儿头小辫儿之元曲的秘密》	北京缤纷无限儿童艺术剧团	北京
83	儿童剧《花猫三丫上房了》	北京儿童艺术剧院股份有限公司	北京
84	儿童剧《又见鸡毛信》	山西儿童艺术剧院有限责任公司	山西
85	儿童剧《放飞的天空》	中国福利会儿童艺术剧院	上海
86	儿童剧《少共国际师》	浙江话剧团有限公司	浙江
87	儿童剧《桂梅老师和她的孩子们》	济宁艺术剧院有限责任公司	山东
88	儿童剧《追“孟”之路》	邹城保利剧院管理有限公司	山东
89	儿童剧《一起飞》	湖北长江人民艺术剧院有限责任公司	湖北
90	儿童剧《湘江故事》	广西壮族自治区戏剧院	广西
91	儿童剧《象北旅行》	云南艺术学院	云南
92	儿童剧《摘星星的孩子》	西安儿童艺术剧院有限责任公司	陕西

（续表）

序号	项目名称	项目主体	所在地区
93	儿童剧《少年中国说》	澳门文化交流协会	澳门
94	杂技剧《先声》	沈阳杂技演艺集团有限公司	辽宁
95	杂技剧《天山雪》	上海杂技团有限公司	上海
96	杂技剧《天鹅》	广州市杂技艺术剧院有限责任公司	广东
97	木偶剧《东方白鹳》	扬州市木偶研究所	江苏
98	皮影戏《惩恶扬善小哪吒》	渭南市华州区宏权影艺文化传承发展有限公司	陕西
99	小剧场戏剧《我这半辈子》	北京福寿里文化传播有限公司	北京
100	小剧场戏剧《东方朔》	中国戏曲学院	北京
101	小剧场戏剧《瞿独伊》	张家港市锡剧艺术中心	江苏
102	小剧场戏剧《敲门叩问》	福建人民艺术剧院	福建
103	小剧场戏剧《春山如笑》	武汉人民艺术剧院有限责任公司	湖北
104	交响乐《大河》	中国歌剧舞剧院	北京
105	交响乐《棒棒大狮鼓舞京城》	中国广播艺术团（中国电影乐团）	北京
106	交响乐《交响组歌——岁月征程》	河北交响乐团	河北
107	交响乐《钢琴与乐队——红旗颂》	上海爱乐乐团	上海
108	交响乐《甦生颂》	浙江传媒学院	浙江
109	交响乐《新时代交响序曲》	深圳交响乐团	广东
110	交响乐《藏、羌、彝交响组曲》	四川音乐学院	四川
111	民族管弦乐《大河九曲》	中国广播艺术团（中国电影乐团）	北京
112	民族管弦乐《古籍里的古曲》	中国煤矿文工团	北京
113	民族管弦乐《戏韵国乐》	中国戏曲学院	北京
114	民族管弦乐《黄钟大吕》	中央民族乐团	北京

（续表）

序号	项目名称	项目主体	所在地区
115	民族管弦乐《雄安》	河北省歌舞剧院演艺有限公司	河北
116	民族管弦乐《弦上巴渝》	重庆演艺集团有限责任公司	重庆
117	北京评书《3005 英雄列车》	中国铁路文工团有限公司	北京
118	苏州评弹《强国梦魂》	江苏省演艺集团有限公司	江苏
119	跨界融合作品《大地》	北京杂技团有限公司	北京
120	跨界融合作品《国之青绿——乐咏千里江山音乐会》	中国东方演艺集团有限公司	北京
121	跨界融合作品《宝藏国乐》	中央民族乐团	北京
122	跨界融合作品《澳门意象》	中央音乐学院澳门校友会	澳门
123	京剧《土地长歌》	吉林省戏曲剧院	吉林
124	歌剧《谁拨动了琴弦》	珠海演艺集团有限责任公司	广东
125	交响乐《长江大合唱》	中国交响乐团	北京
126	跨界融合作品《掀起你的盖头来——新疆是个好地方》	新疆艺术剧院	新疆
127	跨界融合作品《杨家岭的春天》	北京舞蹈学院	北京

2023 年度小型剧（节）目和作品创作资助项目

序号	项目名称	项目主体	所在地区
1	小戏曲《信仰的味道》	天津京剧院	天津
2	小戏曲《血染雄关》	山西省晋剧院	山西
3	小戏曲《为国守边一家人》	沈阳师范大学	辽宁
4	小戏曲《惊塔》	浙江小百花越剧院	浙江
5	小戏曲《火红的石榴》	安庆市文化馆	安徽
6	小戏曲《相遇在星空下》	天长市景鸿戏剧艺术团有限公司	安徽
7	小戏曲《图啥》	滨州市沾化区非物质文化遗产保护传承中心（沾化渔鼓戏剧团）	山东
8	小戏曲《赶考》	泰安市山东梆子艺术研究院	山东
9	小戏曲《子期与伯牙》	扬鸣粤剧团	香港
10	独幕剧《为了那一江净水》	广东工业大学	广东
11	独幕剧《灯光里的梦想》	自贡市歌舞曲艺演艺有限责任公司	四川
12	小话剧《画里的好日子》	中央戏剧学院	北京
13	小话剧《送别 · 李叔同》	南京艺术学院	江苏
14	小歌剧《觅渡》	常州大学	江苏
15	小歌剧《挚爱》	美声汇基金有限公司	香港
16	小舞剧《山河》	中央芭蕾舞团	北京
17	小舞剧《三岔口》	上海戏剧学院	上海
18	小舞剧《启明》	星海音乐学院	广东
19	单乐章管弦乐《福吉天长》	中央民族乐团	北京
20	单乐章管弦乐《玉碗飘香》	浙江交响乐团	浙江
21	独奏曲《春的瞬间》	中央民族大学	北京

（续表）

序号	项目名称	项目主体	所在地区
22	独奏曲《钢琴组曲——北京中轴》	中国传媒大学	北京
23	独奏曲《童趣》	四川音乐学院	四川
24	重奏曲《东行》	中央音乐学院	北京
25	重奏曲《鸿雁随想》	首都师范大学	北京
26	重奏曲《节日的喜悦》	中央民族大学	北京
27	重奏曲《过雨荷花》	江苏省演艺集团有限公司	江苏
28	重奏曲《“大宅门”写意》	西安音乐学院	陕西
29	室内乐《长城组曲》	中央音乐学院	北京
30	室内乐《中国印象》	中国广播艺术团（中国电影乐团）	北京
31	室内乐《远与近》	大连大学	辽宁
32	室内乐《秦音向党》	西安音乐学院	陕西
33	民乐小合奏《北京那些事儿》	中央民族乐团	北京
34	民乐小合奏《梅里春早》	江南大学	江苏
35	歌曲《爱我人民爱我军》	中国人民解放军国防大学军事文化学院	北京
36	歌曲《金火车银火车》	中国铁路文工团有限公司	北京
37	歌曲《阳光真好》	中央民族大学	北京
38	歌曲《醉美和平》	中国传媒大学	北京
39	歌曲《信仰》	天津交响乐团	天津
40	歌曲《以青春之名》	山西艺术职业学院	山西
41	歌曲《中华》	山西省京剧院（山西省京剧艺术研究院）	山西
42	歌曲《胡杨的诉说》	呼和浩特市文化旅游投资集团有限公司	内蒙古

（续表）

序号	项目名称	项目主体	所在地区
43	歌曲《雪动青春》	哈尔滨师范大学	黑龙江
44	歌曲《丁香的故事》	南京市歌舞剧院有限公司	江苏
45	歌曲《旗帜》	连云港市音乐家协会	江苏
46	歌曲《黄河万古流》	山东艺术学院	山东
47	歌曲《为国育贤》	山东大学	山东
48	歌曲《蝶恋花·槛菊愁烟兰泣露》	武汉音乐学院	湖北
49	歌曲《清江壮歌颂华章》	中南民族大学	湖北
50	歌曲《听见中国》	黄冈师范学院	湖北
51	歌曲《我的风花雪月别样美》	中南民族大学	湖北
52	歌曲《有你真好》	保靖县文化馆	湖南
53	歌曲《抉择》	星海音乐学院	广东
54	歌曲《美丽壮乡的新时代》	广西艺术学院	广西
55	歌曲《心中的小萝卜头》	重庆市九龙坡区文化馆	重庆
56	歌曲《德基吉篮》	阿坝师范学院	四川
57	歌曲《光荣与梦想》	四川音乐学院	四川
58	歌曲《夫妻树》	西北师范大学	甘肃
59	歌曲《我们的道路》	澳门中华民族文创学会	澳门
60	合唱《我对你的诉说》	中央音乐学院	北京
61	合唱《陶鼓声震八百里》	朝阳师范高等专科学校	辽宁
62	合唱《盛世和合》	台州学院	浙江
63	合唱《要追就追这样的星》	杭州师范大学	浙江

（续表）

序号	项目名称	项目主体	所在地区
64	合唱《沂蒙正红》	临沂大学	山东
65	合唱《祖国就在身旁》	澳门新新艺术会	澳门
66	单人舞《我从这里出发》	浙江歌舞剧院有限公司	浙江
67	群舞《山歌》	北京舞蹈学院	北京
68	群舞《永远的乌兰牧骑》	中央民族歌舞团	北京
69	群舞《人民英雄纪念碑》	保定市群众艺术馆（保定市非物质文化遗产保护中心）	河北
70	群舞《曲·盅人》	呼和浩特市歌剧舞剧院有限公司	内蒙古
71	群舞《姥姥的田》	长春人文学院	吉林
72	群舞《秋·熟》	南京艺术学院	江苏
73	群舞《春会来》	厦门小白鹭民间舞艺术中心	福建
74	群舞《瑶光赋》	九江学院	江西
75	群舞《板儿》	山东青年政治学院	山东
76	群舞《橘颂》	武汉歌舞剧院有限责任公司	湖北
77	群舞《南海随想》	琼海市嘉积中学	海南
78	群舞《故宫南迁·典守人》	乐山文化发展研究中心	四川
79	群舞《柔情似水》	四川艺术职业学院	四川
80	群舞《牛·弦·情》	云南艺术学院	云南
81	群舞《阳光下的麦盖提》	新疆艺术学院	新疆
82	群舞《镜海渔歌》	蔚青舞蹈团	澳门
83	张北大鼓《干嗑：金笊篱》	张家口市群众艺术馆	河北
84	东北大鼓《一只皮箱》	沈阳师范大学	辽宁

（续表）

序号	项目名称	项目主体	所在地区
85	河南坠子《大槐树的故事》	河南歌舞演艺集团有限责任公司	河南
86	湖北大鼓《“说破天”说书》	武汉说唱团有限责任公司	湖北
87	湖北小曲《党员》	武汉说唱团有限责任公司	湖北
88	粤曲《人民就是江山》	广东音乐曲艺团有限公司	广东
89	小品《收信平安》	中央戏剧学院	北京
90	小品《老班长》	吉林艺术学院	吉林
91	小品《打折》	张家港市剧目创作室 （张家港市曲艺理论研究室）	江苏
92	小品《开眼》	深圳大学	广东
93	小品《春风吹又生》	四川省曲艺研究院	四川
94	小品《去那遥远的地方》	新疆生产建设兵团歌舞剧团	新疆生产 建设兵团
95	木偶小剧《风雨桃花山》	泉州市提线木偶戏传承保护中心	福建
96	皮影小戏《孙悟空》	山东艺术学院	山东
97	皮影小戏《鸬鹚出逃记》	湖南省木偶皮影艺术保护传承中心	湖南
98	杂技《通途——绳技蹬人》	南京市杂技团有限公司	江苏
99	杂技《漓歌情》	广西杂技团有限责任公司	广西
100	跨界融合作品《盛世欢歌》	中国传媒大学	北京
101	跨界融合作品《舞上春云上演艺》	中国歌剧舞剧院	北京
102	跨界融合作品《中国声音：二十四节气沉浸式体验演出》	中国数字文化集团有限公司	北京

2023 年度美术创作资助项目

序号	项目名称	项目主体	所在地区
1	中国画《风雨逆行人》《快递 · 速度与激情》	王鹏	北京
2	中国画《希望的田野》	徐冬青	北京
3	中国画《坚守 · 八步沙》	刘少宁	北京
4	中国画《新生代农民工》	李传真（珍）	北京
5	中国画《千家万户迎春风》	张弓	北京
6	中国画《共享共进新时代》	张琳	天津
7	中国画《大国 · 航天》	顾晓雪	河北
8	中国画《城市 · 时光》	王福顺	辽宁
9	中国画《高原琐记》	孙明皓	吉林
10	中国画《不忘初心 · 红色记忆》	李旭	吉林
11	中国画《幸福之水》	桑建国	江苏
12	中国画《盛世中华筑梦行》	徐亚慧	江苏
13	中国画《吆喝声声出山村》	陈三石	江苏
14	中国画《山高情长》	张廷波	浙江
15	中国画《圣代钱塘，共富天堂》	刘文洁	浙江
16	中国画《多彩苗岭》	刘玉梅	安徽
17	中国画《畲乡三月好风光》	陈芳	安徽
18	中国画《时代楷模孙丽美》	郭东健	福建
19	中国画《九歌》	涂漱维	江西
20	中国画《大壑东岳》	高波	山东

（续表）

序号	项目名称	项目主体	所在地区
21	中国画《文化中国系列之大美不言》	郭树林	河南
22	中国画《古城正月》	范士轩	河南
23	中国画《人民·江山》	张宽武	河南
24	中国画《故乡春晓》	纪保超	河南
25	中国画《夜游清明上河园》	刘立伟	河南
26	中国画《晨曦》	柳秀林	湖北
27	中国画《勤泽格拉》	周国泉	湖北
28	中国画《乡村振兴·采撷时节》	王奋英	湖南
29	中国画《新航程》	海晓龙	海南
30	中国画《红土地赞歌》	黎小强	广西
31	中国画《龙的传人》	张亮	重庆
32	中国画《云岭梅香——张桂梅和她的学生们》	陈志伟	云南
33	中国画《美丽中国生态建设》	梁勃	陕西
34	中国画《好日子》	孙陶	陕西
35	中国画《盛世太平中国年》	朱建伟	陕西
36	中国画《盛世金莲颂澳门》	杨永光	澳门
37	油画《中国梦——大国工匠》	白蒂	北京
38	油画《血域》	季宏敏	北京
39	油画《平城意韵》	杨晓文	山西
40	油画《探源中华文明　辉映复兴之路》	常晓君	山西

（续表）

序号	项目名称	项目主体	所在地区
41	油画《春山雪霁》	李鑫	内蒙古
42	油画《赫哲颂》	谭玉涛	吉林
43	油画《塔吉克婚礼》	左钢	吉林
44	油画《我是一个兵·坚守》	李天阳	黑龙江
45	油画《西部牧歌》	吴建宏	江苏
46	油画《1927——黎明前的报告》	宋伟君	浙江
47	油画《历史瞬间》	檀梓栋	浙江
48	油画《戚继光抗倭》	贺亮	浙江
49	油画《抗洪抢险》	孔慧	安徽
50	油画《兄弟情——援非医疗》	王建峰	山东
51	油画《最是书香能致远》	高连保	山东
52	油画《瑞雪方晴》	姚榕华	山东
53	油画《渤海渔家丰收季》	厉国军	山东
54	油画《希望的田野》	崔先进	山东
55	油画《老厂物语》	徐夏林	河南
56	油画《男儿三艺》	王嘉	河南
57	油画《“红色记忆”之启航》	张清	湖南
58	油画《客家情蕴》	刘颖悟	广东
59	油画《林风眠与艺术运动社》	薛军	广东
60	油画《林则徐》	邓耀明	广东

（续表）

序号	项目名称	项目主体	所在地区
61	油画《一封家书和一个馒头》	黄福昌	广东
62	油画《仰阿莎的婚嫁》	徐明	广东
63	油画《大山的节日》	赵青	重庆
64	油画《人间烟火》	朱沙	四川
65	油画《南疆新气象》	彭承军	贵州
66	油画《返道苗乡》	王仕明	贵州
67	油画《印象乌蒙》	杨洪文	贵州
68	油画《雪域人家》	杨剑波	云南
69	油画《东方大港》	马爱兵	甘肃
70	油画《血战高台》	刘基	甘肃
71	版画《钱塘塔图志》	周蕴智	浙江
72	版画《红色工运在武汉·纪念京汉铁路工人大罢工一百周年》	王志新	湖北
73	版画《百年长沙》	肖十川	湖南
74	版画《渔牧双联》	唐满文	重庆
75	版画《朋友圈·疫情下的人们》	梁练方	贵州
76	雕塑《重整行装》	邹锋	北京
77	雕塑《神舟人航天梦》	武定宇	北京
78	雕塑《新征程》	赵展	天津
79	雕塑《整装待发》	张雯迪	吉林
80	雕塑《艺美薪传》	陈亮	江苏
81	雕塑《情向西藏 刘曼卿》	朱智伟	江苏

（续表）

序号	项目名称	项目主体	所在地区
82	雕塑《傲雪白桦念英魂》	林志民	浙江
83	雕塑《启航 1921》	郭圣能	安徽
84	雕塑《连家船民的幸福生活》	郑彦民	福建
85	雕塑《乡村振兴新面孔之——2021 新时期的沙洲村》	谭建明	湖南
86	雕塑《走出悬崖村，走向新天地》	刁伟	重庆
87	雕塑《艺道融心》	朱达诚	香港
88	水彩（粉）画《异域同天》	王巍	黑龙江
89	水彩（粉）画《茶语叙事》	李向兵	安徽
90	水彩（粉）画《筑梦丝路 · 采棉》	庞宗超	安徽
91	水彩（粉）画《金色阳光》	宋海永	山东
92	水彩（粉）画《渔家人》	刘慨	山东
93	水彩（粉）画《楚风 · 马王堆》	石明祥	湖南
94	水彩（粉）画《九月芳华》	蒋烨	湖南
95	水彩（粉）画《皎皎戎装》	沈璐	广东
96	水彩（粉）画《艰苦岁月——琼崖革命群英图》	符祥康	海南
97	水彩（粉）画《时来运转——运石头的工人》	曾茂泉	广西
98	漆画《华夏文脉——中华巴洛克》	白斌	黑龙江
99	漆画《静默的城市》	金晖	上海
100	漆画《恰是风华时》	孙晓东	福建
101	漆画《四时得节——万物生长之秋》	程安营	河南
102	漆画《强国崛起》	王纯	四川

（续表）

序号	项目名称	项目主体	所在地区
103	书法《离合之间》	李洪智	北京
104	书法《国色天香——曹州牡丹》	刘照剑	山东
105	书法《致敬时代楷模——李超》	李洋	辽宁
106	书法《丹心熔铸 矢志不渝》	吴玥	江苏
107	书法《武夷山茶诗》	柯学刃	福建
108	书法《九曲黄河入海清》	方建光	山东
109	篆刻《黄河颂》	曲学朋	北京
110	篆刻《战国中山王金文篆刻》	纪敏	江苏
111	篆刻《历代咏长城诗词》	金鑫	陕西

2023 年度传播交流推广资助项目

序号	项目名称	项目主体	所在地区
1	中国原创话剧邀请展	北京国话剧场有限责任公司	北京
2	北京曲剧《烟壶》巡演	北京市曲剧团有限责任公司	北京
3	音乐剧《故宫里的大怪兽》巡演	北京市演出有限责任公司	北京
4	京剧优秀保留剧目展演	国家京剧院	北京
5	永远的小白杨音乐会巡演	司麦澳（北京）文化艺术有限公司	北京
6	中国儿艺优秀儿童剧巡演	中国儿童艺术剧院	北京
7	评剧《祥子与虎妞》巡演	中国评剧院有限责任公司	北京
8	歌剧《玛纳斯》巡演	中央歌剧院	北京
9	评剧《骄杨》巡演	天津市评剧白派剧团	天津
10	歌剧《二泉》巡演	天津音乐学院	天津
11	话剧《成兆才》巡演	河北省承德话剧团演艺有限公司	河北
12	歌舞剧《北魏长歌》巡演	大同市歌舞剧院	山西
13	京剧《文明太后》巡演	山西省京剧院（山西省京剧艺术研究院）	山西
14	舞剧《昭君》巡演	呼和浩特市歌剧舞剧院有限公司	内蒙古
15	舞剧《铁人》巡演	辽宁芭蕾舞团	辽宁
16	话剧《北上》巡演	辽宁人民艺术剧院（辽宁儿童艺术剧院）	辽宁
17	东北地区地方戏曲演出季	吉林省演出有限责任公司	吉林
18	话剧《萧红》巡演	齐齐哈尔市话剧团	黑龙江
19	民族舞剧《红楼梦》巡演	江苏大剧院运营管理有限公司	江苏
20	淮剧《小镇》巡演	江苏省淮剧团有限公司	江苏
21	大运河文化带优秀剧目展演系列活动	江苏省演出有限责任公司	江苏

（续表）

序号	项目名称	项目主体	所在地区
22	京剧《梅兰芳．蓄须记》巡演	江苏省演艺集团有限公司	江苏
23	昆剧《1699·桃花扇》巡演	江苏省演艺集团有限公司	江苏
24	舞剧《记忆深处》巡演	江苏省演艺集团有限公司	江苏
25	交响组歌《雨花台—信仰的力量》巡演	南京市歌舞剧院有限公司	江苏
26	歌剧《红船》巡演	浙江歌舞剧院有限公司	浙江
27	黄梅戏《祝福》巡演	安徽再芬黄梅文化艺术股份有限公司	安徽
28	京剧《林祥谦》巡演	福建京剧艺术传承保护中心（福建京剧院）	福建
29	赣南采茶戏《一个人的长征》巡演	赣南艺术创作研究所	江西
30	歌剧《沂蒙山》巡演	山东歌舞剧院	山东
31	京剧《奇袭白虎团》巡演	山东省京剧院	山东
32	豫剧《蔡文姬》巡演	河南豫剧院	河南
33	豫剧《倒霉大叔的婚事》巡演	许昌市戏曲艺术发展中心	河南
34	歌舞剧《编钟乐舞》巡演	湖北省歌剧舞剧院有限责任公司	湖北
35	汉剧《求骗记》巡演	湖北省演出有限责任公司	湖北
36	舞剧《洪湖水浪打浪》巡演	湖北艺术职业学院	湖北
37	楚剧《向警予》巡演	武汉楚剧院有限责任公司	湖北
38	话剧《逆行》巡演	武汉人民艺术剧院有限责任公司	湖北
39	中国古诗词艺术歌曲巡演	武汉音乐学院	湖北
40	舞剧《热血当歌》巡演	湖南省歌舞剧院有限责任公司	湖南
41	话剧《沧浪之水》巡演	湖南省话剧院有限责任公司	湖南
42	杂技剧《青春还有另外一个名字》巡演	湖南省杂技艺术剧院有限责任公司	湖南

（续表）

序号	项目名称	项目主体	所在地区
43	歌剧《半条红军被》巡演	长沙歌舞剧院	湖南
44	话剧《深海》巡演	广东省话剧院有限公司	广东
45	粤剧《白蛇传·情》巡演	广东粤剧院	广东
46	舞剧《旗帜》巡演	广州芭蕾文化艺术有限公司	广东
47	舞剧《龙·舟》巡演	广州歌舞剧院有限公司	广东
48	音乐剧《桂花雨》巡演	广西歌舞剧院有限责任公司	广西
49	民族音乐会《高原·听见贵州》巡演	贵州省民族乐团有限责任公司	贵州
50	滇剧《水莽草》巡演	玉溪滇剧（国家非物质文化遗产）传承保护展演中心	云南
51	《藏戏音乐会》巡演	西藏自治区藏剧团	西藏
52	歌舞剧《天边格桑花》巡演	西藏自治区歌舞团	西藏
53	话剧《主角》巡演	陕西人民艺术剧院有限公司	陕西
54	舞剧《门》巡演	西安歌舞剧院有限责任公司	陕西
55	话剧《路遥》巡演	西安话剧院有限责任公司	陕西
56	秦腔《锁麟囊》巡演	甘肃秦腔艺术剧院有限责任公司	甘肃
57	话剧《八步沙》巡演	甘肃省话剧院有限责任公司	甘肃
58	藏戏《意卓拉姆》巡演	青海省藏剧团（黄南藏族自治州民族歌舞剧团）	青海
59	话剧《闽宁镇移民之歌》巡演	宁夏演艺集团话剧院有限公司	宁夏
60	话剧《金色的胡杨》巡演	新疆艺术剧院话剧团	新疆
61	香港当代民族管弦乐经典音乐作品粤港澳大湾区巡演	香港城市中乐团	香港
62	香江雅韵·弦歌不绝——岭南音乐文化传承及实践计划成果巡演	竹韵小集有限公司	香港
63	冬奥之约——北京冬奥会场馆艺术景观回顾展	北京服装学院	北京

（续表）

序号	项目名称	项目主体	所在地区
64	寻幽探胜——国家图书馆藏三山五园舆图及园林主题文化艺术巡展	北京国图创新文化服务有限公司	北京
65	东亚文化之都：中日韩雕塑邀请展	中国传媒大学	北京
66	中华瑰宝　文化之根——连环画里的中国戏曲艺术展	北京联合大学	北京
67	以美为媒：中国原创绘本精品巡展	中国传媒大学	北京
68	中华优秀传统文化动画片精品美术原作展	中国传媒大学	北京
69	中国青年工笔学术提名展	中国工笔画学会	北京
70	女性与时代——百年中国女性艺术大展	中国国家画院	北京
71	“一带一路”国际美术大展	中国文化艺术发展促进会	北京
72	百业兴旺·中国农民画大展	中农智慧（北京）管理咨询有限公司	北京
73	探源中华文明·创时代辉煌——中国壁画经典艺术全国巡展	中央美术学院	北京
74	长城文化主题美术作品与文献研究展	河北师范大学	河北
75	传承乡土文化，服务农村振兴——辛集农民画优秀作品全国巡展	辛集市文化馆	河北
76	振兴路上——东北地区青年美术作品邀请展	沈阳东北亚美术馆有限公司	辽宁
77	笔墨构城——上海美术学院城市山水作品展	上海大学	上海
78	瞿昙之光——青海瞿昙寺壁画技术复制及创作展	南京艺术学院	江苏
79	青山行不尽——唐诗之路艺术展	中国美术学院	浙江
80	叙事中国——全国叙事性、主题性版画作品邀请展	中国美术学院	浙江
81	峥嵘印迹——红色经典全国版画作品展	江西省美术馆	江西
82	沂蒙精神　薪火相传——美术创作作品巡展	临沂大学	山东
83	画笔为枪、民族救亡——弘扬抗战精神主题连环画展	青岛科技大学	山东
84	故事里的黄河——山东黄河文化美术作品巡展	山东美术馆	山东

（续表）

序号	项目名称	项目主体	所在地区
85	喜迎二十大 · 奋进新时代——新时代美丽乡村农民画展	潍坊学院	山东
86	时代华彩——新中国水彩画的实践与嬗变专题展	河南日报报业集团有限公司	河南
87	中部崛起的时代画卷——鄂湘赣地区主题美术创作巡展	湖北美术学院	湖北
88	乡土人间——1949 年以来乡村题材美术作品研究展	广东美术馆	广东
89	从画派到学院：岭南中国画的现代转型专题展	广州美术学院	广东
90	从延安精神到新中国情怀——纪念第一个五年计划 70 周年版画作品巡展	广州美术学院	广东
91	“朝圣敦煌”全国美术作品展览精品展	深圳市博正文化科技有限公司	广东
92	“美时美刻”——中国丝路遗产数字活化科技艺术巡展	四川美术学院	重庆
93	灵感中华 · 大国形象——当代中国画艺术国际巡展	四川美术学院	重庆
94	从“徐悲鸿的贵州土纸”开始——中国美术新体验作品展	贵州画院（贵州美术馆）	贵州
95	多彩高原 · 时光流痕——百年贵州版画巡展	贵州师范学院	贵州
96	“大河上下　美美与共”黄河流域西部文化旅游创意艺术设计展	宁夏盛天彩数字科技股份有限公司	宁夏
97	艺荟中西——海上丝绸之路视角下 19 世纪澳门与广东地区图像展	澳门科技大学	澳门
98	大道同行——中国书法百人作品校园巡展	北京师范大学	北京
99	运河印迹主题篆刻作品展	中国艺术研究院	北京
100	回望“兰亭论辩”——高二适与新中国江苏书学文脉研究展	南京财经大学	江苏
101	翰墨雅逸　青春华夏——当代中国大学生书法艺术海外巡展	平湖市陆维钊书画院	浙江
102	“看中华 · 港澳台青年影像计划”影像艺术展	北京师范大学	北京
103	烽烟号角——纪念《晋察冀画报》创刊 80 周年摄影文献展	河北画报社传媒有限公司	河北
104	虚构与现实之间：中国当代艺术影像展	福建美术出版社有限责任公司	福建
105	黄河两岸是我家：纪实影像创作巡展	山东艺术学院	山东

（续表）

序号	项目名称	项目主体	所在地区
106	太行丰碑——红旗渠精神影像展	安阳师范学院	河南
107	乡村百变——乡村振兴进程中的影像展	河南省艺术摄影学会	河南
108	一粒一世界——北京大学颗粒艺术展	北京大学	北京
109	“纸耀东方　赓续传承”东方纸艺新人新作展	吉林省民间工艺美术馆	吉林
110	传承·创新·发展：中国传统家具演绎当代经典作品巡展	东北林业大学	黑龙江
111	当代工艺美术批评学术提名展	上海工艺美术职业学院	上海
112	木石新征程——海派雕刻工艺美术作品交流巡展	上海工艺美术职业学院	上海
113	一曲新词：宋韵文化创新艺术作品邀请展	浙江理工大学	浙江
114	景德镇国际陶瓷艺术双年展优秀作品巡展	景德镇陶瓷大学	江西
115	“山东手造”助力乡村振兴精品展	山东工艺美术学院	山东
116	承古萌新：中国年画故事新媒体艺术展	山东工艺美术学院	山东
117	新时代中原名瓷精品“黄河流域”巡展	平顶山学院	河南
118	符号与记忆——贵州苗族刺绣精品及创新设计展	贵州民族大学	贵州
119	千载瓦韵　形意生辉——秦晋传统瓦作艺术展	西安建筑科技大学	陕西

2023 年度艺术人才培训资助项目

序号	项目名称	项目主体	所在地区
1	广东地区传统筝乐演奏人才培训	北京市民族教育培训学校	北京
2	舞台艺术作品网络演播编导（录制）人才培训	中国传媒大学	北京
3	中国民族歌剧表演人才培训	中国歌剧舞剧院	北京
4	冰舞创作表演人才培训	中国花样滑冰协会	北京
5	街舞编创人才培训	中国舞蹈家协会	北京
6	李盛藻京剧剧目表演人才培训	中国戏曲学院	北京
7	戏曲音乐创作人才培训	中国戏曲学院	北京
8	笛箫演奏人才培训	中国音乐学院	北京
9	舞台科技与艺术融合创新人才培训	中演演出院线发展有限责任公司	北京
10	中国民族舞蹈钢琴艺术指导人才培训	中央民族大学	北京
11	歌剧创作人才培训	中央音乐学院	北京
12	剧院高级经营管理人才培训	北京保利剧院管理有限公司	北京
13	习近平新时代中国特色社会主义思想文艺理论人才培训	中国传媒大学	北京
14	京剧厉派武生代表剧目表演人才培训	天津京剧院	天津
15	京韵大鼓表演人才培训	天津市曲艺团	天津
16	曲艺评论人才培训	天津市艺术研究所（天津市剧本创作中心、天津市非物质文化遗产保护中心）	天津
17	唐山皮影雕刻技艺人才培训	唐山演艺集团有限公司	河北
18	辽西地区珍稀濒危剧种音乐创作人才培训	大连大学	辽宁
19	辽西木偶戏表演人才培训	东北大学	辽宁
20	儿童动漫舞台剧编剧人才培训	吉林动画学院	吉林

（续表）

序号	项目名称	项目主体	所在地区
21	声乐教学人才培训	哈尔滨音乐学院	黑龙江
22	东北边疆民族舞蹈编创人才培训	齐齐哈尔大学	黑龙江
23	国际化戏剧评论人才培训	上海交通大学	上海
24	弦乐艺术表演人才培训	上海音乐学院	上海
25	新时代音乐艺术理论评论人才培训	上海音乐学院	上海
26	滑稽戏编剧人才培训	常州市文化艺术研究所	江苏
27	锡剧艺术表演人才培训	江南大学	江苏
28	南昆传统音乐演奏人才培训	江苏省苏州昆剧院	江苏
29	儿童剧编创人才培训	浙江传媒学院	浙江
30	越剧文化传承与经营管理创新人才培训	杭州师范大学	浙江
31	民族声乐理论研究与评论人才培训	宁波大学	浙江
32	吹腔《贩马记》表演人才培训	铜陵市艺术剧院有限公司	安徽
33	《诗经》弦歌艺术创新人才培训	闽南师范大学	福建
34	福建木偶戏编剧人才培训	厦门大学	福建
35	吕剧“郎派”艺术青年表演人才培训	山东艺术学院	山东
36	豫剧马派表演人才培训	洛阳职业技术学院	河南
37	豫东调唱腔表演人才培训	商丘师范学院	河南
38	越调音乐创作人才培训	周口师范学院	河南
39	雷剧表演艺术人才培训	岭南师范学院	广东
40	演艺数字化经营管理人才培训	广东星海演艺集团	广东
41	四川谐剧创作与表演人才培训	四川省艺术研究院	四川

（续表）

序号	项目名称	项目主体	所在地区
42	藏戏编剧人才培训	西南民族大学	四川
43	云南地区少数民族民歌创作及表演人才培训	昆明学院	云南
44	傣族舞蹈创新型编导人才培训	云南民族大学	云南
45	汉调桄桄表演人才培训	陕西艺术职业学院	陕西
46	陕北秧歌剧目编创人才培训	榆林学院	陕西
47	敦煌乐舞创作人才培训	西北师范大学	甘肃
48	丝绸之路题材舞台艺术作品创意策划人才培训	西北师范大学	甘肃
49	塔吉克族歌舞表演人才培训	喀什大学	新疆
50	大湾区创意艺术管理及领导人才培训	香港演艺学院	香港
51	澳门未来科技艺术管理人才培训	澳门新口岸区工商联会	澳门
52	中国原创儿童图画书创作人才培训	首都师范大学	北京
53	数字博物馆数字艺术设计人才培训	文化和旅游部艺术发展中心	北京
54	写意绘画艺术人才培训	中国艺术研究院	北京
55	少数民族地区基层美术教育骨干人才培训	中央民族大学	北京
56	中青年视觉艺术策展人培训	中国文联文艺研修院	北京
57	美术博物馆虚拟策展人才培训	中央美术学院	北京
58	中国实验艺术评论人才培训	中国传媒大学	北京
59	革命历史题材美术创作评论人才培训	中央美术学院	北京
60	红色主题雕塑设计创作人才培训	鲁迅美术学院	辽宁
61	乡村振兴主题山水画创作人才培训	兴城市文化旅游产业促进中心	辽宁
62	寒地城市雪雕艺术创作人才培训	北华大学	吉林

（续表）

序号	项目名称	项目主体	所在地区
63	中国水墨动画美术设计人才培训	吉林动画学院	吉林
64	乡村振兴题材连环画创作人才培训	浙江传媒学院	浙江
65	新时代美术馆公共美育人才培训	福建师范大学	福建
66	当代水墨画青年创作人才培训	山东师范大学	山东
67	黄河文化主题中国画青年创作人才培训	河南大学	河南
68	“科学家精神”主题性插画创作人才培训	湖北美术学院	湖北
69	基于创新技法的平版画创作人才培训	湖北美术学院	湖北
70	智能时代的数据可视化艺术创作型人才培训	华中师范大学	湖北
71	“中国故事”少儿读物插图及绘本创作人才培训	武汉科技大学	湖北
72	西南地区叙事性主题雕塑创作人才培训	四川美术学院	重庆
73	中国岩彩壁画创作人才培训	成都大学	四川
74	书法理论评论人才培训	北京大学	北京
75	山东北朝摩崖石刻书法艺术创作人才培训	曲阜师范大学	山东
76	新时代全媒体摄影人才培训	中国传媒大学	北京
77	边疆地区乡村振兴主题影像创作人才培训	广西艺术学院	广西
78	西部地区藏羌彝节日影像志活态记录与创作人才培训	西南民族大学	四川
79	中国传统文学人物造型艺术设计人才培训	北京理工大学	北京
80	红绿彩艺术创新设计人才培训	中国艺术研究院	北京
81	创新设计与知识服务人才培训	中央美术学院	北京
82	西部地区乡村振兴与文化创新设计人才培训	中央美术学院	北京
83	数字艺术藏品出版发行经营管理人才培训	北京印刷学院	北京

（续表）

序号	项目名称	项目主体	所在地区
84	首都红色历史文化资源数字艺术设计创新人才培训	北京工业大学	北京
85	牧旅融合产品创新设计人才培训	内蒙古师范大学	内蒙古
86	结构木雕创作人才培训	东北师范大学	吉林
87	纺织服饰博物馆文创产品设计艺术人才培训	东华大学	上海
88	紫砂雕塑创作人才培训	江南大学	江苏
89	丝绸设计国际化人才培训	浙江理工大学	浙江
90	苗绣艺术创新设计人才培训	浙江树人学院	浙江
91	朱金漆木雕创新设计人才培训	浙江万里学院	浙江
92	中华优秀传统文化创新型经营管理与传播人才培训	杭州师范大学	浙江
93	艺术乡村“一乡一品”经营管理人才培训	浙江工商大学	浙江
94	当代观念性纸艺术创作人才培训	浙江师范大学	浙江
95	博物馆数字文创设计青年人才培训	湖北工业大学	湖北
96	工艺美术数字化采集与互动体验设计人才培训	湖南大学	湖南
97	藏族雕版技艺创新人才培训	西南民族大学	四川
98	贵州民族土陶和景德镇艺术陶瓷融合创新设计人才培训	贵州民族大学	贵州
99	当代艺术设计评论与研究人才培训	云南艺术学院	云南
100	黄河流域彩陶艺术创新设计人才培训	西安美术学院	陕西
101	敦煌图案艺术创新设计人才培训	敦煌研究院	甘肃

2023 年度青年艺术创作人才资助项目

序号	项目主体	所在地区	工作单位	艺术门类
1	刘金妮	北京	中国国家话剧院	戏剧编剧
2	冯必烈	北京	中国煤矿文工团	戏剧编剧
3	崔丽玲	吉林	延边歌舞团	戏剧编剧
4	叶莹	上海	上海戏剧学院	戏剧编剧
5	俞思含	江苏	江苏省戏剧文学创作院	戏剧编剧
6	冯海	北京	北京蚂蚁聚宝文化传媒有限公司	曲本作者
7	周大鹏	山东	济宁演艺集团有限公司	曲本作者
8	张晔	北京	中国东方演艺集团有限公司	音乐作曲
9	王亚明	北京	中国音乐学院	音乐作曲
10	付文杰	北京	中央音乐学院	音乐作曲
11	臧婷	北京	中央音乐学院	音乐作曲
12	梁明恒	内蒙古	内蒙古艺术学院	音乐作曲
13	李博禅	上海	上海音乐学院	音乐作曲
14	陈耀显	上海	上海音乐学院	音乐作曲
15	朱一清	上海	上海音乐学院	音乐作曲
16	盛萌	上海	上海音乐学院	音乐作曲
17	张莹	浙江	浙江音乐学院	音乐作曲
18	李彦汶	广东	星海音乐学院	音乐作曲
19	刘鹏	四川	四川音乐学院	音乐作曲
20	郭琴星	陕西	西安音乐学院	音乐作曲

（续表）

序号	项目主体	所在地区	工作单位	艺术门类
21	潘君堡	澳门	棋人音乐工业有限公司	音乐作曲
22	赵帅	北京	中国铁路文工团有限公司	舞蹈舞剧编导
23	黄伟	北京	中央戏剧学院	舞蹈舞剧编导
24	赵文婷	广东	星海音乐学院	舞蹈舞剧编导
25	李梦雨	新疆	新疆艺术学院	舞蹈舞剧编导
26	胡颂威	香港	香港芭蕾舞团	舞蹈舞剧编导
27	陈茗	澳门	澳门科技大学	舞蹈舞剧编导
28	张明明	北京	北方昆曲剧院	舞台艺术表演
29	李允儿	北京	慈文传媒集团	舞台艺术表演
30	王凯	北京	国家大剧院	舞台艺术表演
31	王冲	北京	国家大剧院	舞台艺术表演
32	张佳春	北京	国家京剧院	舞台艺术表演
33	陈娟	北京	中国东方演艺集团有限公司	舞台艺术表演
34	刘洋	北京	中国东方演艺集团有限公司	舞台艺术表演
35	张翰	北京	中国东方演艺集团有限公司	舞台艺术表演
36	税山洲	北京	中国歌剧舞剧院	舞台艺术表演
37	查文浩	北京	中国国家话剧院	舞台艺术表演
38	郝姗姗	北京	中国煤矿文工团	舞台艺术表演
39	张妍	北京	中国煤矿文工团	舞台艺术表演
40	陈甦超	北京	中国音乐学院	舞台艺术表演

（续表）

序号	项目主体	所在地区	工作单位	艺术门类
41	高亚楠	北京	中国音乐学院	舞台艺术表演
42	田佳男	北京	中央音乐学院	舞台艺术表演
43	丁雪纯	北京	中央音乐学院	舞台艺术表演
44	薛淼	北京	中央音乐学院	舞台艺术表演
45	西麒润	辽宁	沈阳工学院	舞台艺术表演
46	朱昊冰	上海	上海师范大学	舞台艺术表演
47	赵丽丽	上海	上海师范大学	舞台艺术表演
48	邓翊群	上海	上海音乐学院	舞台艺术表演
49	苑文祥	浙江	浙江曲艺杂技总团有限公司	舞台艺术表演
50	刘宇	浙江	浙江音乐学院	舞台艺术表演
51	金瀚文	浙江	浙江音乐学院	舞台艺术表演
52	廖聪	江西	南昌大学	舞台艺术表演
53	万莉	湖北	华中师范大学	舞台艺术表演
54	李晨阳	贵州	贵州京剧院有限责任公司	舞台艺术表演
55	林颖施	香港	颖施艺术中心	舞台艺术表演
56	王墉	北京	北京工业大学	中国画创作
57	黄勤	北京	北京印刷学院	中国画创作
58	栾绘宇	北京	首都师范大学	中国画创作
59	张煜	北京	首都师范大学	中国画创作
60	周涛	北京	中国艺术研究院	中国画创作

（续表）

序号	项目主体	所在地区	工作单位	艺术门类
61	韩伯其	北京	中央美术学院	中国画创作
62	杜琛	河北	河北美术学院	中国画创作
63	刘闻涛	内蒙古	内蒙古师范大学	中国画创作
64	王菲	辽宁	沈阳工学院	中国画创作
65	上官明洁	黑龙江	哈尔滨商业大学	中国画创作
66	王娇艳	江苏	苏州科技大学	中国画创作
67	彭剑	浙江	中国美术学院	中国画创作
68	张亦杨	安徽	自由职业	中国画创作
69	李金轩	山东	山东师范大学	中国画创作
70	王瑞强	河南	南阳师范学院	中国画创作
71	付玉峰	河南	郑州大学	中国画创作
72	焦笑会	湖北	湖北美术学院	中国画创作
73	陈文苑	广东	广州美术学院	中国画创作
74	陈建江	广西	北海艺术设计学院	中国画创作
75	梁大炯	甘肃	陇西县文化馆	中国画创作
76	白冰洋	北京	中央美术学院	油画创作
77	张海龙	内蒙古	内蒙古赤峰学院	油画创作
78	席新志	辽宁	辽宁阜新书画院	油画创作
79	高登甲	辽宁	铁岭市工笔瓷板画艺术研究院	油画创作
80	李梦桐	吉林	东北师范大学	油画创作

（续表）

序号	项目主体	所在地区	工作单位	艺术门类
81	李建鹏	江苏	无锡美术馆 （无锡市书画院）	油画创作
82	黄木鉴	浙江	中国美术学院	油画创作
83	杨伟欣	福建	福建师范大学	油画创作
84	时玉龙	山东	淄博师范高等专科学校	油画创作
85	覃泽佳	广西	自由职业	油画创作
86	耿德法	重庆	四川美术学院	油画创作
87	奉光水	四川	四川轻化工大学	油画创作
88	王雷鸣	云南	云南艺术学院	油画创作
89	辛志福	新疆	伊犁师范大学	油画创作
90	薛家杰	澳门	澳门理工学院	油画创作
91	朱冠初	吉林	东北师范大学	版画创作
92	颜克疾	江苏	江苏师范大学	版画创作
93	赵书弘	湖北	湖北省美术院	版画创作
94	何三青	湖北	华中科技大学	版画创作
95	赵春俞	云南	普洱学院	版画创作
96	尹冰	北京	北京电影学院	雕塑创作
97	张冕	北京	中国艺术研究院	雕塑创作
98	金钢	内蒙古	内蒙古艺术学院	雕塑创作
99	贾斯淇	上海	上海大学	雕塑创作
100	郭其林	江西	景德镇陶瓷大学	雕塑创作

（续表）

序号	项目主体	所在地区	工作单位	艺术门类
101	李建卫	广西	桂林理工大学	雕塑创作
102	苏小林	重庆	四川美术学院	雕塑创作
103	马晓峰	陕西	西安理工大学	雕塑创作
104	刘冠举	山西	长治学院	水彩（粉）画创作
105	孙晋鹏	山东	山东建筑大学	水彩（粉）画创作
106	林波	湖北	湖北美术学院	水彩（粉）画创作
107	安炤宇	云南	云南艺术学院	水彩（粉）画创作
108	王笑	河北	河北美术学院	书法、篆刻创作
109	冯立	浙江	中国美术学院	书法、篆刻创作
110	贾长庆	山东	山东艺术学院	书法、篆刻创作
111	徐舒桐	河南	河南警察学院	书法、篆刻创作
112	刘子睿	北京	清华大学	摄影创作
113	石猛尧	辽宁	沈阳市公安局	摄影创作
114	田建明	浙江	嘉兴日报报业传媒集团	摄影创作
115	王惠仪	广东	广州美术学院	摄影创作
116	马晨	陕西	陕西光影路客文化传媒有限公司	摄影创作
117	宋晓薇	北京	北京服装学院	工艺美术创作
118	韩欣然	北京	北京服装学院	工艺美术创作
119	侯若祎	北京	中央美术学院	工艺美术创作
120	吴敬	天津	天津美术学院	工艺美术创作

（续表）

序号	项目主体	所在地区	工作单位	艺术门类
121	赵慧颖	辽宁	鲁迅美术学院	工艺美术创作
122	李安琪	江苏	南京艺术学院	工艺美术创作
123	于维花	浙江	宁波财经学院	工艺美术创作
124	李新园	浙江	中国美术学院	工艺美术创作
125	钟誉	福建	福建师范大学	工艺美术创作
126	洪堂安	江西	南昌航空大学	工艺美术创作
127	戴清材	山东	山东艺术学院	工艺美术创作
128	韩俊	湖北	武汉学院	工艺美术创作
129	王岩	广东	佛山科学技术学院	工艺美术创作
130	徐志伟	广东	广州美术学院	工艺美术创作
131	田顺	广东	广州美术学院	工艺美术创作
132	钟崇瑶	重庆	四川美术学院	工艺美术创作
133	田乐乐	重庆	四川美术学院	工艺美术创作
134	袁景希	香港	自由职业	工艺美术创作
135	杨灿伟	北京	《美术》杂志社	文艺评论
136	韩飞	北京	中国传媒大学	文艺评论
137	刘亭	北京	中国传媒大学	文艺评论
138	韩学宁	北京	中国国家博物馆	文艺评论
139	王成国	北京	中国艺术研究院	文艺评论
140	吴晶莹	北京	中央美术学院	文艺评论

（续表）

序号	项目主体	所在地区	工作单位	艺术门类
141	朱亮亮	江苏	常州工学院	文艺评论
142	智联忠	福建	福州市艺术创作研究中心	文艺评论
143	姚睿	广东	广州大学	文艺评论
144	全婕	广西	广西壮族自治区民族文化艺术研究院	文艺评论
145	李有军	陕西	西北大学	文艺评论
146	刘艳卿	陕西	西北大学	文艺评论
147	王艳	宁夏	宁夏大学	文艺评论
148	董芷菁	香港	香港竹韵小集有限公司	文艺评论

图书在版编目（CIP）数据

国家艺术基金年鉴. 2023年 / 国家艺术基金管理中心编. — 北京 : 文化艺术出版社, 2024.7
ISBN 978-7-5039-7560-8

Ⅰ. ①国… Ⅱ. ①国… Ⅲ. ①文化艺术—国家基金—基金管理—中国—2023—年鉴 Ⅳ. ①G123-54

中国国家版本馆CIP数据核字(2023)第246127号

国家艺术基金年鉴（2023年）

编　　者　国家艺术基金管理中心
责任编辑　贾　茜
责任校对　董　斌
书籍设计　顾　紫
出版发行　文化艺术出版社
地　　址　北京市东城区东四八条52号（100700）
网　　址　www.caaph.com
电子邮箱　s@caaph.com
电　　话（010）84057666（总编室）　84057667（办公室）
　　　　　84057696—84057699（发行部）
传　　真（010）84057660（总编室）　84057670（办公室）
　　　　　84057690（发行部）
经　　销　新华书店
印　　刷　中煤（北京）印务有限公司
版　　次　2024年8月第1版
印　　次　2024年8月第1次印刷
开　　本　787毫米×1092毫米　1/16
印　　张　25.5
字　　数　439千字
书　　号　ISBN 978-7-5039-7560-8
定　　价　198.00 元

國家藝術基金